U0069051

台灣必須復國

FORMOSA

埔農續解台灣人迷惑

埔農

序

　　很多朋友問埔農，台灣人原本清明智慧，怎麼會就在數十年間，多數台灣平地人口，就被蔣幫中國壓霸集團幾乎全部洗腦成呆奴化？讓不少台灣人輕易誤以為自己是漢人或華人後裔，心理上還充斥著所謂中國式的虛妄思維。蔣幫中國壓霸集團精於所謂的中國「厚黑學」，是妒恨又陰狠沒錯，但手段竟然也如此精明厲害！事實上，並非蔣幫中國壓霸集團自己有精明厲害的手段，中國壓霸集團是學自德國納粹種族優越霸權主義的洗腦宣傳手法，加上當時的台灣時勢所造成，讓原已窮途末路之蔣幫中國壓霸集團，有能夠在台灣耀武揚威的機會。

　　台灣（Paccan）本是世上充滿靈性智慧的樂土，自從四百年前Paccan人善心收留闖過所謂「黑水溝」僥倖存活而誤入Paccan的惡質唐山人逃犯後，歷經荷蘭人異質氣和鄭成功集團邪氣的入侵，再被漢人滿官的強迫漢化，過程中所有Paccan文明被摧毀，文化又幾乎被消滅殆盡。當時是有少數台灣（Paccan）人受漢化影響，因深度漢化而轉性成貪婪，沾染其「厚黑學」惡習。這些被稱為所謂士紳的台灣假漢人，甚至學著為求聞達而認盜作祖，勾結清國官員，仗勢強取同胞利益、豪奪土地而坐大，以致部分的Paccan靈性智慧

飄蕩，但Paccan人之靈性智慧仍散佈在多數的鄉野。

120年前，日本從清國手中奪取台灣，這些深度漢化的假漢人（所謂台灣士紳），習於勾結霸權欺壓同胞而得利（見《劉銘傳清賦的十二項建議》），部分假漢人士紳以為在唐山仍可繼續當滿官走狗而逍遙，決定以假漢人姿態隨清國滿官去唐山。部分來不及收拾財物、出脫家產者，以及一些認為「日本人既是較高霸權，更值得當其走狗」之人，就再以奴才姿態迎接日本官兵的統治。日本據台初期，發現「台灣假漢人士紳的『接受入侵霸權者統治及與之同化是高級、開化、義氣』之呆奴化思維」可以利用，遂有意裝無意地讓所謂的台灣士紳繼續偽裝假漢人自以為高級。直到1937年在所謂的中國爆發七七事變，日本政府才一反「漢化民是高級、開化、義氣」的虛偽笑臉，開始大力嘲笑以假漢人姿態自以為高級的台灣人。日本人並從此開始以「清國奴」罵假漢人的所謂士紳以及沒頭沒腦被唐山迷信牽著鼻子走的台灣人。

72年前，二次大戰末期日本敗績顯露，蔣幫壓霸集團在支那地區（所謂的中國）已窮途末路。為作困獸之鬥，遂藉美軍戰後急需休養之機，誘使美國將台灣暫時讓其軍事接管，以便掠奪台灣財物，救援其在中國的危急。此時，這等深度漢化的所謂台灣士紳假漢人，因勾結侵略霸權欺壓同胞的傳承習性已根深柢固，遂立即又轉身屈膝恭迎入侵的蔣幫中國壓霸集團。蔣幫中國壓霸集團為了迅速榨乾台灣、吸乾

台灣，燒殺、擄掠無所不用其極。把台灣造成人間煉獄。

　　清國奴役台灣人兩百多年，認盜作祖的所謂台灣士紳也才不過數千人。1895年日本從清國手中奪取台灣時，這些少數假漢人的所謂台灣士紳，從清據時期延伸到日據時期，後來雖有近10年飽受日本人的訕笑，還是有部分人終究不悔。就在蔣幫中國壓霸集團入侵時，再逮到機會，重新鑽進迎合蔣幫中國壓霸集團侵略台灣、肆虐台灣的奴才行列。

　　日本侵台時赴唐山的假漢人士紳，當發現唐山人的實質野蠻，在唐山又已無被利用價值，大多數還得以黯然逃回台灣。依附日本人之假漢人台灣士紳也曾有40年自以為高級的歲月（被以「清國奴」恥笑是後10年）。而去歡迎蔣幫中國壓霸集團侵台的假漢人士紳，在發覺被利用後即被丟棄時，已無路可逃。除了一樣自取其辱外，不少台灣士紳更身受其害，也連累數十萬名靈性清明的台灣人遭到殺戮。賣祖求榮，專門為中國壓霸集團領路的連震東、黃朝琴等人，則因為持續有利用價值，且甘做走狗、馬前卒而不悔，還能拾取碎肉殘羹，自鳴得意。這些狐假虎威、賣台抽取傭金的假漢人、假華人，後來確也引誘不少意志不堅的台灣人加入其行列。但是，絕大多數的樸實台灣人仍是清明且充滿靈性智慧，都一直稱隨蔣幫中國壓霸集團逃難來台灣的中國人為「唐山人」，對蔣幫中國壓霸集團則稱「阿山仔」（台灣人本來就是稱早期侵台的唐山人及清廷派台人員為「唐山仔」或「阿山仔」〈有討厭之意涵〉），稱認盜作祖的所謂台灣

士紳假漢人、假華人爲「半山仔」。

蔣幫中國壓霸集團精於所謂的中國「厚黑學」，又陰狠、妒恨是沒錯！但他們能在幾十年內把多數台灣人呆奴化，並非他們自己有精明厲害的手段。

蔣幫中國壓霸集團是希特勒的信徒（中國共產黨也是，尤其蔣介石、毛澤東），羨慕德國納粹的種族優越霸權主義，效法「納粹」做法不遺餘力。蔣幫中國壓霸集團之所以能幾乎把所有台灣平地人口呆奴化的手段，是學自納粹德國的「國民教育與宣傳部」部長戈培爾（Paul Joseph Goebbels）。戈培爾的名言是「謊言說一遍沒有人會相信，可是說上一百遍就會有一些人相信；若說上一千遍，那謊言就會變成了眞理（A lie told often enough will become truth.）」。另外，當時台灣有少數漢化深、學習厚黑學的所謂士紳供他們利用，全面掌控了學校教育和社會教化。在這種情況下，台灣人要掙脫蔣幫中國壓霸集團的洗腦是非常困難的。

由於蔣幫中國壓霸集團深知「謊言說上一百遍就會有一些人相信；若說上一千遍，那謊言就會變成了眞理」的常情，於是當蔣幫中國壓霸集團在所謂的中國無路可逃，集體逃亡到台灣時，就帶來一批供其御用的寫手（以黃典權爲首），專門杜撰所謂的中國歷史、僞造台灣歷史。蔣幫中國壓霸集團爲逞其永遠坐享霸王地位之獸慾，運用厚黑學，經周密的陰狠設計，以恐怖極權爲工具，自稱高級「中

國人」（至今仍有一些被深度洗腦的台灣人，還在使用「外省人」這奴化用語稱肆虐台灣的壓霸中國盜匪），將逃難來台的華裔移民家奴化；同時利用這批早先所謂士紳的台灣假漢人、假華人，協助蔣幫中國壓霸集團製造出現今眾多深陷「斯德哥爾摩症候群」、充滿中國式虛妄思維、自以為高級的假華人台灣聞達人士。眾多台灣聞達人士因被洗腦教化迷惑，陷入「斯德哥爾摩症候群」的心理扭曲，並養成「功利為先，尊嚴放一邊」的惡習，紛紛認盜作祖自以為高級。風行草偃，誤導了多數台灣（Paccan）人，使得一般台灣民眾也受到深化迷惑，拖累了多數台灣（Paccan）人隨之沉淪。多數台灣人已遺忘台灣（Paccan）歷史、文明、文化和靈性智慧的真相，不少台灣（Paccan）人甚至也跟著台灣聞達人士誤以為自己是唐山移民的後裔、誤以為自己是華人，多數Paccan的靈性智慧才因而飄渺。

在假華人台灣聞達文史學者的配合下，黃典權等人利用清據時期少數假漢人所虛構的小說竄改史實、曲解清國據台文書。再全面利用學校教育和戲劇、小說等社會教化，不停的重複放送催眠謊言，洗腦台灣人。奸狡陰狠的中國壓霸集團，更從中國搜集譜匠杜撰的所謂漢人族譜，再邀來願當假中國人的台灣屈服學者，故意曲解、改寫清國留下的文書，再遍訪全台各主要姓氏家族，騙取更多台灣人當假漢人，鼓勵偽造族譜或重改既有的少數假漢人之所謂族譜，硬把這些杜撰的家譜串聯上從中國搜集來的所謂漢人族譜，甚至連所

謂的炎帝、黃帝、夏、商、周都高掛上去，令人啼笑皆非！
中國壓霸集團再用清國治理敵境的基礎，將已被分成山地、
客家語系、福佬語系的三類台灣族人再深度分化。蔣幫壓霸
集團更特稱山地台灣住民為原住民（製造僅有山地台灣住民
才是原住民的假象），加深分化洗腦，並塑造侵台的中國蔣
幫盜匪為「當然貴族」。這些蔣幫惡徒自稱為「高級人」，
使台灣百姓多數逐漸自卑喪志。少數人則變得寡廉鮮恥，以
附貴求榮自滿。歷經二至三代七十年的強塑，台灣人民還有
本質記憶者，已經稀有、罕見了。這時要喚醒台灣人民的良
知本性已難上加難。

　　現代權貴肆虐的社會，充斥競爭和比較。大部分人羨慕
權貴和名利，為了出人頭地，汲汲營營往上爬，無暇追究與
「現實競爭力」無關的史實真相，在台灣人中遂產生「劣幣
驅逐良幣」（謊言淹沒真相）的現象。這是不少台灣人輕易
被全面洗腦、奴化的原由！

　　要不是這些認盜作祖的台灣聞達人士附和中國壓霸集團
之搖旗吶喊，蔣幫中國壓霸集團要全面把台灣平地人口呆奴
化是不容易成功的。

　　假漢人、假華人當上癮的台灣聞達人士（包括政治人物
和文史學者），認盜作祖看是可悲，但他們誤導眾多台灣人
輕易誤以為自己是唐山人後裔或華人，是導致今日台灣人的
國家認同模糊且混亂的原凶，也是造成今日台灣國家處境危
殆的禍首，台灣聞達人士卻是罪大惡極。

埔農明白自己身爲一個台灣人應有的責任，所以勉力出版《台灣受虐症候群的煉製》、《台灣受虐症候群的延燒》、《失落的智慧樂土》、《原台灣人身份認知辨悟》、《台灣人被洗腦後的迷惑與解惑》、《靈性》、《台灣古今眞相》、《解碼福爾摩沙古文明：續認台灣古今眞相》，也竭盡所能試圖傳播各項史實證據，期盼多數台灣（Paccan）人能明瞭祖先的文明、文化以及史實眞相，進而恢復台灣人原本的靈性智慧，並回復Paccan這智慧樂土的國度。然而埔農心力微薄，至今仍然似乎成效不如期待，埔農慚愧自責。今再擠出剩餘體力，完成《台灣必須復國：埔農續解台灣人迷惑》一書，自覺能爲台灣（Paccan）效命的餘力已近告罄。但願靈性智慧清明的台灣人（Paccanians），能有人擔起「繼續傳播各項台灣史實眞相證據以及清除中國式僞造文書」的責任，盼望多數台灣人（Paccanians）能及時清醒、Paccan能早日復國，則埔農敬謝之餘，得以安祥回歸塵土。

如以往所言，爲表示負責，任何讀者若能舉出實證，證明本書內容有那一項埔農的說明中，所舉出之證據是錯誤的，或書中有那一部分是僞造的，敬請向前衛出版社提出，埔農保證奉上書款的百倍金額答謝，並在前衛出版社網站道歉。

目次

Contents

⚓ 第三章　智仁勇的台灣人——邱新德先生

第十二章　核能發電的迷思

第一章
哪來的「中華」與「中國」？

Wang：「埔農你好，我是學歷史的，卻對現在台灣的歷史教育不知所措！明明現在所謂的『中華』、『中國』語詞，是19世紀末或20世紀初才出現的狂妄言語；所謂『中國』的所謂國家，也是20世紀才逐漸成形的。今日所謂的『中國人』，卻『中華民族』、『華人』、『華語』、『中國字』、『中國的』說個不停。台灣的政客、學者，則是糊里糊塗的被所謂的中國人牽著鼻子走，並把台灣人拉進那所謂中國人的虛妄深淵。這種種，令我面對學生時發生極大的困難和無奈，更常不知所措！

看了你的書，我發現你確實蒐集了很多原始的史籍資料，對發掘台灣古今的史實真相貢獻良多，你也很善於邏輯分析。不知可否請你就『這些中國式的胡言亂語』，整理出條理分明的舉證解說，以撥亂反正？我可用於課堂上提醒學生，先謝了。」

埔農：

依Wang兄所言看來，Wang兄是台灣歷史學界少有的具靈性智慧，且理性清明之學者，埔農感佩。

　　埔農是從小承受姜林獅先生以「台灣（Paccan）史實的靈性智慧」教誨，求學過程對「求眞、求證、求實」精神的自然科學產生興趣，從中獲得「理性思考和邏輯分析」的訓練，才不會迷信「一肚子狂妄、厚黑」之輩的胡言妄語，也不被其「滿口仁義道德」所誘惑，因而同時發現所謂中國人之習於無恥的「大言不慚」和「鬼話連篇」。另由於對「台灣（Paccan）人的普遍受到洗腦迷惑而認盜作祖」感到極度悲傷，更是難以忍受，埔農就勉力蒐集所謂中國人的所有古今記述。並一一追查所謂中國人之言語背後的實情眞相，再前後比對，即很容易看出矛盾之處，其狂妄的謊言就無所遁形了。至於台灣的史實證據，埔農其實只是勉力研讀國內外考古學者的發現，用來對照姜林獅先生那代代相傳的台灣（Paccan）傳統文明的記述而已。埔農勤勞是有，談不上貢獻。

　　既然Wang兄對埔農的舉證說明能不嫌棄，埔農甚感安慰，埔農就爲Wang兄再把「近代壓霸、狂妄、無恥之所謂中國人常誆言的所謂『中原』、『漢人』、『漢字』、『中華』、『華人』、『華語』、『中國』、『中國字』、『中國的』等胡言亂語」，逐一就現在所謂之中國人自己的說法，比對其原始記載的所謂歷史，讓大家能更看清楚這些胡言亂語的始末。Wang兄是歷史學者，如果Wang兄對埔農的舉證說明，覺得有任何疑問，或覺得可能有錯誤，敬請Wang兄不用客氣、不吝指教，隨時指出，埔農十分感謝。

所謂的「中原」、「中華」、「中國」

「中原」一詞最早見於《詩經》，《小雅·南有嘉魚之什·吉日》：「瞻彼中原，其祁孔有」；《小雅·節南山之什·小宛》：「中原有菽，庶民采之」；西漢司馬相如《喻巴蜀檄》：「肝腦塗中原，膏液潤野草」。這些所謂的「中原」並非指稱那一個地區，而是表示「平原、原野」的意思。

「中國」一詞最早見於《詩經毛傳》，謂：「中國，京師也」；《史記·五帝本紀》有記「夫而後之中國，踐天子位焉」；《史記集解》記載「劉熙曰：『帝王所都為中，故曰中國』」。都只是指稱各國建都之地。

而「中華」二字是首先在《晉書》的《桓溫請還都洛陽疏》中被提到：「自強胡陵暴，中華蕩覆，狼狽失據……」，則是以「中華」二字來指稱洛陽。

事實上，「中國」和「中華」都是指稱各國其發號施令的所在地而已。是用以炫耀京城（京師）是「國之中樞」和「精華、華麗之都」。

哪來的所謂「中國歷史」？

近代壓霸、狂妄、無恥的所謂中國人，把其歷史推稱至

黃帝、夏國、商國、周國。近代所謂的中國人使用「中原地區」一詞，說是其所謂文化之發源地。其實他們早先所稱的是「現在所謂中國的河南省」地區，周圍是所謂的西戎、東夷、北狄和南蠻，合稱四夷。後來才又把所謂「中原地區」的指稱擴大到陝西省以東的「黃河中下游地區」。

　　事實上，黃帝、夏國、商國、周國是見於所謂的「上書（尚書）」，而所謂的「上書（尚書）」原是由所謂的「蝌蚪文」寫的，「蝌蚪文」是外來文，應是原台灣文（Paccanian，也許有人不同意，但請看《解碼福爾摩沙：續認台灣古今眞相》）。所謂的「上書（尚書）」是摻雜神話小說的記述，後由司馬遷改寫而放入其所著《史記》一書中。

　　現代所謂中國人指稱的「中原地區」，自古即是多民族散佈的多國家地區。都是屬野蠻民族，「弱肉強食」的獸性不減，各國間征戰不止。勝出者建立霸權，一得意就妄行。所以，這些國家，短的僅維持數年，最長的也只存在兩、三百年，即被其他民族的新興國家消滅或打散。從遠古至清國，這地區存在的，都是由不同民族分別稱霸所建立的不同國家。

　　在清國滅亡以前，並沒有所謂「中國」的國家或所謂的「中國歷史」！

哪來的「炎黃子孫」、「漢人」？

現在所謂的中國聞達人士，稱自己是「炎黃子孫」，又說是正統中原文化，眞是無恥又可笑。根據記載，炎帝所居是在現今隴東到陝西的黃土高原地區；黃帝是在今天的甘肅沁陽到天水一帶，長期是被稱爲北狄。而周文王來自西戎，舜、孔丘（所謂的孔子）、孟軻（所謂的孟子）都是東夷人（今所謂山東）。這些地區實際上都不屬於他們自稱的所謂中原。

再看所謂的「漢人」、「漢民」，這是西元前207年至西元220年之間，對劉邦之子民的稱呼。而漢國的劉邦來自沛郡（今江蘇徐州豐縣），當時是南蠻中的南蠻。

由於炎帝、黃帝，是所謂的中國人見過之最古老文書「上書（尚書）」中寫的最早霸王，於是所謂中國的聞達人士就紛紛自稱是「炎黃子孫」。習於「厚黑學」的所謂中國人，眞是能屈能伸，屈時可認賊作父，伸時也要選擇霸王認祖。另因爲漢國曾是該地區早期最大的強盛帝國，現代好大喜功的所謂中國人，就又自稱是「漢人」。這種爲了愛慕虛榮，竟公然塗抹化妝，兩邊認祖的毫無羞恥心，眞是令人目瞪口呆！

事實眞相是，所謂的「炎黃子孫」，早在4000多年前消失得無影無蹤；所謂的「漢人」也早在1800年前不見了！現在的所謂中國人，先說是來自所謂的中原，卻同時認所謂的

北狄人、西戎人與東夷人為祖先，再自稱是南蠻的漢人。反正只要是被現在的所謂中國人認為可以用來抬舉身份的，現在的所謂中國人就全部往自己身上攬。真是亂七八糟，更是無恥至極！

這批由自稱所謂漢人延續下來的所謂中國人，因為從來就慣於精鍊這種厚黑學的無恥與虛妄思維，以至於現在之所謂中國的所謂中國人，貪婪、壓霸至極，卻真能屈能伸，屈時可認賊作父，伸時則將賊父編纂為兄弟以遮羞。昔日屈服於「所謂韃虜的滿人」侵略者，現在則同樣尊崇為「清」，硬擠進其歷史族譜，真是一部道地的「中國厚黑學」。

講到這裡，埔農想到「清國據台時期，依附入侵霸權而騰達的所謂台灣士紳，在歷經深度的所謂漢化之後，全身沾滿了所謂中國的『厚黑學』，認盜作祖自以為高級。不少這些所謂的士紳，進一步為了自以為的『更高級』，竟改姓（被強制漢化而冠所謂的漢姓）重新認祖、重複偽造祖譜，是如此的不覺可恥」，埔農忽然瞭悟「這似乎是所謂深度漢化的必然結果」，就不再那麼感到難以置信了！可是，想到這些「假漢人、假華人」當上癮的現今台灣聞達人士，持續幫助侵台之中國壓霸集團混淆台灣史實，是如何的明目張膽和睜眼說瞎話，實在傷心又傷身。他們全面掌控了學校教育和社會教化，並利用媒體、藝術、戲劇以及所有信息的傳播，持續誤導眾多台灣人，使得不少台灣人受連累而輕易誤以為自己是唐山人或漢人後裔，導致今日台灣人的國家認同

模糊且混亂，也才造成今日台灣國家處境的危殆，說這些台灣聞達人士（尤其文史學者和政客）可悲，卻更是可惡，也是罪大惡極！

哪來的「漢字」、「中國字」？

所謂中國人指稱的「中原地區」，自古即是散佈多民族，每一民族各自建立自己國家的地區。每個國家都有各自的不同語言和文字。趙政（嬴政）繼承秦國王位，於西元前221年，打垮韓、趙、魏、齊、楚、燕六國，加以併吞而稱「皇」（始皇帝），便下令在全國範圍內執行「書同文車同軌行同倫」。政令內容包括強制使用單一秦國文字和語言；建立統治下人口的詳實戶籍，以嚴密監管人民、實徵賦稅；再統一車軌軌距、度量衡制度等。其他六國文字已因此滅絕，秦國語言也在被所謂南蠻來的漢國推翻後而消失，當時各國的文字則還可在挖掘出的文物上看到。以「馬」字為例：

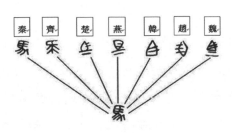

　　南蠻來的劉邦是楚國人，秦國滅亡後被項羽封爲漢王，劉邦反叛項羽，於西元前207年才建立漢國。劉邦的漢國，見原秦國地區之「書同文車同軌行同倫」好用，有利於霸權的統治和維繫，於是在其勢力範圍內繼續推行。爲了顯示與秦國的區隔，著手將秦國文字略微取直、寫正，成爲後人所謂的隸書。此後所謂的漢國文字便基本上留傳至今，在以後出現的楷書、行書與草書，則都只是在隸書上的創意修飾或變化而已。

　　所以，現代所謂「中國人」所稱的所謂「漢字」，事實上是秦國文字。哪來的所謂「漢字」？

　　現代的所謂「漢人」、「漢字」，其實是日本人早期所用的稱呼。西太平洋邊緣的往南寒冷親潮洋流，和往北的溫暖黑潮洋流逆向擾動，形成一條南由巴士海峽以西，穿過台灣海峽中線，往東北方向延伸至日本九州鹿兒島縣西方海域之旋渦洶湧的險惡海線，被稱爲所謂的黑水溝（溫暖的黑潮洋流抵達南台灣，衝擊出西支流進入台灣海峽。西支流再於台灣北端匯入黑潮主流。由於經由台灣海峽的支流較窄小，海床較高，洋流上升力轉爲動能，加上海峽兩邊地形限縮產生的壓力，以及黑潮主洋流在台灣北端和海峽支流會合時的拉力，使得通過台灣海峽的這段所謂黑水溝，其漩渦與狂浪更是險惡中的最險惡。也因此，明末以前的唐山船隻只要靠近這段所謂黑水溝，幾乎無一能倖免於被渦流和狂浪所吞沒。所以，直到16世紀，唐山人從來就不知福建東方海上有

Paccan（台灣）這一國度）。

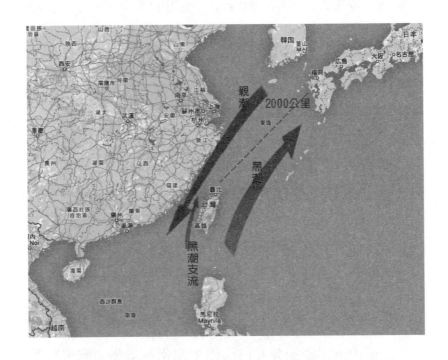

　　日本國的長崎和福岡是在所謂的黑水溝以西，所以這兩
個地方的日本人當時就到過漢國，日本人隨俗稱劉邦的子民
為「漢人」、稱漢國所使用的「秦國文字」為「漢字」。日
本人延用至今，卻被現在的所謂「中國人」拿來用在自己
身上，自稱是所謂的「漢人」以及所謂的「漢字」、「中
國字」。所謂的「中國人」、「華人」使用的是「秦國文
字」。當然，現在所謂的「中國人」已把「秦國文字」簡化
為「簡體字」，以所謂「中國人」的厚黑習性而言，要稱盜

用後再稍加改變的「秦國文字」爲「中國字」是必然的，也
是勉強說得過去。但是，台灣現在使用的「秦國文字」就絕
對不是中國字了。

哪來的所謂「華語」或「中國話」？

秦國滅亡之後，南蠻來的劉邦建立漢國，當然也要使用
自己那曾被譏笑爲「鴃舌語」的南蠻言語，並在其勢力範圍
內以此所謂的「鴃舌語」作爲官方語言。

西元前207年，漢國繼承了秦國「書同文車同軌行同
倫」的政策，方便「掌控人民和實徵賦稅」，以後國力迅
速壯大，並繼續擴張。至西元前106年，勢力範圍已東至沿
海；西至今天的四川東部；北至今天的河北；南至今天的部
分江、浙地區。漢國分成13個州：涼州、益州、幽州、并
州、冀州、青州、兗州、徐州、豫州、荊州、揚州、交州，
以及司隸（首都直轄）。於三百年的時間內，漢國在這廣大
區域內，除了統一文字、戶籍、賦稅、車軌、度量衡和生活
規矩，也用所謂的「鴃舌語」統一這地區的語言。

由於漢國衰敗之後，各式各樣的新國家又不斷據地崛
起；也因爲這地區幅員廣大，交通不容易，原來統一的所
謂「鴃舌語」語言，遂在各地方逐漸各自演變，分別發展
成獨樹一格的地方語言。這種地方語言的形成，很類似台灣

（Paccan）的山地各部落群之現在語言。台灣（Paccan）山地各部落群是逃避荷、鄭、清壓霸，分別遷入深山，再遭清廷封山令強制孤立在分散的狹小區域內，日據時期日本當局又受先入為主的觀念而造成分治。在這段長達近400年的時間內，只要有人不小心發出異樣語音，缺乏導正，口語就會隨時間越來差異越大。所不同的是，被迫使用漢國「缺舌語」的區域，雖然幅員遼闊，但斷斷續續都有不同的霸權國家統治，所以歷經一千多年才分別形成獨樹一格的所謂方言；而台灣（Paccan）的山地各部落群，本就被險阻高山隔離，再遭清廷封山令強制孤立，有如分區被關在狹小的孤島監獄，在近四百年內就出現了現有的差異。

　　現在所謂的「華語」、「普通話」或「中國話」，其實是由漢國所謂「缺舌語」演化成的北平地區方言，並非原漢國語言。北平方言是於「明國」中期被訂定為「官話」，延用至清國。由於清國末年，多數的聞達人士都熟悉這種所謂的官話，清國滅亡後，這些支那聞達人士就決意繼續共同使用北平方言。在「厚黑學」根深柢固的習性下，就改稱為所謂的「華語」或「中國話」。

　　另外，16世紀至19世紀，荷蘭人、葡萄牙人、西班牙人當時所謂的Chinese language，指的是彰泉話或粵語而已；各國是稱清國的北平方言為mandarin（滿清官話）。

哪來的「中國」、「中華」、「中華民族」？

　　「中華民族」一詞，是由梁啓超於1905年首先提出。清國非滿人的所謂聞達人士，依循2000年來的虛偽、厚顏成習，眞是能爲羞辱而屈、爲虛妄自大而伸。

　　甲午戰敗後，清國光緒皇帝痛定思痛，重用康有爲、梁啓超，於1898年發動戊戌維新，只持續103天即失敗收場。慈禧太后一派追剿維新黨人，康有爲聞風聲早就逃離北平，梁啓超則匆促逃進日本使館，後來流亡日本。梁啓超留在日本期間，研究了日本的民族主義論著。

　　梁啓超發現：1185年（文治元年）鎌倉幕府成立以前，日本國沒有辦法全國團結起來，到處是「大名」割據，國家破敗。幕府成立後宣揚國家民族主義，全國才逐漸有應該團結一體的思想。幕府期間雖然仍戰亂不斷，至少各藩之間開始承認有共同的歷史。在歷經沙皇俄國的威脅和與美國簽下日美神奈川條約的開港通商後，尊王攘夷思想盛行。於是，1867年德川幕府將軍德川慶喜主動將大政奉還天皇，以明治天皇爲首的新政府正式成立，開始推行明治維新運動。整個明治維新運動的成功，就是以民族主義思想導入，加上日本這列島上有了近千年的共同承認之歷史。日本國民這共有的國家歷史和以民族主義爲中心的愛國精神，在當時的清國是完全沒有的東西。於是，梁啓超借用遠古時候用來炫耀京師（京城）是「華麗中樞」的「中國」和「中華」二辭，爲當

時已窮途末路的清國發明了「中國民族」、「中華民族」這口號，以吹噓、標榜「清國是世界中心的華麗之國」。

在清國「一手給名祿、一手持劍」的統治下，非滿人的清國國民，由於已有浸淫「厚黑學」近2000多年的傳統，養成「依附霸權、認盜作祖以求聞達」的無恥、虛妄習性，紛紛向清國宣誓效忠，更不敢有二心。這種人聞達之後，自以為高級，傲視家族、鄙視周遭。梁啓超是這類人中的佼佼者，所謂的「中國史」、「中國歷史」這種名稱，也是梁啓超繼創造「中國民族」、「中華民族」這口號之後首先發明的。1901年，梁啓超發表《中國史敘論》，開始大言：「自黃帝以迄秦之一統，是為中國之中國。」；狂云：「自乾隆末年以至於今日，是為世界之中國，即中國民族合同全亞洲民族與西人交涉、競爭之時代也。」；再妄語：「立於五洲中之最大洲，而為其洲中之最大國者，誰乎？我中華也；人口居全地球三分之一者，誰乎？我中華也；四千餘年之歷史未嘗一中斷者，誰乎？我中華也。」真是「厚黑學」之不要臉的極致。這是所謂「中國」、「中華」、「中國史」、「中國歷史」這些誑言妄語的首度出現。

但實際上，「清國奴」的梁啓超，是用所謂的「中國」、「中華」來吹噓當時已窮途末路的清國為「世界中心的華麗之國」，往做為「清國奴」的自己之臉上貼金。令人目瞪口呆的是，這些「清國奴」「尊清以自大」的胡言亂語，卻被主張「驅除韃虜」（韃虜是指清國王族的滿人）的

所謂革命黨人拿來套在自己身上。眞是「厚黑」無敵！

哪來之「漢民族」？

　　清國末年的衰敗，引來黃興等聞達人士不滿，也覺得有機可乘，遂一反梁啓超「尊清以自大」的思想，組織革命黨企圖推翻清國的統治。同盟會的章太炎將梁啓超之「尊清以自大」改爲「尊漢以自大」，自稱是所謂的漢人，於是章太炎就發明了所謂「漢民族」一詞，主張驅逐滿人等異族。可是，就如同其他清國的非滿人聞達人士一樣，都是自以爲高級，傲視家族、鄙視周遭，言行不離「厚黑學」。章太炎口說「漢民族」，是爲了騙取各派反清國力量的合作，章太炎自己是從來不相信所謂「漢民族」這套說法的。這從他刊登的徵婚啓事即可看出。章太炎是最早刊登徵婚啓事的名人，他說：「人之娶妻當飯喫，我之娶妻當藥用。兩湖人甚佳，安徽人次之，最不適合者爲北方女子，廣東女子言語不通，如外國人，那是最不敢當的。」章太炎這批自稱所謂「漢民族」者，事實上都是虛妄之人，他們僅認同自己所謂高級的族類（章太炎只認同兩湖人或安徽人），所謂的「漢民族」一詞，是只有當要騙取別人來跟隨時才會用的。
　　由於當時的反清國革命黨人，從道不同的梁啓超那裡學到「創造國家民族主義對團結一致抗敵的重要性」。於是，

同盟會的革命黨人，也學梁啟超的虛妄自大，要標榜自己是
「世界中心的華麗之國」，用以把驕傲、虛妄的自尊心撐起
來。因此，1905年7月30日，在日本東京召開同盟會籌備會
議，孫中山提出了「驅除韃虜，恢復中華，創立民國，平均
地權」的口號。不同的是，梁啟超發明的「中華」、「中
國」，指的是「清國」；而同盟會革命黨人否認清國、要消
滅清國，更是要驅逐清國滿人等所謂異族，卻還是自稱「中
華」、「中國」。

　　同盟會革命黨人竊取梁啟超用來尊崇清國的所謂「中
華」、「中國」，佔為己有，然後再消滅梁啟超的所謂「中
華」、「中國」（清國）。所謂的中國人真是厚黑、狂亂又
無恥！

哪來的中華民國、「中國的」？

　　甲午戰爭之後，清國末年為了加強陸軍力量，編制了新
的現代化陸軍，稱為新軍，全部採用西方的訓練、軍制和裝
備，按照德日的制度訓練，聘請了以德國人為主的教官教
學，是清末最後一支最有戰鬥力的現代化正規軍，這支原本
是用來鞏固清國統治權柄的軍隊，最後卻成為辛亥革命中推
翻清廷的主力部隊。

　　因為清國新軍的中、下級軍官和士兵是接受西方教育和

訓練，思想自由、開放，對清國政府之統治手段產生了嚴重的不信任和懷疑，遂成爲革命黨人宣傳和滲透的對象。才有黃興於1911年10月10日率領部分湖北新軍在武昌發動襲擊的成功。

武昌之役成功的消息，迅速傳到鄰近的省會城市，並很快引起清國各地反清和立憲派的雀躍。11月底，22個清國行省中有15個宣布從清國政府獨立。當時在美國的孫中山由當地報紙得知消息，立即起程返回清國。事實上，孫中山（孫逸仙、孫文）是一個伶牙利齒的術士，他從未參與所謂的革命行動，僅憑編造故事獲取一些人的欽佩，再從中囊括名利。12月29日，清國各省代表以16票贊成1票反對，推選孫中山出任中華民國臨時大總統。1912年1月1日，孫中山在南京宣布中華民國臨時政府成立，並任中華民國臨時大總統。黎元洪當選爲臨時副總統（黎元洪就是武昌事件當時，清國湖北武昌新軍第二十一混成協的協統，官位類似今日的團長），黃興任陸軍部長。

本是百越人的孫中山，自稱是漢人，全身充斥所謂漢人壓霸、虛妄的「厚黑學」思想，當批上所謂的中華民國臨時大總統名號後，野心擴大。孫中山於所謂就職當日，發表宣言書，改以「合漢滿蒙回藏諸地爲一國，即合漢滿蒙回藏諸族爲一人」替換早先「驅除韃虜」的主張，從此立下「漢滿蒙回藏五族共和」的中國式霸權胡言妄語。

其實，當時清國各省宣佈稱王獨立的，都是爲清國所重

用的軍閥，眼見清國政府衰敗，各存私心，是自立為王。所
謂的南京中華民國臨時政府，並無實力，各獨立王的軍閥並
不受孫中山的所謂中華民國臨時政府指揮。尤其以袁世凱
為首的北洋軍系，更是看不起孫中山的所謂中華民國臨時政
府。於是，袁世凱掌權成立的所謂北洋政府於1912年3月11
日公布實施《中華民國臨時約法》後，這北洋政府也自稱是
所謂的中華民國政府，南京的所謂中華民國臨時政府只得宣
佈解散。而這所謂的北洋政府，才是首先被國際承認為繼清
國政權之後的實質政府。1913年10月6日，袁世凱經過選舉
成為首任中華民國大總統。

　　孫中山、袁世凱同為自稱是漢人的虛妄、自大人士，都
堅持非要在「總統」之前加個「大」字不可，當時的世界各
國視為世界級笑話。

　　雖然1913年所謂的中華民國正式成立，但各派系爭權奪
利，戰亂不斷。蔣介石（蔣中正）是孫中山心術的信徒，學
得孫中山那「伶牙利齒、編造神話抬舉自己，再囊括名利」
的伎倆。1922年以後，蔣介石利用孫中山，逐漸在軍閥界中
崛起，1928年10月10日取得所謂的中華民國國民政府主席之
位，再於1948年5月20日收買所謂的國民大會，變身為所謂
的中華民國總統。蔣介石得意忘形，搞得眾叛親離，所謂的
中華民國總統只當了8個月，就被推翻而由李宗仁取代，直
到1949年12月5日，中華民國正式滅亡。1949年10月1日，中
國共產黨中央委員會主席毛澤東，在北京市宣告中華人民共

和國政府正式成立，並於數月間佔領了所有以前蔣介石自稱的中華民國勢力範圍。

今年是2018年，所謂的中國，其歷史至今只有69年。即使要擴大解釋，吹噓是起自清國的滅亡，其歷史至今也只有106年。所以，哪來的所謂「中華民族」？哪來的所謂「中國語文」？那有什麼東西是所謂之「中國」原來就有的？若以他們無恥自稱的所謂是「炎黃子孫」來看，那他們的國土就是在現今隴東到陝西的黃土高原地區，或者是在今天的甘肅沁陽到天水一帶。即使以他們習於「厚黑」的自稱是所謂「漢人」而言，劉邦本是楚國人，秦國滅亡後被項羽封爲漢王，劉邦反叛項羽成功才建立「漢國」，楚國以外的漢國疆域都是侵略他國而來。就算以壓霸得逞就認爲是既成事實來說好了，眞正曾被漢國霸權肆虐的範圍也僅有在「北至今天的河北；南至今天的部分江、浙；西至今天的四川東部；東至沿海」，以外地區都不曾被漢國統治過。匈奴或西域（現在所謂中國的所謂新疆、甘肅、寧夏）、蒙古、金國（滿州，現在所謂中國的所謂東北）、大理國（青海、貴州、雲南）、吐蕃國（包括現在所謂中國的所謂西藏之圖博、青海、甘肅和四川西部）、百越（包括現在所謂中國的所謂福建、廣東、廣西、海南），都是漢國的鄰國，是外國，只言敵對或求和（還時有送公主去做所謂和親）。自稱是所謂「漢人」的所謂中國人，今天卻說都是其固有領土，眞是「厚黑」無敵！而且，秦國、楚國都不在所謂的中原地區，

秦國屬於西戎；楚國位於南蠻，哪來的所謂中原人士？

　　20世紀以前並沒有所謂中國的國家，直到20世紀初，現在所謂的華人或中國人都還是自稱「支那國」、「支那人」，因為外國人都稱唐山為China，唐山人就自己翻譯為支那。最明顯的證據是，1960年以前移居世界各地的支那人都是自稱「唐山人」，其聚居區就稱「唐人街」。另外，1914年5月11日孫中山致日本首相大隈伯爵函」（當時所謂的中華民國，已經南叫、北叫了三年）。該函件內，孫中山還是一直以「支那」稱呼現在所謂的中國，總計以「支那」用詞自稱達34次。現在所謂的中國本來就是自稱「支那」，而且現在所謂的中國人本來就是自稱「支那人」，是於清帝國末年內憂外患，羞恥又自卑的「支那」聞達人士梁啟超才興起使用「中華」二字以替清國自慰的念頭。

　　而所謂的「漢民族」是於1907年，才由虛妄、自大的章太炎發明的。「支那人」則是於隨後軍閥狂亂、民不聊生的更自卑時期，才自1920年起逐漸改稱所謂的「華人」或「中國人」，用來標榜「自己來自世界中心的華麗之國」，以撐起那虛妄的驕傲和誇張之所謂自尊。

　　所謂的支那地區，自古都是由不同民族稱霸的不同國家，而現在所謂的漢字，是秦國留下的文字。單看現在他們所謂的「中國」或「中華」二辭，就彰顯出所謂中國人的盲目自大和狂妄。現代的所謂中國人以「中國」和「中華」二辭標榜是「世界中心的華麗之國」，其實不管是「中國」或

「中華」，原都僅是指稱各古王國發號施令的所謂華麗中樞（京師，京城）而已。現代的支那人卻用來涵蓋其圖謀霸權的區域，真是見鬼了，更是狂妄、虛偽至極！

　　現在的支那人都已習慣浮誇式的自稱「中國」、「中華」以及「華人」、「中國人」，聽到被稱為「支那」、「支那人」都很不高興的跳腳。埔農實在不解，現在所謂的中國人本來就是自稱「支那人」，而且現在所謂的中國本來就是自稱「支那」。是所謂的「中華民國」和所謂的「中華人民共和國」自己在國際上留用所謂的「China（支那）」作為國名，China就是支那，埔農實在不知道現在所謂的中國人到底在生什麼氣！到底是要騙誰？依埔農看，是只能騙騙他們自己和已呆奴化的台灣聞達人士！

　　今日陝西以東的所謂廣義「中原地區」，自古即是散佈著獸性不減的眾多國家。各國家都是屬未開化野蠻民族，人性充斥「貪婪」和「妒恨」。各國間征戰不止，「弱肉強食」。勝出者建立王國，一得意就妄行，霸權肆虐。

　　秦國滅亡之後，來自南蠻楚國的劉邦佔領這所謂「中原地區」，創建漢國。劉邦嘗到了霸權尊榮的滋味，得意忘形，就全盤接收這種野蠻習性。自從漢國疆域擴張之後，這種劣根性隨著傳染到其所有的勢力範圍，並流傳至今！

　　由於現在所謂的中國人，貪婪、無恥、壓霸、妒恨的「厚黑學」習性盛行已至少一千多年，於是凡見到別人的東西，只要喜歡或用得著，偷、拐、搶、騙無所不用其極；若

是嫉妒或他們用不到，就要砸毀。現在更變本加厲，看看那所謂的中國如何對付維吾爾（中國所謂的西域、新疆）、圖博（中國所謂的西藏）、南海以及台灣，他們臉皮厚如城牆、心黑尤勝木炭。現在的所謂中國人，本著「厚黑學」心態，就從遠古神話提到的炎、黃、夏國、商國、周國，以至清國，硬把這地區由不同民族分別稱霸所建立的不同國家，改寫為所謂的「朝」和「代」，連成一大串，列入其所謂的「中國歷史」之中。「朝」是指某一帝王的霸權；「代」是指帝王的繼承，「朝代」是指同一國家內帝王霸權的更替。所謂的漢人、華人、中國人，虛偽、厚顏成習；所謂中國的聞達人士，真是能屈能伸，屈時可認賊作父，伸時則將賊父編纂為兄弟；更把由外地傳入的「火藥、造紙、印刷術」說成是所謂中國的三大發明。真是把所謂的「厚黑學」發展到極致了。

　　台灣的呆奴化商人，在九〇年代大舉投資中國，幫中國把經濟和基礎工業發展起來，引來各國工業廠商也貪圖中國的廉價勞工和市場，紛紛投資遷廠進入中國。所謂的中國，近十幾年來才得以國力日益強盛。於是所謂的中國就一直肆無忌憚的侵略南海；不但也覬覦台灣，更試圖以行動奪取釣魚台列島。侵略南海已得逞一半以上，奪取釣魚台列島則仍在進行中。在二次大戰以前，所謂的中國從未與南海沾上邊，即使先前的明、清兩國，其疆域最南邊就是「海南島」了（這是海南島得名的由來），現在所謂的中國卻能厚著臉

皮謊稱「固有疆域」，藉口侵略南海、霸凌南海。1970年以前，所謂的中華人民共和國從未注意過所謂的尖閣群島，也根本就不知道台灣有釣魚台列島這名稱，所謂的中國卻在1992年開始妄言說也有釣魚台列島的權利，要爭奪釣魚台列島的主權。所謂中國人的貪婪、無恥、壓霸、妒恨等「厚黑學」習性，根深柢固，厚黑無敵。當然，歷史爲證，自稱所謂漢人者，各個精鍊「厚黑學」，必將互相拼鬥廝殺而終至滅國。但是，如果不幸所謂的中國多存在幾年，必定會造成地球人類空前且難以平復的浩劫。

快清：「滿大人講的話不同於韃虜語？」

埔農：

滿清人（滿州人）是講所謂的韃虜語，但清國官員（包括上朝）講的是所謂滿清官話（mandarin）之北平方言。

Faith：「語言的形成和使用牽涉甚廣。政治當然是其中之一。而語言也是溝通的工具？所以基於實用方便的考量，我比較偏向改舊衣服而不是換件新衣的主張。要做適當的區隔當然可以，但不必要有太多情緒。」

埔農：

Faith所言甚是。然而，事實上並沒有所謂的中國話、中

國字或所謂的華語、華文！所謂的中國話、中國字或所謂的
華語、華文，是一百年前才出現的稱謂。所謂的中文、華文
其實原是秦國字；所謂的中國話、華語其實是北京話。

　　　凱：「有人說，所謂的中華民國是1911年就開始
了；更多的中國國民黨人說，所謂的中華民國是1912年
建國的；你卻說，所謂的中華民國是1913年才正式成
立。到底有誰能真正的舉出確實證據來講清楚？」

　　埔農：
　　1911年是黃興於10月10日率領部分湖北新軍，在武昌發
動襲擊成功的辛亥年，但武昌之役很快就被清國派袁世凱出
兵鎮壓掉了。只是，黃興在武昌發動襲擊的一時成功，卻引
發連串效應，多處軍頭宣佈自立為王。雖然1912年1月1日孫
中山在南京宣布中華民國臨時政府成立，但那是孫中山自吹
自擂而已，不論清國內外，並沒有任何人承認。事實上，孫
中山在南京的所謂中華民國臨時政府，只是當時支那地區浮
出的眾多稱王泡沫之一而已。
　　1912年2月12日，袁世凱掌權的北洋軍系正式成立所謂
的北洋政府；孫中山那所謂的南京中華民國臨時政府隨即於
1912年3月11日自行宣佈解散，就如其他泡沫一樣，僅2個月
又11天就破滅了。而這所謂的北洋政府，是後來才自稱為中
華民國。所謂的中華民國國會，1913年3月才組成。1913年

10月6日，袁世凱經過北洋政府國會選舉成為首任中華民國總統。這1912年至1928年的所謂北洋政府並不是以前少數人膨風自大的所謂「臨時政府」，是繼清國之後，支那地區首先被國際承認的實質政府。清國末代皇帝溥儀，就是於1912年2月12日被袁世凱逼下台的。袁世凱雖然曾於1915年12月12日所謂要稱帝，說要改國號為中華帝國，但袁世凱其實並未真的所謂登基，也未辭去中華民國總統的職務，所謂的中華帝國只是說說而已，1916年3月22日即又宣布沒這回事。袁世凱是在中華民國總統的任內，於1916年6月6日去世。直到1949年12月5日，中華民國正式滅亡，當時的末任中華民國總統李宗仁逃往美國，這個曾存在36年的中華民國從未間斷。第一次世界大戰期間的1917年3月16日收回天津德國租界，以及1919年9月10日收回天津奧國租界，也都是這個所謂中華民國之北洋政府做的。所以，這北洋政府的所謂中華民國，才是所謂中華民國的真正起始。中國國民黨發動所謂的北伐戰爭，於1928年奪下這個北洋政府的中華民國後，才繼承這北洋政府的所謂中華民國。所以，所謂的中華民國是1913年10月6日才真正成立政府，並於1949年12月5日正式滅亡！

　　中國壓霸集團的言語無一可信！正常人要是相信中國壓霸集團的誑言妄語，則真的很難不精神錯亂。看看今日台灣假漢人、假華人聞達人士的虛妄情結，即可清楚瞭解。有誰想否認以上事實，歡迎隨時來辯論。

　　Hsin：「武昌革命後來是清國派袁世凱成功鎮壓，
武昌革命事實上是失敗的。而袁世凱利用軍權成功逼迫
清帝退位，清帝退位書是寫給袁世凱的。所以，孫文、
蔣介石就是中華民國的叛亂份子！」

　　Jimmy：「原來中華冥國的『國父』是袁世凱。」

　埔農：

　　是的！埔農保證句句確實。孫中山自吹自擂的所謂中華
民國臨時政府，是僅飄浮2個月又11天就破滅的泡沫。所謂
的中華民國國會是1913年3月才組成，首任中華民國總統是
於1913年10月6日，由所謂的中華民國國會選舉出的袁世凱
擔任。這才是實質存在過的所謂中華民國，而這中華民國於
1949年12月5日正式滅亡。

　　以上事實，有認真讀過支那歷史的人都應該知道。現在
的台灣聞達人士（尤其所謂的學者和政客），心中充斥中國
式的虛妄思維，跟隨蔣幫盜匪誑言今年（2018）是民國107
年。說這些台灣聞達人士被深度呆奴化了，他們又暴跳如
雷，真是可悲的呆奴！其實，如果真已呆奴化到非高舉所謂
的中華民國不可，則應該說「今年（2018）是中華『冥』
國106年」才是事實。人若頭腦清楚，怎麼會糊塗到這種地
步？還自以為高級？

　　以上事實，任何文史學者有不同意見，歡迎來舉證辯
論。

炫見：「這本來就才是正確的支那歷史。」
哲煒：「那麼宋教仁到底是誰下令暗殺的？」

埔農：

關於宋教仁的被刺殺，所有在台灣讀書的人，都會由中國國民黨僞造的歷史課本裡，以爲是由袁世凱派人暗殺。埔農相信，生活在台灣的人，很少有人懷疑過這個謊言！

事實上宋教仁遇刺的這個事件，中國國民黨僞造的歷史課本僅寫到「宋教仁於上海火車站遇刺身亡」。在中國國民黨的呆奴化教育下，就是未見有人想到「宋教仁爲什麼要到上海火車站搭車」；「宋教仁搭車要去那裡」；「宋教仁爲什麼是在上車前被刺殺」。如果有人想到這三個疑問，中國國民黨的謊言雞圭就早被戳破了。

在當時所有參與反清國活動的人中，宋教仁是聲望最高、最有可能出任領導人的。宋教仁去上海火車站，是因爲和袁世凱約好要見面。袁世凱既然約了宋教仁見面，卻又要在與宋教仁見面前急忙下手刺殺他，顯然不合常理。如果擁有軍事力量的袁世凱妒忌宋教仁，則不理會他就是打壓他了。即使眞要殺他，等他到北京不是更方便？上海並不是袁世凱容易使力的地方。事實上，宋教仁遇刺後並沒有立即死亡，是隔了一段時間，才在救治無效後身亡。宋教仁死前還拍出了一封電報給袁世凱。下面是這宋教仁遺電的原文：

「北京袁大總統鑒：仁本夜乘滬寧車赴京敬謁鈞座，十

時四十五分在車站突被奸人自背後施槍，彈由腰上部入腹下部，勢必至死。竊思仁自受教以來，即束身自愛，雖寡過之未獲，從未結怨於私人。清政不良，起任改革，亦重人道，守公理，不敢有一毫權利之見存。今國本未固，民福不增，遽爾撒手，死有餘恨。伏冀大總統開誠心布公道，竭力保障民權，俾國家得確定不拔之憲法，則雖死之日，猶生之年。臨死哀言，尚祈鑒納。宋教仁。」

　　從這封電報裡可以證明一件事，那就是，宋教仁並不認為袁世凱有殺他的動機，也不認為這暗殺事件和袁世凱有關。而從「被奸人自背後施槍」、「死有餘恨」，顯示宋教仁對「誰主謀殺他」心裡有數。且宋教仁給袁世凱的最後遺電，用詞懇切，意言將還沒有穩固的共和國請託袁世凱護持，今天讀來還是令人感動。至此，相信大家應已可以瞭解，真凶必是「妒忌宋教仁，最不想見到袁世凱也擁護宋教仁，處心積慮要阻止宋教仁和袁世凱會面」的人，那就是一直覬覦大位、當時擁有「洪門」黑社會幫派勢力的孫文了。

哪來的「中醫」？

　　澤生：「現在檯面常稱支那地區傳統醫術為『中醫』，也有人稱『漢醫』。可是，所謂的中國不過出現百年，哪來的『中醫』？我翻遍所謂支那地區的古籍文

書，也沒有所謂『漢醫』一詞。真相到底如何？」

埔農：

支那地區各國各地，自古都有分別發展自己的傳統醫術，就是各地代代相傳的自有「醫療」，並沒有被賦予特定名稱。

就如使用「漢字」一詞，是日本人於江戶幕府時代（又稱德川幕府，1603年～1867年），首先用「漢醫」這個名詞來稱其本土醫學（有一部分是自支那傳來），以與西方醫學的所謂「蘭醫」（由荷蘭人引進）做區別。清國末年，也才開始有清國人學著用「漢醫」這名詞。

虛妄自大的所謂中國出現後，為撐起那自卑的面子，遂集合支那地區各方的不同傳統醫術，稱為「中醫」。占為己有，再加上一些自個兒幻想出來的論述，並大言這所謂的「中醫」是來自所謂「中原」的故有文明和文化。

事實上，現在所謂「中國」的所謂「中醫」，是集合支那地區自古各國各地不同傳統醫術之雜燴，卻沒有一樣是來自那所謂的「中原」這地方。傳統醫術世界各國各地都有，有珍貴確實的，也有迷思誤導的，現代國家都有醫學人員投入去蕪存菁的研究工作。但沒有一個國家會像所謂的中國那樣，收集各原本不相容的各地傳統醫術，不分青紅皂白，統稱「中醫」供奉，再拿來展示而得意！

真正可惜的是，由於近代科學的妄自擴張，忽視舊文化

和文明，世界各地仍有不少人類祖先的醫學智慧，因同樣被忽視而陸續消失。

澤生兄說得正確，所謂的中國不過出現百年，哪來的「中醫」？這只是所謂中國人裝模作樣製造出的眾多笑話之一而已！

才柿：「所謂的中國收集各原本不相容的各地傳統醫術。譬如拔罐火灸是所謂中原還在那胡來胡去時從中東傳過去的。」

Song：「『中醫』這個詞確實在古籍中並未得見，詳見《黃帝內經》、《備急千金藥方》或《諸病源候論》等重要醫學專著，都沒有使用到『中醫』這個詞。現今指稱的中醫，確實就是現在所謂的『中國』狂妄自封。這用詞其實困擾了我很久，我有想過改稱『漢醫』，但那是日本的漢字而來。如果不稱為『中醫』或『漢醫』，埔農老師認為該怎麼稱呼比較妥當？還是直接說「支那傳統醫學」，簡稱『支傳醫』？但現在若要推廣新詞彙，恐怕無法擋住『中醫』廣泛出現在各種語料上的使用。因為連『中藥』這個詞，可能都得想辦法用其它詞彙替換。」

埔農：
就是傳統醫藥。世界各國學者都是稱傳統醫學、傳統藥

學。個別傳統醫藥是以內容分類爲名。屬於一些獨特地區或部落的，就以地方名或部落名稱之。

　　Wang：「哇！謝謝埔農兄，這條理分明的舉證解說，實在精彩，我果然找對了人。我是學歷史的，埔農兄所述內容，個別事件我原本就都很清楚，但卻一直沒能如埔農兄的邏輯分析加以比對、辨識，清楚指出支那人的虛妄與矛盾之處，並逐一證明支那人的厚黑無恥，實在慚愧。埔農兄的『以其矛攻其盾』讓所謂中國人的無恥『厚黑』無所遁形。感謝之外，更是佩服。」

　　埔農：

　　Wang兄過謙了，Wang兄被圍繞在「中國式虛妄文書」的環境中，仍能保持清明理性的心靈和智慧，才是令埔農敬佩。埔農生長於鄉間，本就較晚遭受到蔣幫中國壓霸集團的污染，又承受姜林獅先生的教誨，也從自然科學工作中獲得「理性思考和邏輯分析」的訓練，才得以不受所謂中國人之「大言不慚的妄言」和「滿口仁義道德的誑語」所影響。前有說過，埔農勤勞是有，談不上過人之處。Wang兄身處歷史學界，以Wang兄的理性清明，若能發揮影響力，必可對台灣人的精神復甦做出實質有力的貢獻。請容埔農在此與Wang兄互勉。

　　Wang：「唉！我也是這般期勉自己，只嘆勢單力薄，仲志不易。就如我很清楚的知道，日本政府侵台時，發現清國戶籍記載的全體台灣人民都是『熟番』，清國是稱台灣人為『土著』，日本政府改稱『本島人』，並沒有所謂的唐山人後裔在台灣入籍。但我還是奈何不了那些認盜作祖的學、政大員。他們掌控台灣文史學界的生殺大權，幫助中國壓霸侵略者呆奴化台灣人，也還在用錯誤的知識灌輸台灣人，並繼續替中國壓霸集團洗腦台灣的下一代。我身為歷史學人，非常氣餒，也很慚愧。有埔農兄的鼓勵，我會加把勁試試，但實在言輕力微，唯恐有愧埔農先生的期勉。」

　　埔農：

　　埔農瞭解，這是今日「台灣人的悲哀」之最大者，Wang兄盡量就是了。只要清明理性的台灣人大家一起為台灣持續努力，群策群力，埔農相信台灣就會有希望。願天佑台灣！

第二章
靈性智慧的台灣人

誠實、尊嚴；不驕不餒的台灣人

新德兄：「我是台灣番／台灣原生種。我知道一位在馬偕醫院對血液有研究的人，名叫林媽利，所以我打電話給台灣長老教會的教友周清玉與蔡有全，問他們認識不認識林媽利？我要找她幫我做檢測。周清玉與蔡有全都不認識林媽利，但是他們聽到我要基因檢測，卻有了一種感情與思想的反應。

周清玉說：『你燒成灰也是台灣人。』她是如此對我篤定！但周清玉和蔡有全都還是信以為『自己是台灣人，也是所謂的漢人、華人』。

蔡有全則是說：『老大乀啊，你是不通用血統論當作獨立建國的論述！』

他知道我在大會宣言裡提到『將以新民族運動以期達到建立一個新而獨立的國家』這句文字。他平常批判台灣人是太監民族，但當我要驗DNA時，竟然如此對我勸說？他們說不認識林媽利，也勸我不要驗DNA。我

只好再找另一位朋友李筱峰。我知道他被林媽利驗過，但是我為什麼不趁先就直接先找他呢？因為李筱峰未驗DNA時，曾在電視上稱自己是華人。與呂秀蓮一樣，即使驗DNA已證實並沒有任何所謂漢人或華人的特有基因，他們還是繼續裝成一身所謂漢人或華人的樣子。雖然我們是朋友，他沒有所本就稱自己是華人，我很氣憤，可是也拿他沒辦法。李筱峰聽到我要驗DNA，老朋友的情誼立即顯現在電話的那一頭，熱情親切如昔地告訴我電話怎麼連絡，還有林媽利最近好像退休囉，但是電話打過去會有人為你接應的。最後，還對我說：『邱ㄟ啊，驗一ㄟDNA是無ㄞ啦……。』是無ㄞ，但對他李筱峰自己卻是發揮不出任何作用！

二〇〇九年五月初，我與妻子要赴德比荷法旅行，DNA檢驗就在出國前一天送來給我，檢驗報告由林媽利簽字，報告中最為重要的是我的父系是西拉雅，母系是凱達格蘭，一南一北，還加上有高山族的基因，DNA不會說謊，它是刑事破案的依據！

我邱新德和所有台灣人一樣，不是唐山過台灣，我父親所抄的『祖譜』全是統治者偽造的！是用來洗腦台灣民族成為所謂『中華民族』的一支，客家話福佬話是複製自中國福建省的，是政治上分化的統治詐術……。

我是台灣原生種，荷蘭人、西班牙人、唐山人、日本人，只是台灣歷史上的入侵統治者，是台灣土地上的

過客，他們像走馬燈式地來又走，留在台灣的人怎麼不是台灣民族呢？

一次世界大戰之後，美國與蘇聯都分別提出解決戰爭、追求和平的方略與方案只有一個，那就是民族自決、民族解放！歷經一個世紀，台灣民族一直還被劣質帝國主義奴沒、竊佔，生為台灣民族的一份子，任何台灣人敢說你自己沒有責任？要繼續任由蔣介石流寇的徒子徒孫踐踏台灣土地、奴化台灣人心，用其黨國殖民體制內的選舉繼續戲弄台灣民族的生命與靈魂？

前不久我的一位朋友要去做檢測，結果告訴我，台灣基因檢測中心關門囉！我聽到非常非常困惑？到底是受到政治壓力呢？或是台灣人拒絕承認自己使他們經營不下去，只好關門？種種台灣人的事，真令人咬牙切齒，幾乎想殺人！」

埔農：

其實，做基因檢測只是確認血緣的途徑之一。只要理性清明，仔細研讀真正的史料就應該明白，所有台灣人，在日本侵台時接收的清國戶籍登記上，都註明「漢化民熟番」與「生番」。清國是稱台灣熟番漢化民為「土著」，日本從滿清接收台灣戶籍文書，把「土著」改稱「本島人」。在日據時期戶籍名冊上的註記，1895年至1905年都還是「熟番（漢化民）」與「生番」。是1905年後才依所使用語言別做

「廣、福、熟、生」註記,「廣」、「福」的註記原本是由「熟番」註記而來,「熟」、「生」的註記原本是由「生番」註記而來,日據時期哪來的漢人或漢人後裔在台灣?真是見鬼了!埔農舉出這段史實證據後,台灣聞達人士(尤其文史學者)並沒有人敢出來反駁!

多數台灣聞達人士(尤其台灣文史學者)已假漢人、假華人當上癮了,才會對眾多史實證據視若無睹,不肯承認自己是台灣原住民的所謂「番」。台灣普羅大眾的迷糊、迷失,並非自願,是被誤導、是被拖累,台灣聞達人士(尤其台灣文史學者)看是可悲,卻更是可惡。

　　源利:「1704年的康熙台灣輿圖記載的65個莊,住的難道是唐山人嗎?其實這些莊原本也是『社』,只不過早期被漢化就改為『莊』,更何況清廷在1684年就把之前的在台唐山人陸續遣返回去了。

　　2018年2月9日,民視學堂的李、戴這兩位大師不察,認為唐山人大量移民台灣。我想全台灣政治人物、學者、聞達人士,大概也是藉這65個莊,說成是唐山人大量移民台灣……,老師您認為呢?」

　　埔農:

　　這兩位是不察大師,其中一位還曾向埔農認錯,甚至還說要閉門反省、不敢再發言、不敢再寫文章。這位台灣

文史教授不久即說「不堪來自同僑的壓力」，拒絕再與埔農連絡，也還是繼續裝作假漢人、假華人。大多數台灣政治人物、學者、聞達人士已假漢人、假華人當上癮了，習於以所謂的中國爲中心，寧願選擇羨慕虛妄的中國式壓霸思維，才會對眼前的眾多史實證據視若無睹，不肯承認自己是台灣原住民，這是「台灣受虐症候群（重症斯德哥爾摩症候群）」。

　　清國據台，視台灣爲敵境，將在台唐山人全數趕出台灣，一個不留。此後下了嚴刑峻罰的「渡台禁令」，禁止唐山人再移居台灣。爲從台灣搜括資源以及爲取得特定農產品供應中國而特許入台的契作人員（贌商），最多僅能停留數月，須押送收成回唐山，再有必要來台灣，須重新申請短期赴台的所謂「照身票」。

　　清國唐山人滿官同時執行強制漢化，先是社學，再轉廟學，完成漢化後就改「社」爲「莊」。極少數偷渡來台灣的逃犯，就是所謂的羅漢腳，最後都橫死在台灣，台灣人善心在墓地旁建小廟存放其火化過的骨頭，因爲沒有姓名，所以稱爲百姓公。1874年起雖有廢止渡台禁令21年，准許工商赴台，也是列入流寓名冊。清國官方並無任何唐山人在台灣入籍的記錄，清國是稱台灣平地熟番漢化民爲「土著」。1895年日本從滿清接收台灣戶籍文書，把「土著」改稱「本島人」，1905年後才依所使用語言別做「廣、福、熟、生」註記，「廣」、「福」的註記是由原「熟番」註記而來，

「熟」、「生」的註記原本是由原「生番」註記而來。暫時居留的唐山移工或商人註記為「清」，以上事實有那一項這些「文史大師」會不知道？埔農不信！依精神分析看來，台灣聞達文史學者堅持清據時期有唐山人子孫在台灣的明顯謊言，心理上其實是在為他們自己的認盜作祖（自以為高級）強辯。

台灣普羅大眾誤認盜為祖的迷糊、迷失，並非自願，是被台灣聞達人士（尤其台灣文史學者）誤導和拖累，導致今日台灣人的國家認同模糊且混亂，造成今日台灣國家處境的危殆。台灣聞達人士（尤其台灣文史學者）看是可悲，卻更是可惡。

埔農早已舉證說明這兩位不察大師是認盜作祖的假漢人、假華人，絕無是唐山人後裔的可能（收錄在《解碼福爾摩沙古文明：續認台灣古今真相》）。台灣普羅大眾誤認盜為祖的迷糊、迷失，並非自願，是被已假漢人、假華人當上癮了的台灣聞達人士（尤其台灣文史學者）誤導和拖累，導致今日台灣人的國家認同模糊且混亂，造成今日台灣國家處境的危殆。台灣聞達人士（尤其台灣文史學者）看是可悲，卻更罪大惡極。

Catherine：「哈！同儕壓力，一群不求真的傢伙，就是靠行靠邊，靠偎互相取暖。真是糟糕的知識份子。我其實不能稱這種人是知識份子，因他們內在沒有一股

強迫自己說真話的力量。都是營黨結社互相取暖，不得罪多數，不得罪學院派。人要學習辨是非的勇氣是台灣須要的第一課。」

　　惠英：「這一句太重要『人要學習辨是非的勇氣是台灣需要的第一課』。令人憤怒的是，那些假裝閉著眼睛、摀住耳朵，不聽、不看就能自以為是。整個社會的真實像在霧中，您們說出真相，就像太陽升起，吹散霧氣，現在還要對抗那中心的霾害，才能吸到生命最重要的乾淨空氣。」

　　Paul兄留言：「台灣聞達人士盡是清國奴思想的假牌漢人，現在又成為中國亡國奴屬下的次級亡國奴，還沾沾自喜。他們以為認祖被當番沒面子！竟然有過半以上堅認他們爺爺都姓所謂的中國姓、拜所謂的中國神，就是所謂的華人？」

　　燉煌兄：「台灣文史界必須再『辯證台灣史』，以正確的台灣史實，廓清真相，破除蔣據以來的偽、假台灣史洗腦教育，重建『台灣真史教育』，建立台灣人自我認同，重建台灣人自己的國家，埔農有何翻轉重建的藥方？」

　　埔農：

　　這些台灣聞達人士（尤其台灣政治人物和文史學者）已假漢人、假華人當上癮了，埔農已費盡心力嘗試過，實在是

叫不醒、罵沒用！所以，只有清明、理性的台灣人大家一起努力，讓台灣普羅大眾能早日明白台灣史實的眞相而清醒。只要多數台灣人醒覺「自己並非所謂漢人或華人的後裔，和所謂的中國人一點關係也沒有」，則這些已假漢人、假華人當上癮的台灣聞達人士，即使內心仍在掙扎，仍不得不面對台灣人心向背的事實，台灣的前途才會有希望。

　　燉煌兄：「認同您的高見。在台灣史教育課程未全面翻轉前，是否以『台灣史實先牒』來去僞立眞，在各村里基層，在各社團，在各民衆集會，也可義賣⋯⋯」

　　埔農：

　　燉煌兄瑞智慧眼！埔農也曾經嘗試過。但是，歷經蔣幫中國壓霸集團的二次奴化洗腦，加上眾多台灣聞達人士陷入「斯德哥爾摩症候群」的心理扭曲，並養成「功利爲先，尊嚴放一邊」的惡習，紛紛認盜作祖自以爲高級。他們掌控了學校教育以及社會教化的所有資源，所謂風行草偃，誤導了多數台灣（Paccan）人，使得一般台灣民眾也受到深化迷惑，一般大眾已習於中國式的虛妄思維，不相信原台灣（Paccan）靈性智慧和文明的證據，也就一時無法接受自己是原住民的事實。所以，各村里基層、各社團都視史實眞相爲異端邪說，不肯接受宣導或傳播。例如：費邊社葉兄就曾製作影片放上YouTube，效果也不如期待。

　　看來，還是先要靠徹底明白台灣古今真相的清明、理性台灣人，一點一滴向親友傳達，等較多人瞭解舊認知全是「中國壓霸集團的偽造文書以及早期奴化之假漢人士紳以小說形式虛構的人和事」，要從基層社團、各民眾集會傳播才得以可行，屆時也必能事半功倍。願天佑台灣！

　　Catherine Yen：「埔農先生，費邊社葉先生的youtube可否請你分享在此。不必放棄宣傳啊！」

　　埔農：
　　謝謝您！但埔農不會操作社群網路，臉書也是2年前才勉力學用的。聽朋友說，只要打上youtube、費邊社、埔農、「誠實、尊嚴──破除漢族迷思」，就看得到。很不好意思。

　　Catherine Yen：「Got it,thank you,找到youtube了。」
　　Shukla：「埔農先生，新年快樂，謝謝有如您求實求真的研究，讓大部份台灣人知道自己原來和中國一點關係也沒有，夫家是福建來台的第三代，而我是噶哈巫族，每每說起我們吃的食物，先生連聽都沒聽過，心想如果我也是福建來的，怎麼飲食上沒有交集，由此可見，我們本來和所謂的中國就沒任何關係。」

埔農：

Shukla您好，新年快樂！您夫家是福建來台的第三代，恭喜他成為移民台灣人！其實，台灣人（Formosans；Paccanians）原本沒有分族，所謂的哪一族原來是指居住地區的名稱而已。荷蘭時期僅記錄了台灣人的社名，並依地區劃分成幾個區塊以資分辨。18世紀，清國黃叔璥在《台海使槎錄》的〈番俗六考〉中，才依照地理分布而將平地台灣住民分為18社等13個部落群。日據時期的日本學者，則依照地理分布加上特有口音和語調，將台灣平地住民以及山地住民再加以區分，才出現所謂的「族」這個字。事實上，日語的「族」類似「組」，是指特定的一群人，例如「暴走族」、「宅居族」、「單身族」。埔農祖先居住西拉雅地區，埔農祖先到外地就自稱西拉雅人，就如現在台中地區的人到外地就自稱台中人是一樣的。很不好意思，您提到噶哈巫族，埔農順手解釋一下，已養成習慣，一時還沒改掉，希望您不介意。謝謝您！

Shukla：「謝謝您，分享這麼多史料，獲益良多！」

林媽利教授與《我們流著不同的血液》

正峰：「林媽利教授的著作值得看嗎？」

埔農：

非常值得看！林媽利教授是國際知名的血液病理學者，專長領域是輸血醫學。她治學嚴謹，為人和善客氣，受人尊敬。她不但反對種族主義，更妥善照顧不同族群的人，沒有一點差別氣息。林媽利醫師是在做台灣住民血液基因特徵（於血液疾病和輸血方面非常重要）研究時，發現不少山地、平地台灣人的特有血型和遺傳基因。而這些特有遺傳基因的分佈，又與現在被誤認的所謂台灣族群印象不合，才引發她廣泛查證的興趣。林媽利醫師攜手同事，努力參加各項人類學、考古學、語言學的研討會。長達20年的過程中，不斷改善研究方法、增進分析能力，更累積了龐大的資料。林媽利教授的用心和貢獻在國際血液臨床學甚受推崇。然而，由於林媽利教授的研究連帶發現「台灣人根本和所謂的漢人或華人一點關係也沒有」，引起在台洗腦台灣人的支那學者恐慌，初期先是派出一位支那低能學者陳叔倬，以幼稚的言詞發動攻擊。發現林媽利教授基因學基礎穩固，撼動不了，就改煽動高舉台灣意識大旗的東華大學民族發展與社會工作學系假華人教授施正鋒出來打擊林媽利教授，施正鋒利用無恥的中國式虛妄思維，惡意把林媽利教授抹黑成是種族主義者。後來見效果也是不如他們期待，潛伏台灣的中國亂台集團就改以「沒尊重個人隱私、沒遵守學術規矩」為罪名恐嚇，並移送地檢處追殺。林媽利教授的道德和學術無懈可擊，仍然使得林媽利教授感到很受傷、很洩氣。一個心胸開

闊、事事求實，又全心奉獻醫學研究的學者，林媽利教授僅
是做了一些本來就是她專長的血液學研究，從未有沾上政治
論述的舉動，卻除了有中國壓霸集團派出的陳叔倬等人攻擊
她，還得忍受高舉台灣意識大旗的台灣聞達人士發起之惡意
污衊，眞是想不到！這都是假華人當上癮之台灣所謂學者和
政客造的孽，眞是台灣人的悲哀！

　　但是，林媽利教授關於台灣人基因的分析，仍然因受假
華人當上癮的台灣聞達人士所影響，做了部分的錯誤解釋。
林媽利教授已證明所謂閩南語系台灣人與所謂客家語系台
灣人在體質DNA上並無差異，且這體質DNA與漢人是不同
的。證明福佬語系台灣人與客家語系台灣人本來都是台灣平
地原住民，是因爲接受不同來源的唐山滿官所強制漢化，才
被分化成兩個不同語言和習俗的區塊，「原台灣人與所謂的
漢人（所謂的中國人）一點關係都沒有」。林媽利教授之所
以對平地台灣人帶有一些與北方越南及百越族相同血緣，最
初會解釋爲可能是唐山公帶來，主要是受台灣聞達人士謬誤
地解讀「有唐山公，無唐山嬤」這句話所影響。台灣住民在
體質DNA上並無混到漢人基因，而現在所謂之中國閩南人
與客家人是有混到所謂漢人基因的，更證明台灣聞達人士對
「有唐山公，無唐山嬤」這句話的胡亂解讀是完全錯誤的。
事實上，因爲清國「強制冠姓時只寫姓氏來源的所謂唐山伯
公」，於是就有不少人故意立自己的祖母牌位加以否認，並
丟棄「所謂的唐山伯公」。爲了避免被「以違抗入罪」，不

得已，仍是加上所被迫的唐山冠姓，但也註明是被迫冠唐山姓的化番，以便子孫記得是「有台灣嬤、無唐山公」才是事實。「有唐山公、無唐山嬤」原是台灣人早期見了所謂「某姓伯公廟」的自嘲用語，卻被台灣文史學者曲解，用去做為「認盜作祖」的藉口！詳情請看《解碼福爾摩沙古文明：續認台灣古今眞相》第三章第一節。

　　另外，林教授研究發現山地各部落DNA都有一些差異，例如Miltenberger血型在阿美族是95%，但隔壁的布農族卻是近乎0%，就以爲山地各部落祖先來源不同，也誤以爲平地人口和山地人口本來就不同。事實上，山地各部落與平地人口實質隔離達四百年，清國「封山令」更是把山地各部落分區隔離在狹小的空間有二百多年，日據時期日本當局又受先入爲主的觀念而造成分治。山地各部落族群縮小，基因各自純化，各部落人口的DNA當然會有不少差異。而台灣其他各平地人口，因族群被打散，加上交通發達，各地交流頻繁，基因全面混合已達三百五十年。所以，台灣平地人口和山地人口的DNA當然會顯示出一些不同，這是歷經時空變遷所自然造成的。

　　還有，北方越南及百越族和台灣人帶有一些相同血緣，是因爲兩千多年前台灣人向西、北傳播時留下的基因，這些都已經過MIT（美國麻省理工學院）的Douglas L. T. Rohde教授證實，林媽利教授不知。

PT：「請問關於林媽利教授所作的錯誤解釋放在哪本書之何章節中？感謝。」

埔農：

林媽利教授所作的錯誤解釋是在《我們流著不同的血液》。林媽利教授已證明所謂閩南語系台灣人與所謂客家語系台灣人在體質DNA上並無差異，且這體質DNA與漢人是不同的。證明福佬語系台灣人與客家語系台灣人本來都是台灣平地原住民，是因為接受不同來源的唐山滿官所強制漢化，才被分化成兩個不同語言和習俗的區塊，「原台灣人與唐山人、漢人（所謂的中國人）一點關係都沒有」。林媽利教授之所以對平地台灣人帶有一些與北方越南及百越族相同血緣，最初會解釋為可能是唐山公帶來，主要是受台灣聞達人士謬誤地解讀「有唐山公，無唐山嬤」這句話所影響。既然原台灣住民在體質DNA上並無混到漢人基因，而現在所謂之中國閩南人與客家人是有混到漢人基因的，更證明台灣聞達人士對「有唐山公，無唐山嬤」這句話的胡亂解讀是完全錯誤的。而且，Douglas L. T. Rohde教授於2003年，以全世界的人類DNA做分析研究，證實台灣人是現今所有生活在地球各地之現代人的共同祖先。台灣是世界文明的發源地，台灣山地各部落和平地人口都完全是最早的現代文明人類。台灣人自1萬3千年以前即開始向外傳播文明，並在世界各地留下子孫，非台灣人混血子孫的各地原始人都已因為智能上的

缺陷而從地球上消失。所以，北方越南及百越族帶有和台灣人（Paccanians）部分相同的血緣，就和世界歐、美、亞、非各洲的人口一樣，是由台灣（Paccanian）傳過去的。

PT：「看了讚嘆！真是大師級的考證。小卒從來不求甚解，難怪只能覺得卡卡的。此刻，小卒期待蛻殼以報。因我之前讀林醫師的大作也覺得某些地方怪怪的？至於不察大師的著作，我買後，竟也懶得翻閱了。他也作過基因檢測。」

埔農：
他的基因檢測埔農看過，他完全無所謂的華人基因！

PT：「哈！太強了，真了小卒心情。」

台灣（Paccan）必須「復國」！

PT：「請教現階段應是『復國』？還是『建國』？或其他？學生知道有大肚王國，但只在台中南邊一帶，而Paccan是古地理名詞。」

埔農：

　　台灣（Paccan）應該是必須「復國」，因為Paccan是國名，不是地理名詞。請看《失落的智慧樂土》（P.64-67）；《靈性》（P.182-187）。現在說「建國」也是可以的，但絕不可說獨立。說獨立是呆奴化的思維，更引來所謂的中國有藉口覬覦和打壓。

　　大肚王是荷蘭人在大肚社強置頭領後才出現的。「台灣（Paccan；Formosa）這國度，人人平等，從未有所謂首長、酋長、首領、國王等人物或職位。需要仲裁事務，是由定期改選的各級議會決斷。任一議員在議場發言時，其他議員必定安靜地恭敬聆聽。社區、聚落的傳統以及議會的決定，多數人均會遵行。雖然會有少數特立獨行之人不規矩、不合作，但仍擁有自行離去的自由，並不會受到歧視性攻擊」，這不僅是姜林獅先生那代代相傳的台灣史實如此記述，早期入台的荷蘭傳教士Georgius Candidius，因深感佩服而留下的文獻中，也有詳細記錄。Georgius Candidius留下的文獻，順益台灣原住民博物館出版的荷、英文對照書（《The Formosan Encounter Vol. I》P.120-121）。是荷蘭人入侵後，為了擴張利益，方便溝通和交涉，才在台灣族人的社區聚落中強置頭領，始破壞了台灣族人五千年以上之柔性團結的傳統。而荷蘭人所選定的頭領，早先是曾收留唐山人的台灣族人（由荷蘭人的唐山走狗介紹），後來是率先屈服於武力脅迫者。除了予以利誘，為鞏固其權威，荷蘭人都給予武力作後盾。遇有不完全順從的受命頭領，就予以懲

戒或殺害，以儆效尤。這些在（《The Formosan Encounter Vol. I》P.87、120、137；《The Formosan Encounter Vol. II》P.15、124、163、368以及《熱蘭遮城日誌I》P.362；《熱蘭遮城日誌II》P.34都有記載。）

PT：「可是大家現在看到所謂歷史學者所說的大肚王國，卻說是抵擋荷蘭人的？（維基百科）」

埔農：

大肚王是有抵擋過荷蘭人沒錯。荷蘭人來到台灣，是為了鹿皮、蔗糖、稻米等利益。荷蘭人在台灣，人數最多時也僅一千多人，為了溝通方便，就到處在台灣族人的社區聚落中強置頭領，以利用此頭領來協調、談判。之後，遇有不完全順從的受命頭領，就予以懲戒。既已稱王者，有些就會反抗。所謂歷史學者所說的大肚王國（其實是中部大肚社，南部赤崁一帶另有一同名的大肚社），就是出現於荷蘭人和其認定的大肚社頭領（大肚王）談判破裂之後。但是，總體而言，大肚王仍一向與荷蘭人友善。1661年5月底，鄭成功海盜集團二千人帶了30名荷蘭人俘虜進逼中部大肚社。大肚社的人當夜發動攻擊，解救了鄭軍的荷蘭人俘虜。這在《The Formosan Encounter Vol. I》有很詳細的記載。

Jimmy：「要理解台灣當前狀態，真的是一件不容

易的事，需『至少』將眼光上推一萬八千年，要理解這悠遠歲月以來的地理異變，要涉略複雜的統治歷史及文獻，要琢磨考古學、體質人類學、分子生物學，即便中研院的專業學者，以一己專業，無跨領域的認知、參酌，很容易用『一般人先入為主之認知』的遣詞用字表達，也因此造成很多二手誤解，在學習的過程中，資訊太紛雜，所以最好先放下太武斷的結論式對話，讓他方容易理解自己的想法，比爭一時的口舌要重要得多。（因為我實在看太多專業大學者的互相否定，反而有風範的，都十分客氣及包容。）」

埔農：

所以埔農才不得不拖著殘弱老命，勉力揭開台灣古今的真相，並言明，任何人只要能舉出確實證據，證明埔農的舉證說明有任何錯誤，埔農保證頒發10萬元獎金。

River：「請教先生三個問題：一、是否驗DNA，就可以知道自己是否平埔族？二、是南投的平埔族跟宜蘭的平埔族，DNA一樣嗎？三、是泰雅族、布農族DNA一樣嗎？麻煩您，謝謝！」

埔農：

這三個問題簡單回答很容易。一、驗DNA當然是就可以

知道自己是否平埔族；二、南投的所謂平埔族和宜蘭的所謂平埔族DNA已有一點差異；三、泰雅族與布農族已各別發展出體質DNA的一些自有特徵。但是，這樣的簡單回答，卻很容易被陰狠中國人以及呆奴化台灣假漢人、假華人見縫插針的操弄和繼續欺騙。要說清楚則需長大篇幅，這些體質DNA差異之所以產生的原由，埔農在《台灣受虐症候群的煉製》、《台灣受虐症候群的延燒》、《失落的智慧樂土》、《原台灣人身份認知辨悟》、《台灣人被洗腦後的迷惑與解惑》、《台灣古今真相》、《解碼福爾摩沙古文明：續認台灣古今真相》已有詳盡的舉證說明，埔農現在僅解說要點：

　　不願遭受異族邪氣干擾而避入山地的各部落，實質受到隔離四百年，更被清國「封山令」分區完全隔離二百多年，族群縮小，基因純化。而今日所謂的平埔族，雖然被迫所謂漢化較晚，但早期也是遭到清國所謂國界的土牛紅線（後稱隘勇線）分別阻隔。一個局部團體隨世代延續產生純化基因的種類，是依組成分子多數所擁有的基因機遇決定的。

　　所謂物以類聚，例如：若有一個1萬人的團體，由自由意志任意分成每100人一組的100組次群體，則各次群體的組成分子當然會以共同親友為主。既是共同的親友，則必然有較多的相同特有基因，再歷經幾十代的隔離延續，各次群體間特有基因的差異就會更為明顯，所以台灣山地各部落才會出現各自的特有基因。例如：Miltenberger血型在阿美族是95%，但隔壁的布農族卻是近乎0%。所以，雖然南投的平

埔族與宜蘭的平埔族、泰雅族和布農族，都已顯現有各自的
DNA特徵，但這並不表示他們本來就是不同的族群。其實，
MIT（美國麻省理工學院）的Douglas L. T. Rohde教授已於
2003年證實，台灣人各山地各部落和平地人口都完全是世界
最早的文明人類。

　　至於台灣平地人口，因族群被打散，加上交通發達，各
地交流頻繁，基因全面混合已達三百五十年。

　　事實上，也不必做基因檢測，只要理性清明，仔細研讀
真正的史料，再加以理性、客觀的判讀，就應該明白「所有
台灣人都是原住民」。

　　所有台灣人在清國戶籍登記上都註明是「漢化民熟番」
與「生番」，清國是稱台灣熟番漢化民為「土著」。日本
侵台時接收清國的台灣戶籍文書，把「土著」改稱「本島
人」。72年前的台灣人，根本都完完全全是台灣原住民
（Paccaians）。平地台灣人，是被所謂福佬人和客家人的唐
山人清國滿官，分別以福佬或客家語言、習俗強制漢化，平
地台灣人口才遭致分化成兩個區塊。

平地台灣人百分之百是平埔族

　　River：「謝謝，這些人類族群歷史，很有意義；希
望透過埔農先生您們這些前輩的引導，能夠在台灣帶動

一段尋根熱，對台灣現在碰到的嚴重認同問題，會有很大的意義，多謝！」

陳佳閎：「埔農大哥～辛苦您了！也謝謝您對台灣的盡心盡力、我以身為台灣平埔族人為榮！以身為半線社人為傲！」

進和：「埔農老師好；我曾經喜歡陳芳明教授的台文講談，請您有空看看他在這一集的論點：『民視台灣學堂－台灣新文學史：建構雙元史觀』。陳芳明教授說什麼『台灣史、中國史並置，重現真相』？（2018年2月22日，http：//taiwanlecturehall.com.tw/youtube.com），對台灣清朝時期的移民有很偏頗的看法，實在令人難過……也希望您能多多保重身體，台灣很需要你！」

埔農：

因為擔心台灣前途，埔農不得不持續觀察這些已「假漢人、假華人」當上癮的台灣聞達人士。看他們在幫助侵台壓霸集團混淆台灣史實，是如何明目張膽和睜眼說瞎話，看了又實在傷心也傷身，陳芳明教授只是其中之一。這些聞達學者和政客仗恃其既得名位，佔據檯面，不肯（其實是心虛而不敢）讓樸實之台灣人站上檯面和他們公開對質。他們持續誤導眾多台灣人，使得不少台灣人受連累而輕易誤以為自己是唐山人或漢人後裔，導致今日台灣人的國家認同模糊且混

亂，也才造成今日台灣國家處境的危殆，說這些聞達學者和
政客可悲，卻更是罪大惡極！可是，埔農又拿他們沒辦法，
埔農慚愧又自責。

　　燉煌：「Chen-Li Pan說：『一個人若不知其出生
前的真實歷史，他將永遠無法脫離幼稚。── 西塞羅
（Marcus Tullius Cicero）』。在台灣，這七十年來『支
那黨國學校』教育機器所施加的強迫洗腦，已經成功灌
輸進入我們在思想上以及人品上的意識，而成為冥頑毒
藥，以致眾多的人終身都難予擺脫這份要命的毒素。

　　先說我的質疑：

　　（1）印象中蔣渭水會過中國國民黨組織孫中山本
人；（2）日軍離台前曾有不少台灣人經勸說林獻堂，
擁日軍宣布台灣獨立，卻遭林獻堂本人拒絕。之後，林
獻堂非常積極活躍於迎迓中國勢力，參與蔣介石接收統
治台灣；（3）蔣（蔣渭水）、林（林獻堂）兩位皆是
『台灣文化協會』右派『親中華』、『祖國』的掌旗
手，並且全無民族自決的台灣獨立意識。

　　雖然蔣渭水在日本戰敗前就過世，但是其好友林獻
堂活到1958年。後來，林獻堂流亡日本東京時曾告知史
明，他本人很後悔因受到所謂『中華祖國』的毒害，以
致錯失擁日軍促成台灣的獨立。如果當時獨立了，台灣
就不會遭遇後來的二二八大屠殺和種種白色恐怖。尤其

是，目前國共內戰的後續無解，一般世俗人對已亡之
人，又只談其公德不碰觸其人之失誤及錯誤思想。但
是，以台灣歷史命運角度來看，我很願意鋪陳對蔣、林
二人的質疑，指出令人懷疑的錯誤。反省前人的錯誤，
是後人對於台灣命運傳承最重要的責任。」

　　想一想，同時代的越南國父胡志明，他是如何自我
教育，又是如何啓蒙自己同胞的？

　　胡志明青年時期就跑船，在歐亞之間的郵輪上當服
務生；中年他深入中國，再跟當時中國的國民黨蔣介石
應對過招；也蹲過其黑牢（曾經被關進中國國民黨的監
獄裡），有過九死一生的經驗。胡志明當時就已經覺悟
並且體會到：寧願吃法國人的餿水，也不要去當中國人
的奴隸。

　　所以，經由胡志明、武元甲等人，領導一群頭腦清
醒的越南愛國志士們，當時的越南就依靠這一群智勇雙
全的志士，在越南北邊的邊界上，以寸步不讓的堅定態
度，來抗拒想要越過邊界的中國軍隊。因此，當時的
越南沒有因為麥克阿瑟將軍以盟軍統帥之身分所下達的
『以中國軍隊來代表盟軍接收所有留在越南北緯十七度
以北日軍之投降』的命令而任由所謂的中國擺佈，因而
就沒有像台灣一樣，只因為這個麥帥的命令而讓越南變
成被所謂的中國持續佔領。

　　同時候的台灣，正好擁有二十五萬完好如初的日本

精實軍隊。當時的一群年輕日本軍官直接面見林獻堂等台灣頭人、領袖，期望能擁護林獻堂等人成為台灣新的領袖，來策劃謀求台灣復國之計畫。可是呢？這時的台灣聞達人士，因為都是清國據台時期所謂士紳的子孫，承襲『勾結侵略霸權，仗勢欺壓同胞得利』的惡習，也假漢人當上癮了自以為高級，鄙視自己祖先的文明和文化，從來就不存在有深遠目光，更沒有真正的台灣意識，還缺乏做為一個台灣人應有的尊嚴。十三年之後，當林獻堂在一九五八年病死於流亡中的日本東京時，他遺留有不少後悔、悲哭之下所寫成的哀歌——是綿綿串串追悔的遺恨血淚。

台灣人民啊！請花一點時間為『現在的處境』想一想：

現在的台灣人真是的！在台灣史實證據都已完全攤開二十多年的今天，多數台灣人對於本身的身份和歷史，還留在被洗腦奴化的原地踏步，搞不清楚自己的身世血源：還在分什麼山地人口、平埔人口、福佬語系人口、客家語系人口：比較知道現代DNA基因的人，也還在瞎扯『到底有幾分之幾是來自台灣平埔族，或是有幾分之幾是來自台灣高山住民』，其實心理上是在妄想『可能會有幾分之幾是來自所謂的漢人或華人』！

日本據台時期的台灣，每家每戶的戶籍謄本，都會清楚登記「貴」祖父母、曾祖父母、太曾祖父母們

是屬於「台灣生番（未接受漢化）」還是「台灣熟番
（已接受漢化）」。這份日本時代的戶籍謄本，你們在
戶政事務所都可以調查得到。例如：（1）蔡英文總統
的祖母，就是如假包換百分之百的黥面（曾為躲避漢化
而遷往山區的台灣人）。（2）謝長廷先生就是「台灣
熟番」的後代子孫（見《台灣人被洗腦後的迷惑與解
惑》）。再認真一點的人，請找林媽利醫師的實驗室作
血液檢定DNA遺傳因子，就可進一步確定。

　　月娥：「感恩您為台灣憂心。台灣人至今還在講藍
綠鬥爭，真的好難過。台灣人難道就不能盡快清醒嗎？
醒覺就可以團結，一起面對困境。蔣幫中國壓霸集團的
洗腦教化，是陰狠的奴化教育、毒性抹黑、偽造歷史，
以扭曲手法虛構所謂的『唐山過台灣』欺騙台灣人，仇
恨、分化主張自主建國的台灣。」

　　Johan：「我母親是戰後出世，有傳述過「阿山
豬」的說法。很多稱謂的確是慢慢被清洗抽換的，像是
電影Kano，就有一段說球隊組成是山地人、日本人、漢
人。但是，當年的說法明明就是高砂族、內地人和本島
人，劇組就是硬要把本島人改作漢人。具靈性精神的尊
嚴台灣人，當務之急是努力傳播台灣古今真相，並立即
把虛假、霸凌的稱呼和用語改正過來。」

　　PT：「誠摯感謝埔農老師為台灣古今真相的努力和
付出！請問有可贊助的方式嗎？」

埔農：

非常感激您，埔農避居鄉野，吃的是自己種，衣服又穿不破，幾乎沒有任何花費。埔農有每月1萬多的勞保退休金，就用來傳播台灣古今真相，其實退休金帳戶還有餘額。朋友們若能廣為宣傳《台灣受虐症候群的煉製》、《台灣受虐症候群的延燒》、《失落的智慧樂土》、《原台灣人身份認知辨悟》、《台灣人被洗腦後的迷惑與解惑》、《靈性》、《台灣古今真相》、《解碼福爾摩沙古文明：續認台灣古今真相》，讓多數台灣人能明白自己完完全全是台灣原住民，台灣人和唐山人或所謂的漢人、華人、中國人一點關係也沒有，並正確瞭解原台灣（Paccan）的智慧文明和文化，則台灣人的國家認同不再模糊、不再混亂，今日台灣國家處境的危殆也立即解除。這是埔農回歸台灣塵土前的唯一需要及盼望。謝謝您！謝謝大家，願天佑台灣！

PT：「請告知帳號即可，感恩。」

埔農：

什麼帳號？

PT：「您的金融匯款帳號，學生想匯學費給埔農學校。」

埔農：

萬萬不可，埔農簡樸過日，鄉野生活花費不多，不缺金錢。就日常生活而言，埔農可能比PT兄如意。若能持續為台灣古今眞相宣傳，埔農即萬分感謝，也是爲台灣造福！願天佑台灣！PT兄爲台灣奉獻心力的急切之心埔農理解，但現在尙未覺醒的台灣人仍占多數，當務之急是大家努力傳播台灣古今眞相，期待多數台灣人能盡快清醒。多數台灣人清醒的時刻，台灣（Paccan）復國必有可爲，屆時就眞的需要所有理性清明的智慧台灣人「有錢出錢、有力出力」了。

PT：「學生慚愧，改日再議。那就買書寄給希望影響的人了。感謝您，老師晚安。」

埔農：

那就是現在能爲台灣做之最好的事了，也是給埔農的最佳禮物。晚安。

看出「被杜撰族譜」的破綻並不難

旺：「近日發現你的幾本大作，深覺佩服。一事相問，你說族譜幾乎都是杜撰的，要如何查是不是杜撰的呢？」

埔農：

台灣人被誘導杜撰族譜，都是抄自明、清時期的「譜匠」（這是一種專門在替浮誇、裝面子成性的所謂華人偽造所謂世系、家譜之行業，見《華夏姓氏之謎》），這些譜匠都是互相抄來抄去，還經常抄錯。台灣人被誘導杜撰的所有族譜，也是閉著眼睛，把這些譜匠的虛構文書照抄，甚至連所謂的黃帝、夏、商、周都高掛上去。尤其是「硬要從唐山連上台灣的情節」，不論時、地或人名，都是臨時拼湊，所以只要比對當時的唐山文書記載，無一不原形畢露。

姍姍：「我家昨天才把「穎川堂」牌匾拆下來燒掉，明明就是「道卡斯族」為何祖先第一代叫武葛，第二代叫加巳，第三代起就變劉ＸＸ……實在很可笑。昨天看到這張照片才瞭解為何我們的部落的家譜這麼完整，因為一直在當被殖民的順民，樂於當被誘導亂寫的任何一代人物，都不知道可恥。」

嘉裕：「我是埔里番，平埔族、高砂族，生番熟番的混種；卻由支那高人撰寫我家的族譜，渾蛋！」

仁和：「是的，亂抄。台灣人加油！」

鄭育：「不只族譜，許多宮廟的歷史也胡言亂語。例如，二水靠山的地方，有間寺廟，居然說是在1661年回唐山迎香後成立！1661年，居然已有漢人能在巴布薩族狩獵之地的二水，開墾並立寺廟？而且還能在番社林

道卡斯族史失憶

1世：加苞 （後龍新港社頭目，鄭時歸順）

2世：貓老尉 （清初歸順，賜姓劉）

3世：道生、速生、進生

4世：阿貴、什班、天來

5世：貓六、阿二、知英

6世：鳥毛、阿保、金順、登春、登壽、
　　　登年

7世：添興 （？）

8世：連震 （1889 年生）、連旺

立的巴布薩族、洪雅族之領域通行無阻，從笨港回去唐
山迎香？就算到了1695年，唐山人清國官員的足跡，能

到虎尾溪已少之又少，如何到二水？」

獻德：「更扯的事：不相關的兩個人，其族譜竟然一模一樣。」

Thomas：「族譜啊族譜？何以諸多雷同？原來是真正拙劣的文抄公！」

快清：「偽造族譜原只是各別家族的認同；現在台灣內外，中國壓霸集團統戰進行得如火如荼，引誘成立的各氏宗親會已超過百個，並且與世界各地所謂的中國宗親連結。悲哀啊！恐怖啊！」

王澤：「要督促民進黨的文化部，現在國家禮祭大典，必須專門處理好台灣定位問題。倘人有注意這類事證，就必要重新連結，取用台灣象徵、圖騰，無論程序乃至後續的文化創意產業之歸屬和儀式，一併公布，這是台灣體質進化必須的過程。要在文化上對抗，要架起擂台，要公布，要宣傳。」

Paul：「查族譜真假很簡單，1.去申請日本時代自家親長的戶籍謄本；2.去找馬偕醫院驗DNA。台灣人的漢姓族譜都是假造的。」

王澤：「正名要在國家禮祭大殿宣布，全國人民的共同心靈空間，就是要用文化的自在風采，而且不落入中國人的分化及統戰中，用真正的台灣文化表現在高度。」

Catherine：「捏造族譜根本像以前的情書大全一

樣，都是表面上抄來抄去的東西。有些人喜愛找中國古代名人穿鑿附會，例如姓顏，就說自己是顏回、顏真卿的後代，姓李就稱自己是李世民後代，這些名堂是用來壯膽或陶醉的嗎？自己有本事堅強自己就好。代表你自己的只有你的靈魂罷了，我太看透這些了。」

Shelley：「我看了一下家裡祖譜，祖先竟然有老子李耳，唐太宗李世明，太監李蓮英，這這這會不會太離譜了，他們這三個怎麼可能會有關係？絕對是假祖譜，大家竟然會相信，太不可思議了。」

煥金：「埔農兄，對台灣民族『史理』復甦的努力小弟感恩！不求回報、不求名利，實在難得。渾沌的世代台灣要轉形！多數台灣人完全被操作在政客的語言毒素裏，對文化與自我認識相當貧乏。只有一直被『我是呆玩郎、林北是呆完郎』的政客消費？這場仗我們還有得要打。老骨頭！我們恐怕除了要自己堅強外，還要準備好應付自己人的倒戈哦！」

Omora：「哈！所以我一直不用漢姓！」

旺：「感謝指點迷津，這個訊息很重要，是很多台灣人過去所不知道的，所有台灣人都應該要了解。但我想問：

我是屏東萬巒鄉五溝水『劉厝庄』（現稱彭城里）人，根據我家族內製作的族譜看，寫所謂的『來台祖劉偉芳，祖籍廣東省梅縣招福鄉三圳墟』，又把族譜牽連

到所謂的黃帝、唐堯、禹舜、夏、商、周。這怎麼可能嘛！就我所知，所謂的唐山人或漢人，平民是不寫族譜的，都僅有簡單的兩三代家譜記載，只有王公貴族才會杜撰所謂的族譜，五溝水地區哪來的族譜？還連上所謂的黃帝、唐堯、禹舜、夏、商、周呢！還有，我們五溝水地區是所謂的客家語系，相隔不遠的潮州鎮也有一『劉厝庄』，居民全是所謂的福佬語系，幾十年前潮州鎮『劉厝庄』那裡的人又突然出現了所謂的族譜，記載『來台祖劉奇川，祖籍廣東省蕉嶺縣』。但是，我們五溝水『劉厝庄』另有一批人手持的族譜記載也是『來台祖劉奇川，祖籍廣東省蕉嶺縣』，又說潮州鎮『劉厝庄』先祖和萬巒鄉『劉厝庄』先祖是親兄弟。實在匪夷所思！我要如何驗證我的祖先不是來自唐山呢？」

埔農：

鄭成功海盜集團的東寧王國被消滅後，清國命令唐山人（所謂的漢人）回籍，將鄭氏集團帶來的軍民和所生子孫，計四萬二千名趕回中國。連與鄭氏集團無關的原先住台唐山人，也全數趕出台灣，一個不留。死在台灣者的唐山人屍骨，也全部從墳墓挖出，說是要遷回中國，卻丟棄到台灣海峽內。再下了嚴刑峻罰的「渡台禁令」，所以絕不可能有唐山人留在台灣。

清國駐台唐山人滿官季麒光就說：「台灣自偽鄭歸誠以

後，難民丁去之、閒散丁去之、官屬兵卒又去之。」這是官方記載，無可質疑。清國官方並無任何唐山人留台入籍的記錄，如果說是漏網的東寧王國時期唐山人或偷渡成功者，在嚴刑峻罰的「渡台禁令」下，又如何入籍？買通在台唐山滿官嗎？如果是買通在台唐山滿官，派台唐山滿官最長三年調換一任，不被繼任官員呈報而遭殺頭嗎？（繼任官員呈報前任疏失的例子不勝枚舉）。只有唐山滿官明知「這是依冠姓由『譜匠』杜撰的所謂唐山伯公」才會被留下記錄，然而戶籍記載仍舊是「漢化民熟番」。1894年以前，有誰見過那一個所謂漢人的唐山滿官，敢大膽違抗「大清律令」？

　　如果旺兄還是有疑問，也許旺兄可把貴家族的族譜詳細手稿給埔農查閱，埔農相信可給予旺兄更清楚、更滿意的答覆。當然，資料要越詳細越好，太簡略無法比對實證，就僅能用清國據台的官方文書判定了。

　　請旺兄可以放心，埔農不會公開任何私下給予的所謂私人族譜，除非是經過特別允許。埔農也從未和別人討論過接受委託查證的私人所謂族譜。1948年以後才製作的所謂族譜就不談了，埔農已代為審慎查證過數十本所謂連上中國的清國據台時期族譜，埔農絕無輕佻的心態。埔農前曾公布的謝長廷、王金平所謂家族族譜之考證與辨正，都是埔農發現他們已經自行公開，並經委託人允許，埔農才敢放心刊登的。

　　旺：「公開沒有關係，若能藉由這次查證，讓所有

台灣人都更能明瞭『事實上72年前的台灣人和所謂的中國一點關係也沒有』，促成多數台灣人盡快從『蔣幫中國壓霸集團的奴化洗腦』中醒覺，也算是為台灣盡了一份心力。只是，我看到的所謂五溝水劉氏族譜，有關把台灣連上唐山的部分其實不多，只言『先祖劉偉芳是於1780年（清乾隆45年）由廣東省嘉應州鎮平縣（後改稱蕉嶺）招福鄉八輪車戶來五溝水開墾』，卻又說『來台祖劉偉芳，祖籍廣東省梅縣招福鄉三圳墟。』；另外有『劉成台及劉清元、劉成金父子等三人均曾考取貢生』，其他的都是唐山譜匠杜撰的所謂劉氏族譜，不值一看。」

埔農：

太好了，但願有更多的台灣人能如旺兄般的清明理性，堅強地誠實面對真相，則台灣的美好未來必很快可以見到。

雖然旺兄的提示確實簡略，但要「驗證旺兄的祖先確實不是來自唐山」已沒問題。僅從旺兄所得到的簡單記載，就已足夠證明，這全是「取得名位後的所謂台灣士紳」為認盜作祖自以為高級所虛構的。先是「劉厝祖先有人漢化過深，依所冠姓認祖，裝成假漢人自以為高級」，後來是「蔣幫中國壓霸集團侵台後，被誘導偽造所謂的族譜」。茲就詳細舉證剖析如下：

1.事實上，廣東嘉應州鎮平縣三圳墟（後稱三圳鎮）轄

下才有招福村，不論是以前的鎮平縣或現在的蕉嶺縣，都沒有所謂的招福鄉。

2.清國廣東嘉應州統領興寧、長樂（今五華）、平遠、鎮平（今蕉嶺）、程鄉五縣，嘉應州根本沒有梅縣。嘉應州於宣統三年（1911年）改稱梅州；另於1914年，當時剛成立的所謂中華民國，把程鄉縣改稱梅縣，同時把鎮平縣改名蕉嶺縣。清國廣東的嘉應州哪來的梅縣？而且，招福村是在鎮平縣的三圳墟鎮！所以，這所謂的「祖籍廣東省梅縣」必是後來在蔣幫中國壓霸集團誘導下隨意編纂的。這種所謂「清據時期由廣東省梅縣來到台灣」的胡言亂語，在客家語系台灣人被偽造的所謂族譜裡，各地各姓都很常見！

3.萬巒鄉五溝水的劉厝庄，另有一批人堅稱，來台祖劉偉芳祖籍廣東省梅縣招福鄉三圳墟。這也是把「三圳墟鎮招福村」寫成「招福鄉三圳墟」，真實的家族記錄絕對不會如此荒唐。所以，這和所有其他連上所謂中國的台灣杜撰族譜一樣，全是依「唐山譜匠」的「隨便應付」照抄的。

4.埔農查遍所有連上所謂中國的所謂台灣族譜，所謂的從唐山那裡來，都是由唐山譜匠隨便應付的亂七八糟。所謂中國的這些譜匠都是互相抄來抄去，只要一開始有人亂寫，後面的「譜匠」就依樣畫葫蘆，一直照樣杜撰下去。各種不同版本的台灣人族譜，不只是劉氏族譜，只要是連上所謂的中國，都是沒經過大腦就把「原籍福建某某縣→某某都→某某保→某某鄉」或「原籍福建某某縣→某某鄉→某某保→某

某里→某某都」照抄！可見全是被洗腦成假漢人、假華人後
的產物。唐山在明、清兩國，地方制度在縣級之下的行政單
位都有一定的依序，是為：縣→鄉→里（或村）→都→保→
甲→戶，連現在羨慕虛榮的所謂中國人，請「譜匠」杜撰家
譜時，還是一樣，糊里糊塗的被「譜匠」耍著玩！例如，早
期曾有劉姓台灣人到廣東蕉嶺縣，說要比對族譜以便認祖。
蕉嶺縣官方和文史學者原本承認「蕉嶺縣沒有留下舊族譜，
尤其沒有劉氏族譜，而且祖先牌位盡毀，無法與台灣比對族
譜」。後來聽說台灣屏東萬巒鄉五溝水「劉厝庄」有所謂
「來台祖劉偉芳，祖籍廣東省梅縣招福鄉三圳壚」的說法，
以及「於1864年（同治三年）就創建有名為『彭城堂』的劉
氏宗祠」，為了強化對台統戰，不久即硬杜撰出了所謂蕉嶺
縣官方劉氏族譜，上面寫著：「屏東縣萬巒鄉五溝水劉氏，
劉氏第一五四代十三世偉芳公為來台開基祖，於乾隆五十二
年由廣東省嘉應州鎮平縣八輪車（現蕉嶺縣招福鄉三『峻』
壚）渡海來台，定居屏東縣萬巒鄉五溝村。」卻又再說「劉
偉芳是漢高祖劉邦的直系後裔，西元1780年（清乾隆四十五
年）開始，劉氏子孫陸續涉水來到五溝水拓荒開墾」。這
「劉氏第一五四代十三世偉芳公」一看便知是隨便亂寫的，
但這「乾隆五十二年會變成乾隆四十五年」埔農就想不透
了！唯一的可能是，前後有不同的萬巒鄉五溝水劉姓台灣
人，在不同時間到廣東蕉嶺縣說要認祖，由不同的蕉嶺縣人
士接待，所以才會有不同的胡說八道。

5.大多數連上所謂中國的所謂台灣族譜，全是受「蔣幫中國壓霸集團帶來台灣專門竄改台灣史實的寫手（以黃典權為首）」所誘導，才杜撰出來的。黃典權等所謂中國寫手，在蔣幫中國壓霸集團的指使下，惡意曲解各版台灣府志和各地縣志、誘導偽造族譜、偽造台灣歷史。因為需要惡意曲解並加偽造的文書龐雜，黃典權等人就不免輕忽，更學所謂的唐山譜匠，到處抄來抄去。所以只要稍微觀察，破綻到處都是！例如：新竹縣湖口鄉的戴氏族譜，也是寫原籍廣東省嘉應州鎮平縣（今之蕉嶺）三圳墟黃泥堀（再加註是招福鄉），更多的是和萬巒鄉五溝水「劉厝庄」的所謂族譜一樣，把所謂的招福鄉寫在三圳墟前面。事實上，招福村是三圳墟鎮下的一個非常小的小村里，全部見有所謂三圳、招福的所謂台灣族譜，都是閉著眼睛把這樣的胡說八道照抄。這種例子訴說不完。最扯的是，所謂中國的官方和文史學者，原本承認「並無舊族譜，且祖先牌位盡毀」，現在為了統戰台灣，硬假造出所謂的中華族譜，內容也是閉著眼睛把「黃典權等人在台灣的胡言亂語」糊里糊塗地亂抄，說什麼「鎮平縣招福鄉三峻墟」、「鎮平縣三圳墟招福鄉」。真是「要說謊也懶得打草稿」！

這種種無中生有、胡亂組合的明、清地名，是所有「蔣幫中國壓霸集團入侵台灣後，由所謂中國寫手的黃典權等人，誘導杜撰所謂台灣人族譜」之共同特徵。

6.五溝水劉氏族譜記載「有劉成台及劉清元、劉成金父

子等三人均曾考取清國貢生」。那這1864年（同治三年）才創建的所謂「彭城堂」，必是這三人考取功名後自以為高級，就依被冠姓的唐山來源認盜作祖，偽裝假漢人，子孫誤以為與有榮焉而建置。因為當時聽學官說「唐山劉姓有『彭城堂』堂號可連上漢高祖劉邦」，於是一膨風二不休，就集資重建台灣人原有的祖厝或公廨，把所謂的「彭城堂」高掛上去，以彰顯自以為高級的虛榮名望。

7.屏東萬巒鄉和潮州鎮，都有客家語系及福佬語系的村落交相鄰。因清國唐山人滿官據台霸道嚴苛，被迫漢化的平地區域台灣人順服久了，大多認命，加上百年以前生活保守，客家語系和福佬語系有通婚，習慣上，客家語系嫁入福佬語系就學用福佬語言；福佬語系嫁入客家語系就學用客家語言。這種習慣一直存在，看萬巒鄉和潮州鎮都有多個客家語系及福佬語系的村落持續交界存在就知道。所以，潮州鎮「劉厝庄」必定原來就是被福佬語唐山學官強制漢化的。既然，潮州鎮「劉厝庄」人以及萬巒鄉五溝水「劉厝庄」部分人口有共同的先祖，而這共同先祖又和萬巒鄉五溝水「劉厝庄」當地人口的先祖是親兄弟，則五溝水的「劉厝庄」會成為客家語系村落，而潮州鎮「劉厝庄」卻成為福佬語系村落，只有一種可能。那就是：原先住在萬巒鄉五溝水的兩兄弟之一，其部分子孫從萬巒鄉五溝水搬到不遠的潮州鎮，後來就被派駐該地的福佬語唐山學官強制漢化；而留在萬巒鄉五溝水的子孫，則另外被派駐五溝水的客家語唐山學官強制

漢化了。因為，既然到現在都還知道是原親兄弟的子孫，現
在應該還有往來，至少不久前是還有往來的。會一直各自分
別使用福佬話與客家話到現在，一定是同時被迫分別以客家
語及福佬語漢化所致。

　　旭紅：「任何事，只憑自己個人獨斷想法與籠統推
斷，都有欠思考。不承認自己是中國人，那是你自個的
事。每個家庭自有族譜、家訓、家傳，代代香火生生不
熄。您冒犯他人、人自冒犯。我是劉氏移台子孫。應該
檢討清楚『何謂統戰洗腦。』我沒任何黨派，是劉氏潮
洲嫡系第8高祖巨漣公後代。許多事連科學家都尚在研
究中包括醫療科學。你在結尾啥來著？二二八事變絕大
多數家族都有清清楚楚明明白白的先祖祖譜與記載。你
言不及義，寡聞淺見。笑話蘿筐。該檢討。知之為知
之，不知為不知是知也！」

　　埔農：
　　懇請從頭逐項仔細看清楚。以上埔農的舉證已說明得非
常清楚。理性的話，有任何疑問或迷惑，就請逐一提問或舉
證反駁。堅信聽說的謊言而舉不出證據，是迷信。「大多數
家族都有清清楚楚、明明白白的先祖祖譜與記載」？埔農已
舉出百條以上的證據，證明那些所謂的族譜，全都是被牽著
鼻子走，穿鑿附會的偽造文書！既然以上的埔農舉證你並

無法反駁，您還堅信自己是唐山人的子孫，請拿出「潮洲（州？）劉氏祖先來自唐山的其他證據」，埔農保證每件查不出破綻或偽造痕跡的所謂證據和族譜，埔農照樣每件都奉上10萬元當獎金。其實，再怎麼的呆奴化，也可去戶政事務所申請日據時期祖上的完整戶籍影印本，一切立即真相大白！

　　遠亮：「和以前一樣，我加一萬！」

　　（這位旭紅先生不知是清醒了還是心虛，沒有再來嗆聲）

　　Thomas S. C.：「埔農兄千萬不要為一個只會畫虎爛、欠缺時間順序邏輯觀念的黃典權徒孫而傷神喔！」

　　埔農：

　　謝謝您！埔農是希望多數台灣人都能清醒。願天佑台灣！

　　旺：「非常感謝埔農老師！埔農老師的舉證說明實在詳細又清晰，我以「是台灣原住民為榮」，從此不再有任何疑問。我也會盡力將這些事實真相傳達給家族的成員。只是，多數人的誤信是唐山人後裔已根深柢固，又似乎以為比台灣原住民高一等，我實在不敢保證會有多少效果。」

埔農：

沒關係，盡量就好。這是目前台灣現實的無奈，只要大家一起不斷為傳播台灣古今真相的證據努力，漸漸的，台灣就有希望。願天佑台灣！

榮漣：「黃典權我認識，福州仔，我二哥在女中的同事，文化殺手、毒得狠。和謝新周、李祥生一夥都是黨棍！」

Thomas S. C.：「後學曾在苗栗區域業改良場服務，對於該縣18鄉鎮頗多涉略，因此了解到：為何同樣座落在後龍鎮的校椅里民（劉政鴻家族）操福佬語，而同一鎮內在後龍溪南岸的十班坑卻操客語。前述分別操不同語言的人群，其實也是有相同的祖語道卡斯（劉政鴻家族或許已經忘光了），現在操客家語的人，還有人知道，所謂的『道卡斯』原是稱為『斗葛』。」

Магалувууукиамбаьиухолагих：「斗葛其實是原台灣語言（Paccanian）。」

建華：「小弟的阿公阿嬤也都是後龍人，亦是分別說客語、福佬語，只是戰後搬到新竹市，阿公才都說福佬語，沒有再說客語。」

PT：「將近四十年前，我也曾去達邦過豐年祭住了一個禮拜，真是小孩人生很美好的回憶。是家中房客方姓家庭帶我去的，當時稱曹族人，他們租二樓，入家要

脫鞋，地板乾淨，桌面一塵不染，冰箱裡還有玻璃瓶裝的清涼開水！所以，從小我對山住民印象超棒，幽默、風趣、歌喉好，連打球都想要和他們同隊。我是巴布薩族的，也許驗DNA比較，我們的血緣還很近呢！」

育：「巴布薩族分布於彰化縣全境，台中市的霧峰及烏日，雲林的西螺。清國光緒年間，全台有十三個堡（縣的次級單位）的堡名，是源自巴布薩族的社名。洪雅族分布於濁水溪以南，以雲林嘉義為主。若以地緣來論，洪雅族的血緣與鄒族較近。」

PT：「我是馬芝遴社的Bethgilim（未輸二林）。正式名稱：Taurinap。馬芝遴是支那人所稱，荷蘭Zeelandia日誌寫為：Wesegelim。我想一千年前，可能與鄒族人還稱兄道弟吧！」

育：「清末在鹿港、福興全部，秀水西部，埔鹽中東部，溪湖東北部，是『馬芝堡』所在，去年在FB上發表小說『大肚出草』，第一配角就是馬芝遴社的人！」

PT：「大肚？想起我阿嬤是台中西屯人，該不會是「大肚王國」遺族？不過我猜可能還是巴布薩遷移過去的？」

育：「西屯、北屯，是巴宰族大本營，南屯是拍瀑拉族貓霧捒社。大肚王國不是貴族式王國，是超番社的聯盟組織，以拍瀑拉族大肚社為聯盟頭目，成員有道卡斯族、巴宰族、噶哈巫族、巴布薩族、洪雅族。」

埔農：

看了諸位的對話，埔農瞭解，諸位的家庭、家族必是一直保有台灣人的靈性智慧。平地台灣人（Paccanians）在歷經清國強迫漢化的肆虐，又再被蔣幫中國壓霸集團二次洗腦，還得以保持這般理性清明，埔農感佩。多認識了您們這些珍惜靈性智慧的台灣人，讓埔農這為台灣哀傷的心輕鬆不少。也許托諸位的福，埔農能稍微心寬而繼續保留多一點的健康身體，可以多活一段時日也說不定。

希望大家一起努力，讓多數因過度漢化而身陷中國式迷思的台灣人，得以從並非自願的假漢人、假華人迷思中清醒過來，必能使得深陷「重症斯德哥爾摩症候群」、「假漢人、假華人當上癮」、「心中充斥中國式虛妄思維」之台灣聞達人士也不得不覺醒。如此，台灣的未來就很快會有希望。願天佑台灣！

「番」是「釆田」

澄旻：「我是平埔西拉雅人，我住在台灣，台灣是我的家，在台灣我不是番，那些外來的支那流寇才是番，青番（青幫）、紅番（洪門）。」

埔農：

　　其實，只要不是支那人或所謂的中國人，都可以稱「番」。支那人或所謂的中國人稱外國人為「番」，「番」是「采田」，本無不雅！是「番」就非厚黑之人，「番」拒絕所謂中國的厚黑學。

　　澄昊：「別再自我奴化了，我是台灣人，也是台灣主人，豈能在自己的地，自稱番。支那人稱外國人為番，我們就用他們的語言邏輯回敬他們是番。采田又是什麼東西？不要隨便拆字來賣弄。」

　　埔農：

　　您所言也是正確。但支那人稱國界為番界，支那人是以「番」罵人、輕視別人，不過，那是他們狂妄的意指，台灣人不必被牽著鼻子走。秦國字（所謂的漢字）本來就多是組合字，「采」的意思有擇取、精神及彩色的帛等。「采田」意指「保持台灣人（Paccanians）靈性精神之漂亮福地」。這「采田」二字，300年前的智慧Paccan人早就用過。道卡斯竹塹部落在被迫冠唐山姓後，就聯合製作「祖母碑牌」放進清國官方建築之所謂七姓化番的「七姓伯公廟」，並故意把清國「封」的所謂「番福地」由右向左橫寫為「采田福地」，再註明是台灣，以便後代記得「所謂番嬤才是自己的祖先、所謂的唐山伯公並非事實」，所以早把「所謂的唐山伯公」丟棄。

　　所以，埔農喜歡被稱「番」，因為「番」表示並非支那人，更不是所謂的中國人。大家可以這麼叫我！

　　Chi Siraya：「嘿，兄弟，以後你叫我番阿Chi，我叫你番阿農。足爽。」

　　埔農：
　　「番」是采田，「番阿農」，這讚。謝啦！

客家話、羅漢腳、石棺之疑問

　　Shelley Nagata：「老師，我朋友說，他們客家人所講的客家話，腔調有分海陸腔和四縣腔，所以同樣是客家話卻聽不懂對方的意思？真的是這樣嗎？這是為什麼？」

　　埔農：
　　其實，台灣人的各地多種特殊口音，正是台灣平地人口被強制漢化的證據。埔農家鄉大多是講福佬話，但埔農小時候就發覺隔個10公里遠的鄉鎮就有不同的口音，對方講太快就會聽不懂，但只要慢慢講就聽懂了。客家語系的台灣人也是一樣。

　　清國據台時期，於原鄭成功集團福佬人部將轄區，派駐唐山福佬人官吏、教員、訓導、教官；原鄭成功集團客家人部將轄區，派駐唐山客家人官吏、教員、訓導、教官。分別依唐山福佬習俗、客家習俗繼續加強漢化。派台執行強制漢化人員（教員、教官、訓導）一批批來自中國福建各地都有。福建地區幅員遼闊，語音種類繁多，不論福佬話或客家語，各地本就有不同的語音腔調，被迫接受教化的台灣平地人口自然會學得這些不同的語音腔調。

　　事實上，台灣原平地人口的語音，不論是福佬話或客家話，都與原唐山語音有差異。而台灣的福佬話、客家話，不論漳州音、泉州音、海陸腔、四縣腔，都另外在台灣出現南部腔、中部腔、北部腔、東部腔和海口腔的不同語音。且在台灣南部、中部、北部、東部和沿海的不同小地方，其語調也有差異。這是因為，人如果在熟練自有語言之後才學習外來語，口腔、舌頭、喉嚨的運作已有固定模式，再要學習第二種外來語時，發音會受口腔、舌頭、喉嚨的原有習慣動作所影響而難以發出準確的第二種外來語音調。因而，一群已有相同自有語言的人，學習第二種外來語時都會有相同的「怪異」腔調（所以，初學第二種語言時，年齡越小越容易，發音也越準確）。而台灣原平地人口本來就有各個分散的族群，古時交通不發達，各族群早已各自發展出特有的語音，在學習第二種外來語時，自然就會出現各種不同腔調。這就是台灣平地雖然狹小，台灣平地人口之福佬話、客家話

卻有這麼多不同的語音和腔調，而且更與唐山福佬話，客家話有所差異的原因。

大家何不想想，原台灣人被迫重新學習北京話後，現在原台灣人的北京話音調真的和正北京話相同嗎？就如同現在台灣人也學習了英語，台灣人說英語的語音、語調又如何？多數台灣人學習英語後，並沒有整天和英國人或美國人生活在一起，不是就自成一種台灣腔英語了嗎？清國據台時期的台灣人正是這種情況。台灣人並沒有整天和唐山人生活在一起，所以，台灣人說的福佬話或客家話，自然會和原唐山語音有差異而自成一格，且因各原族群間既有的差異，除了因不同教員而分別有源自漳州、泉州、海陸、四縣的語音，更分別有南部腔、中部腔、北部腔、東部腔、海口腔，甚至各局部小地方還會分別有自己的特殊語調，這正是台灣原平地住民被強制漢化的證據。

只是，近50年來交通發達，各地人口交流頻繁，再因收音機和電視廣播頻頻放送，各地語音才漸漸拉近。而由於客家話廣播頻道較少，各地客家話不同語音的融合就比較延遲。但只要講慢一點，就還是能夠互相聽得懂。

　　淼：「為何羅漢腳死後就必定只能安放於百姓公內呢？是因為無結婚所以無子嗣嗎？難道沒有例外嗎？」

　　埔農：

　　羅漢腳是偷渡來台灣的逃犯，是不可能有戶籍的。這些逃犯活著時成天閃躲清國官兵，台灣人又避而遠之，最後都橫死在台灣。台灣人善心幫他們收拾屍骨，在墓地旁建小廟存放其火化過的骨頭，因爲沒有姓名，所以稱爲百姓公、萬姓公，沒有例外。由於自1600年以來，唐山人在台灣的表現全是野蠻、缺乏教養又壓霸，台灣人平常根本不理會他們，台灣人甚至還曾協助荷蘭人平定唐山人之亂（郭懷一帶頭）。而且，羅漢腳既是清國官兵追緝的逃犯，在嚴刑峻罰下，台灣人更不可能會去招惹他們了。

　　王先生來函：「埔農先生，我年齡應該比你大。你的8本書我都有仔細看，發現你的說明皆有無懈可擊之確實證據，驚醒之餘，非常感謝台灣有你。我曾把你『揭發眞相』的著作介紹給孩子，昨天孩子把你近日關於『虛構吳鳳神話的齷齪事』之舉證說明列印給我看（我沒有學用電腦），我因此更瞭解到『蔣幫中國壓霸集團之所以能在幾十年內把多數台灣人呆奴化』的原因了。那就是，蔣幫中國壓霸集團看出台灣原本的文化和文明已被鄭、清幾乎消滅殆盡的事實，利用一些假漢人已當上癮、沉迷於假漢人虛妄高級中的所謂士紳，餵以殘羹、施捨餘利，誘導這些所謂士紳接受二次奴化洗腦，以清據時期少數因漢化深而轉性貪婪、認盜作祖的所謂台灣士紳虛構之小說爲基礎，配合蔣幫中國壓霸集

團偽造所謂的標準歷史教科書，持續誤導眾多台灣人，使得不少台灣人受連累而輕易誤以為自己是唐山人或漢人後裔。這些沉迷於假漢人虛妄高級中的所謂士紳，接著就演變成今日的假華人台灣聞達人士。這些認盜作祖的台灣聞達人士，是導致今日台灣人的國家認同模糊且混亂的原凶；造成今日台灣國家處境危殆的禍首。這些認盜作祖的台灣聞達人士，本身是何其悲哀；對台灣而言，卻是罪大惡極！

埔農：

是的。台灣（Paccan）本是世上充滿靈性智慧的樂土，自從四百多年前Paccan人善心收留闖過所謂的「黑水溝」僥倖存活而誤入Paccan的惡質唐山人逃犯後，歷經荷蘭人異質氣和鄭成功集團邪氣的入侵，再被漢人滿官的強迫漢化，過程中所有Paccan文明被摧毀，文化又幾乎被消滅殆盡。當時是有少數台灣（Paccan）人受漢化影響，沾染其惡習，甚至學著為求聞達而認盜作祖，偽裝假漢人，以致Paccan的靈性智慧飄蕩，但仍散佈在鄉野。真正悲慘的是，72年來，台灣（Paccan）人又再被蔣幫中國壓霸集團二次奴化洗腦，眾多台灣聞達人士因被洗腦教化迷惑，陷入「斯德哥爾摩症候群」的心理扭曲，並養成「功利為先，尊嚴放一邊」的惡習，紛紛認盜作祖自以為高級。所謂風行草偃，誤導了多數台灣（Paccan）人，使得一般台灣民眾也受到深化迷惑，

拖累了多數台灣（Paccan）人隨之沉淪。多數台灣人已遺忘台灣（Paccan）歷史、文化和靈性智慧的眞相，不少台灣（Paccan）人甚至也跟著台灣聞達人士誤以爲自己是漢人移民後裔、誤以爲自己是華人，多數Paccan的靈性智慧才因而飄渺。

　　清國奴役台灣人兩百多年，認盜作祖的所謂台灣士紳也才不過數千人。1895年日本從清國手中奪取台灣時，這些因深度漢化而轉性成貪婪，再認盜作祖、勾結侵台霸權、仗勢強取同胞利益、豪奪土地而坐大的所謂士紳假漢人，部分以爲在唐山仍可繼續當滿官走狗而逍遙，決定以假漢人姿態隨滿官去唐山；部分來不及收拾財物、出脫家產者，以及部分認爲「日本人既是較高霸權，更值得當其走狗」者，就再以奴才姿態迎接日本官兵的統治。

　　日本據台初期，發現「台灣假漢人士紳的『接受統治、與入侵者同化』是『高級、開化、義氣』之呆奴化思維」可以利用，遂有意裝無意地讓所謂的台灣士紳繼續僞裝假漢人自以爲高級。直到1937年在所謂的中國爆發七七事變，日本政府才一反「漢化民是高級、開化、義氣」的虛僞笑臉，開始大力嘲笑以假漢人姿態自以爲高級的台灣人。日本人並從此開始以「清國奴」罵假漢人的所謂士紳以及沒頭沒腦被唐山迷信牽著鼻子走的台灣人。

　　這些少數假漢人的所謂台灣士紳，從清據時期延伸到日據時期，後來雖有後10年的飽受日本人訕笑，還是有部分人

終究不悔。就在蔣幫中國壓霸集團入侵時，再逮到機會，重新鑽進迎合蔣幫中國壓霸集團侵略台灣、肆虐台灣的奴才行列。

日本侵台時赴唐山的假漢人士紳，當發現唐山人的實質野蠻，在唐山又已無被利用價值，大多數還得以黯然逃回台灣。而去歡迎蔣幫中國壓霸集團侵台的假漢人士紳，在發覺被利用後即被丟棄時，已無路可逃。除了一樣自取其辱外，不少更身受其害，也連累數十萬名靈性清明的台灣人遭到殺戮。賣祖求榮，專門為中國壓霸集團領路的連震東、黃朝琴等人，則因為持續有利用價值，且甘做走狗、馬前卒，還能拾取碎肉殘羹，自鳴得意。這些狐假虎威、賣台抽取傭金的假漢人、假華人，後來確也引誘不少意志不堅之台灣人加入其行列。他們跟著認盜作祖，配合中國壓霸集團，利用清據時期假漢人所虛構的小說竄改史實，全面掌控了學校教育和社會教化。於是，蔣幫中國壓霸集團就拿殘羹、餘利施捨，養這些深陷「斯德哥爾摩症候群」心理障礙的台灣人成為台灣聞達人士。在現代權貴肆虐的社會，充斥競爭和比較，大部分人羨慕權貴和名利，為了出人頭地，汲汲營營往上爬，無暇追究與「現實競爭力」無關的真相，台灣人中遂產生「劣幣驅逐良幣」的現象。這是不少台灣人輕易被全面洗腦奴化的原由！

假漢人、假華人當上癮的台灣聞達人士（包括政治人物和文史學者），認盜作祖看是可悲，但他們誤導眾多台灣人

輕易誤以為自己是漢人後裔或華人，是導致今日台灣人的國家認同模糊且混亂的原凶，也是造成今日台灣國家處境危殆的禍首，卻是罪大惡極。

　　Badjaljinuk：「晚輩想再請教事情，過去千年百年先祖為何不採用自然葬，而要使用石棺為墓。」

　　埔農：

　　台灣人（Paccanians）一萬年來，人死後不會停屍超過兩天，葬禮隆重，由司儀主持，親友都來悼念，並在葬禮後，一齊送至郊外特定的火葬場，先火化（《The Formosan Encounter Vol. I》P.31）再移骨灰入土。築一小墳，至少追思三代以上。祖先牌位是放在公廟（公厝），每年都於Limgout節（重陽）舉行遠近祖先的祭祖典禮。既慎終追遠又環保而回歸自然。因為台灣族人都僅築一小墳掩埋祖先骨灰，若風勢強勁或偶而有大水流過，可能會被沙土埋沒，甚至被洪水沖走，墓地必需注意風水。地理、風水是台灣人的必備常識，傳到中國，卻逐漸演變成怪力亂神，更把住宅是要探究地理；墓地是要注意風水，二者給混淆了。（《失落的智慧樂土》）

　　現在台灣所見遠古石棺都是1萬3千年以前的遺物，也就是還停留在巨石文明的時期（與宜蘭龜山島外海和與那國島〈Yonaguni〉間海底巨石建築同一時期）。而且，石棺葬並

非台灣人（Paccanians）的一般習俗，這是少數人的特立獨行。若是一般習俗的話，台灣豈不早被石棺淹沒。事實上，台灣人（Paccanians）社會有多數人均會遵行的靈性智慧文明和文化，雖然會有少數人自作特異主張，只要不干擾大眾，仍擁有自去的自由，並不會受到歧視性攻擊（台灣族人的高度民主修養，直令荷蘭傳教士Georgius Candidius深感佩服。《The Formosan Encounter Vol. I》 P.120、121）。這就是台灣現在見得到這些石棺的原由。

另外，不知大家有沒有仔細觀察這些台灣遠古石棺，它們和世界各地的最早遠古石棺（尤其是6千年以上的埃及石棺）一模一樣，這是台灣人（Paccanians） 遠古時期向世界各地傳播文明的證據之一（請看《解碼福爾摩沙古文明：續認台灣古今眞相》）。

陷入「斯德哥爾摩症候群」的台灣人

　　美茵：「現今國中的社會課本還在拼命洗腦，要學童崇仰所謂的「唐山祖、開台祖」，還要寫相關之心得報告進行思想檢查（請見國一社會課本與聯絡簿）。有些學校教師依然在散佈「胡人也是中國人，契丹什麼的都是中華民族」、「二次大戰時派飛機炸死最多台灣人的是日本人」之謊言、謠言，可見支那匪諜早已全面

掌控所謂的教育部。不知埔農老師與各位前輩有何對
策？」

埔農：

歷經蔣幫中國壓霸集團的二次奴化洗腦，加上眾多台灣
聞達人士陷入「斯德哥爾摩症候群」的心理扭曲，並養成
「功利為先，尊嚴放一邊」的惡習，紛紛認盜作祖自以為高
級。他們掌控了學校教育以及社會教化的所有資源，所謂風
行草偃，誤導了多數台灣（Paccan）人，使得一般台灣民眾
也受到深化迷惑。這些聞達文史學者和政客仗恃其既得名
位，佔據檯面，不肯（其實是心虛而不敢）讓樸實之台灣人
站上檯面和他們公開對質。他們持續誤導眾多台灣人，導
致今日台灣人的國家認同模糊且混亂，也才造成今日台灣國
家處境的危殆，說這些聞達學者和政客可悲，卻更是罪大惡
極！可是，埔農又拿他們沒辦法，埔農慚愧又自責。

看來，還是先要靠徹底明白台灣古今真相的清明、理性
台灣人，一點一滴向親友傳達，從基層做起。等較多人瞭
解，舊認知全是「中國壓霸集團的偽造文書以及早期奴化之
假漢人士紳以小說形式虛構的人和事」，則這些已假漢人、
假華人當上癮的台灣聞達人士，即使內心仍在掙扎，仍不得
不面對台灣人心向背的事實，屆時必能事半功倍。

所以，埔農懇請清明、理性的台灣人，要盡量隨時傳播
台灣古今真相的證據，台灣的前途才會有希望。願天佑台

灣！

源利：「取自民視的節目，該節目報導清據時期，
有唐山漢人大量移民來台數量表（請參閱台灣演義台灣
前史）。台灣人的電視台，竟然有此荒誕神話般的不
實報導，至1810年有二百萬唐山漢人移民來台，哈哈
……」

埔農：

感謝源利兄傳來消息。

埔農多年前還一直對這些台灣聞達文史學者懷著誠心敬
意，因為埔農認為這些台灣聞達文史學者從小歷經蔣幫中國

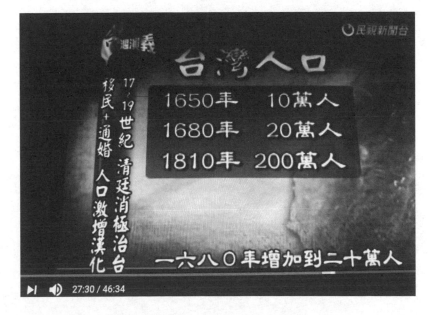

壓霸集團的中國式洗腦教育中長大，多數是全心全意認真學習才能脫穎而出的所謂「優秀」學生，早年死背中國壓霸集團爲奴化台灣人的僞造文書、死記少數早期假漢人士紳以小說形式虛構的人和事，在蔣幫中國壓霸集團的肆虐下，奮力往上爬，爭取「名位」，埔農不敢厚非，更感到實在令人同情。因而埔農不厭其煩地一再以台灣古今眞相的證據，誠懇向他們稟報。可惜這些台灣聞達文史學者假漢人、假華人當上癮了，都視若無睹，更以「不屑理會」或「你算什麼東西」回應埔農低聲下氣的苦勸。直到約5年前，埔農發覺，台灣聞達文史學者之所以堅持有唐山人子孫在台灣，心理上其實是在爲「他們自己認盜作祖的自以爲高級」強辯，講直白一點，眞是腐壞到了極點。他們持續幫助中國壓霸集團洗腦台灣人，還在繼續誤導眾多台灣人，導致今日台灣人的國家認同模糊且混亂，也才造成今日台灣國家處境的危殆，說這些聞達學者和政客可悲，卻更是罪大惡極。可是，埔農又拿他們沒辦法。此後，埔農就只好盡力向台灣普羅大眾實話實說了。

　　以前每次看了民視所謂台灣意識的《台灣學堂》、《台灣演義》、《台灣前史》節目，埔農就心絞痛發作一次。這些人自稱或被稱爲歷史學者，卻大膽僞造歷史，實在令人痛心，更是可惡至極。爲了想爲台灣多活幾天，埔農已不再看這些台灣聞達文史學者的胡說八道了。現在看了源利兄傳來的訊息，埔農氣急敗壞，在此口出惡言：「民視、這些台灣

聞達文史學者，你們真是渾蛋、無恥又罪大惡極！」若有任何人認識「這些台灣聞達文史學者」，請他們趕快去「中華民國流亡政府的法院」告埔農公然毀謗！

「1650年台灣人口10萬人」？其中的李教授，4年前就曾被埔農舉證勸告，他還說「十分慚愧，不敢再隨便胡說」，不久卻即又故態復萌，現在更是變本加厲！有誰能舉出任何一項實在的證據，證明「1650年台灣人口低於100萬人」，埔農甘願跪地爬行，負荊繞台灣一周，向台灣人請罪。自稱或被稱為歷史學者，卻偽造歷史，又該當何罪啊！

1650年是荷蘭人據台時期，荷蘭人雖然沒有正確統計台灣人口，但依其留下的檔案記載，台灣人口絕對有100萬人左右。

荷蘭官方派台牧師Reverend George Candidius於1627年抵達現今的台南地區，他選擇新港社（Sincan，即今天的新市）做為他的居所。他的任務是傳教，他一開始就努力學習西拉雅語，也進行人口調查。1628年Reverend George Candidius撰寫一份報告，他記載：「台灣人大多從事打獵、採集，以及基本農業活動，單聚集住在堅固的較大村鎮內人口就約有20萬人。」

荷蘭駐台最後一任長官揆一（Frederick Coyett），在以C.E.S.為名所寫的《被遺誤的台灣》（'t verwaerloosde Formosa，Amsterdam，英譯：Neglected Formosa）中提到：「（單指現在的台南地區）台灣人願意的話，可以隨時出動

10萬名戰士。」要能隨時出動10萬名戰士，則當時的台南地區人口至少就有30萬。

埔農臨時就可以舉出以上兩則確實的文獻證據，所謂的台灣聞達文史學者不可能不知道。身為歷史學者，為了支撐自己認盜作祖的自以為高級，就說謊不打草稿的偽造歷史，竟然敢公開宣稱「1650年台灣人口只有10萬人」，到底知不知羞恥為何物啊？台灣人怎麼會生出這種子弟？

事實上，早期台灣（Paccan）人口，長期都維持在100萬左右。萬年以前至四百年前，台灣族人一直維持著相同不變的生活和人口數。台灣人（Paccanians）崇尚自然、和諧之真實樂土的人性生活，慎戒今日所謂進步的無節制開發。台灣族人更瞭解到，由於人類聰明的優勢，比其他生物更懂得自我保護，習慣以人為力量抵抗自然淘汰，相對於環境和其他生物，人口會不合理的增加；人口的不合理增加，就會對環境和其他生物有不合理的需求；對環境和其他生物的不合理需求，就會造成整個自然環境和生態無法挽回的破壞；整個自然環境和生態無法挽回的毀壞，會帶來整體地球生命的浩劫。所以遠古時候的台灣族人即懂得使用避孕藥，每個家庭一般都只生兩胎，以維護包括人口數在內，整體生態的真正平衡（《The Formosan Encounter Vol. I》P.126）。成年的婚後台灣（Paccan）族人，普遍使用台灣原生種中的一種茴香科（Fennel）和一種百合花科（Lily）的葉子調配，泡成茶飲喝，以促進健康。婚後的婦女，每天飲用並可得到

避孕的效果。但有外傷或出血性疾病，以及婦女月事來臨期間，都應暫停飲用。婚後婦女準備生育時即不能飲用，直到所育嬰兒斷奶以後才繼續飲用（對胎兒和嬰兒都有不良影響）。準備二次懷孕時，再同樣停止飲用。而較高劑量則是用來治療流行性感冒（有很好的抗病毒與殺細菌效果）以及消炎、退燒、止痛和幫助消化、消除脹氣、緩解絞痛與抽筋。另外，還把切碎的葉片裝入袋子，掛在脖子上或放進上衣口袋，用來治療氣喘。（詳見《失落的智慧樂土》、《台灣古今眞相》）

　　鄭、清侵台，執意摧毀原台灣文化、文明。私下傳承原台灣文化、文明都遭受迫害。對比漢人醫藥水準，有驚人表現的台灣傳統醫藥，多數已因唐山官員的妒恨，遭受摧毀、禁止。用來促進健康（尤其中、老年人）以及避孕的草藥茶飲同時被禁用。加上被迫遵行唐山的生活習俗，台灣人口才持續開始有增加。其實，清國據台時期的台灣人口統計，逐年增加的人口數中，大部分是清國繼續擴張勢力範圍的所謂「土牛紅線」，有了新受管土地和人口而增加出來的所謂「漢化民」。

　　至於台灣聞達文史學者的配合中國壓霸集團僞造台灣歷史，埔農曾在報紙登好幾天半個版面廣告：「任何人若能舉出實證，證明朱一貴，林爽文和戴潮春是唐山人（所謂的華人）來台灣反清復明以及參加天地會，將頒發獎金新台幣100萬元。」埔農也向台灣文史學者提請，任何人舉出一則

非虛構小說的證據，只要能證明清國據台時期真有唐山人或
所謂的漢人，從唐山到台灣移墾、永久留居台灣、落戶且入
籍，埔農照樣頒發獎金。並沒有人敢吭一聲。另外，1年來
埔農在臉書上幾次懸賞，並於2018年6月11日自由時報A9版
又登了半個版面廣告：「日據時期祖上是被註記為『福』或
『廣』的現在所謂福佬語系和客家語系台灣人，如果現在仍
自信是唐山人或所謂華人後裔的所謂福佬人或客家人，請他
或她把祖先是所謂唐山公的所謂實證拿來給埔農看，埔農若
舉不出讓理性之人都能清楚明白的其中破綻，保證每件查不
出偽造痕跡的所謂唐山公，埔農都奉上10萬元當獎金。」是
有兩、三位見獵心喜，搶著想來領獎，等埔農要求他們拿出
日據時期的祖上戶籍影印本和是唐山人或所謂華人後裔的所
謂確實證據，就全都縮回去不敢見人了。

　　台灣普羅大眾有人會迷糊、迷失、誤認盜為祖，並非自
願，是被台灣聞達人士（尤其台灣文史學者）誤導和拖累。
這是導致今日台灣人的國家認同模糊且混亂，造成今日台灣
國家處境危殆的根本原由。台灣聞達人士（尤其台灣文史學
者）看似可悲，卻更是可惡，真是罪責難赦。

　　Joe：「也許就如埔農老師所說，台灣聞達文史學
　者從小在蔣幫中國壓霸集團的中國式洗腦教育中長大，
　多數是全心全意認真學習才能脫穎而出的所謂『優秀』
　學生，早年死背中國壓霸集團為奴化台灣人的偽造文

書，所以他們心中充滿了中國式的虛妄思維，也就不會去注意非中國式的史實記載。因而，這些台灣聞達文史學者，根本不知道荷蘭人據台時期的文獻記錄也說不定。」

埔農：

好吧，就算這些台灣聞達文史學者，因為心中充滿了中國式的虛妄思維，完全不看荷蘭人據台時期的文獻記錄好了。那麼，他們總應該很熟悉清國的文書記載了吧！請看1730年（雍正八年）5月24日的南澳總兵許良彬奏摺，其中說：「台灣番社新舊歸化內附戶口，不下貳、參萬社，每社男婦老幼多至壹、貳百人，少亦不外數十眾。」依此奏摺，光是當時已接受管轄的台灣人（Paccanians）就在60萬人以上，而且當時清國的管轄區域僅及於現在的雲、嘉、南、高等地，那當時全台灣平地人口不是至少有在100萬以上了嗎？在因被迫所謂漢化而禁止避孕草藥，且1810年清國已掌控全台灣平地人口（Paccanians）的情況下，於「80年內清國所掌控的台灣平原地區面積和人口都同時增加一倍」有什麼可令人遐想的空間呢？不必看清國的「渡台禁令」了，請問哪來的所謂唐山人移墾？以上事實，有那位台灣聞達文史學者敢說不清楚？所以，這些台灣聞達文史學者之所以堅持有唐山人移墾台灣、有唐山人子孫在台灣，心理上其實是在為「他們自己認盜作祖的自以為高級」強辯！埔農歡迎任何

有不同意見的人，尤其台灣聞達文史學者自己，繼續來提出質疑。

　　事實上，在1750年以前，有不少台灣人（Paccanians）家庭私下都還在使用可以避孕的草藥茶飲。所以，1810年清國統計的台灣平地人口（Paccanians），才會只有二百萬人。

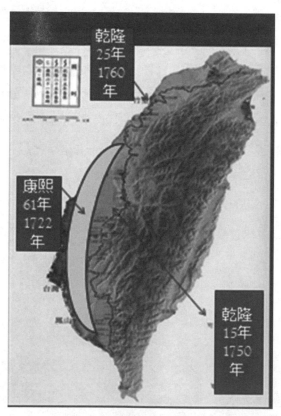

清國國界

　　Feng Hsin：「像吳錦發先生這麼有台灣意識和學識的前輩也是認為台灣是漢人移民開墾的社會 台灣前途還要很多的努力。」

　　源利：「悲哀的是99%台灣學者都認定有唐山過台灣，隨便你去哪家書局買到的台灣史書，不管作者是誰（除了埔農老師和沈建德教授）內容都是一貫性相同，論述唐山漢人移民來台開墾……，如李筱峰、戴寶村、翁佳音、曹永和、劉益昌，還有許許多多中研院的人，名字一牛車說不完。」

　　埔農：

　　這些台灣聞達人士（尤其台灣文史學者）的認盜作祖自以為高級，雖說無恥，的確也是可悲、可憐。然而，他們掌控了學校教育以及社會教化的所有資源，幫助中國壓霸集團繼續洗腦台灣人，還在誤導眾多台灣人，連累不少台灣人也跟著誤以為自己是唐山人移民的後裔、誤以為自己是華人，有人甚至故意裝作是中國人，導致今日台灣人的國家認同模糊且混亂，也才造成今日台灣國家處境的危殆。說實在話，這些台灣聞達人士（尤其台灣文史學者）更是罪大惡極。

　　吉木：「今（2018年6月20日）立法院三讀通過軍人年金改革修正案。明訂『未來各級學校軍訓教官在職期間，若涉嫌校園性侵案件，退伍後經判處有期徒

刑以上確定者，就剝奪其退休金，而已支領退休金者
也應追回』：民進黨團卻配合中國國民黨否決時代力量
所提『若退將參加境外敵對勢力黨政軍團體所舉辦的活
動，且由境外敵對勢力領導人親自主持者，應剝奪退除
給與』。我和幾個朋友都搖頭嘆息，大家想聽聽你的看
法。」

埔農：

民進黨否決時代力量提案的理由是「兩岸人民關係條例
部分條文修正草案有規範文武職高階人員退休15年內，不可
參加中國領導人主持的慶典或活動等政治活動，也不得向象
徵中國大陸政權的旗、徽、歌行禮或唱頌，違者最重可終身
剝奪其月退俸。尚待委員會審查」。退將全都掌握國家軍事
機密，到敵對國家出賣台灣，聯敵害台，只要「不見中國領
導人主持，不向中國大陸旗、徽、歌行禮或唱頌」即無罪？
這在正常國家必以間諜罪論處，刑期至少20年以上；還以不
知何時能通過、會不會通過的「尚待委員會審查」推諉！時
代力量的提案也很奇怪，只要「不是中國領導人親自主持」
即不追究？

台灣既得利益的聞達政客，這種向所謂中國人卑躬屈膝
的習性其實由來已久。台灣聞達人士沉迷於假漢人、假華人
虛妄思維，陷入「斯德哥爾摩症候群」的心理扭曲，既已認
盜作祖自以為高級，只有力暢精鍊「厚黑學」的所謂中國人

高級，台灣假漢人、假華人聞達人士才能合理化他們的自以為高級，並持續「讚嘆師父，感恩師父」。對退將的禮讓和庇護，只不過是眾多狗屁倒灶情事之一而已！

「校園性侵案件」會起公憤，台灣既得利益的聞達政客當然要出面撻伐，以顯示清高、正義凜然。另一方面，若把中國人退將打成低級罪犯，有損他們偽裝假華人的虛妄高級，自然只能勸這些「高級中國人」「盡量不要公開出現在中國領導人主持的場合」了，太難看了嘛！

這是導致今日台灣人的國家認同模糊且混亂、造成今日台灣國家處境的危殆的根本原由。這些聞達政客（所謂的學者亦同）是台灣人之恥，說他們可悲，卻更是罪大惡極！

中勳：「老師您好，請教一下，十七世紀荷蘭人及平埔族人如何稱呼來台打工的中國人？我很關心魏德聖導演的台灣三部曲，怕他又把當時時空不存在的漢人又搬出來用……就前功盡棄了。」

埔農：

十七世紀荷蘭人稱來台打工的唐山人為Chinese（支那人），二十世紀初以前之唐山人並沒有所謂中國人的這一稱呼。而台灣人（Paccians）是跟著唐山人的自稱，稱呼他們為唐山仔。

埔農也是關心魏德聖導演的台灣三部曲，怕他又盲目跟

隨假漢人、假華人當上癮之台灣聞達人士（尤其文史學者）所寫的小說，以他的電影繼續幫助中國壓霸集團洗腦台灣人。兩年前埔農就曾在魏德聖導演的臉書留言，請他務必慎思明辨，埔農願意提供魏德聖導演需要的任何有史實證據之正確資料。可惜魏德聖導演還是沒有理會！

　　連才華和精神如魏德聖導演者，還是令人擔心，似乎會一樣掙扎不出假漢人、假華人台灣聞達人士製造出的中國式泥沼旋渦，精鍊中國厚黑學的台灣聞達人士眞是罪大惡極！

第三章
智仁勇的台灣人 —— 邱新德先生

前言

　　台灣族人原本充滿靈性智慧。台灣智慧樂土的生活社
會，是互助、合作、分工、分享，好客而不爭鬥。荷蘭人剝
削台灣，只要不過分殘暴，從未見台灣人群起對抗。唐山人
奸詐、暴虐成性，偷、拐、搶、騙、殺，無惡不作，台灣
人也只割其髮辮。荷據時期，只在唐山人郭懷一集結唐山人
（四千）成寇時，才協助荷蘭人圍剿唐山人。清據時期，朱
一貴、林爽文和戴潮春的大規模台灣人抗清事件，是因為清
國唐山人滿官瘋狂肆虐，台灣人忍無可忍才群起反抗。其中
朱一貴和林爽文兩次都已幾乎收復全台灣，但由於台灣人崇
尚自然、和平、分享、互助，本無敵人，沒戰鬥訓練也不製
造武器，等清國從唐山調來大軍和重炮、利槍，才被擊潰。
1865年以後，因為清國在台灣施行強制所謂的漢化教訓已近
200年，檯面上充斥的盡是漢化深、精鍊支那厚黑學而轉性
貪婪，寧願認盜作祖的所謂台灣士紳，台灣人的靈性智慧僅
在鄉野飄盪，就再也沒出現過大規模的反抗侵略者事件。

　　清據時期，台灣少數漢化深、學習支那厚黑學的所謂士
紳，勾結滿官、認盜作祖自以為高級。甲午戰爭清國戰敗，
把台灣割讓給日本，1895年5月23日，得知清廷放棄台灣，
將由日本來接收台灣這清廷手中贓物時，清國的唐山人滿官
唐景崧為爭取時間搜括財物回唐山，慫恿邱逢甲、林維源等
台灣假漢人一起宣稱成立台灣民主國（帝國霸權之鷹犬，口
出「民主」二字，真是諷刺，不愧是漢華厚黑學的傳承），
號召台灣人抗拒日本的來台接收，以利他們在日本接收前先
搶奪並運走貴重財物。一些台灣人則想到，何不趁此兩霸權
交接的時機自主建國。於是順勢取得部分清國軍備和武器，
抗拒日本的所謂接收台灣。果然，數日內唐景崧、邱逢甲、
林維源等人即把數十萬兩的公款、餉銀和其他貴重財物捲逃
清國，真正投入抗日的台灣人頓失後勤支援。台灣人本就欠
缺軍事訓練，又缺乏糧食、武器、彈藥等後勤支援，但台灣
人仍盡力奮鬥有半年之久，最後才被訓練有素、武器精良的
日軍擊潰。後來也有數千台灣假漢人因巴結不上日本人，無
法繼續仗勢得意，遂求得日本據台當局允許，脫產移民去
清國，妄想在唐山重尋往日在台勾結滿官而得勢的榮景。
不過，這些台灣假漢人在唐山已無被利用價值，加上過不慣
唐山生活，多數都黯然回台。所以，1899年（明治三十二
年），自稱為或被日本據台當局認為是唐山人（或所謂漢
人）後裔的台灣人只有數百人。

　　日本據台，是有一些台灣士紳反對日本的殖民，但他們

沉迷於假漢人、假華人毒癮中不能自拔，仍是心存假漢人、假華人的虛妄思維。他們這等所謂士紳，仍是以假漢人、假華人姿態高舉所謂的台灣意識。其中聞達者就屬蔣渭水和林獻堂，蔣渭水和林獻堂兩人堪稱是台灣所謂士紳，由假漢人轉型爲假華人的先驅。林獻堂和蔣渭水召集一批資產階級與所謂台灣士紳的知識份子，於1921年（大正十年）10月17日，在台北市大稻埕靜修女子學校（今靜修女中）成立台灣文化協會。這個假華人的「假台灣文化」協會，1927年（昭和二年）出現左右派路線爭權的內亂，蔣渭水與林獻堂退出，另外成立臺灣民眾黨。臺灣民眾黨黨旗，先是效仿中國國民黨黨旗的中置齒輪旗，再改爲仿效中國共產黨的三星紅旗。蔣渭水在日本戰敗前（1931年）就過世，林獻堂一批人則鑽入蔣幫中國壓霸集團肆虐台灣的行列。

　　1945年8月15日，日本投降，台灣日軍中的主戰派，包括陸軍少校中宮悟郎、牧澤義夫等人企圖擬定「台灣自治方案」，諮詢所謂的台灣士紳辜振甫、許丙、林熊祥等人。中宮悟郎、牧澤義夫等人告知辜振甫、許丙、林熊祥等所謂台灣士紳：「台灣本是清國手中的贓物，日本佔領台灣並未取得台灣人的同意，台灣人也沒有自主參與二次大戰；日本雖然已宣佈投降，只要台灣人肯團結、願復國自立，當時的四十萬滯台日軍可在台灣人的指揮下，作爲台灣人抗拒美國及中國國民黨之所謂接收的主力，不但法理上站得住腳，要擊敗支那的中國國民黨黨軍更是輕而易舉。」但這「台灣自

治方案」遭到當時所謂台灣士紳領導人的林獻堂拒絕。由於不被林獻堂領導的臺灣民眾黨支持，而辜振甫、許丙、林熊祥等人又並非台灣社會中有影響力的人物，所以台灣總督安藤利吉沒有大力推動這「台灣自治方案」，不久即無疾而終。林獻堂、辜振甫、許丙、林熊祥這批假漢人、假華人，隨後則鑽入蔣幫中國壓霸集團肆虐台灣的行列。林獻堂在發覺被利用後即遭丟棄時，除了一樣自取其辱外，更身受其害，也連累數十萬名靈性清明的台灣人遭到殺戮。後來林獻堂流亡日本東京時才說：「我很慚愧受到『所謂中華祖國』迷思的毒害，以致錯失聯合日軍讓台灣復國的機會。」林獻堂假漢人、假華人的虛妄思維，是不臨棺材不掉淚，所有覺醒、後悔、自責都已來不及。林獻堂於1956年病逝於東京寓所，死前才留下「異國江山堪小住，故園花草有誰憐」的感傷詩句。

曾被預定為「台灣自治方案」的所謂「台灣自治委員會」成員之辜振甫、許丙、林熊祥（辜振甫為首），接受蔣幫中國壓霸集團的「招安」。在「一手持劍、一手給名利」的威脅和利誘並用下，辜振甫帶頭配合蔣幫中國壓霸集團，一起演了一齣「認錯、悔改、判刑、緩刑、效忠」的戲碼。事實上，辜振甫一批人是精鍊「厚黑學」之「吃爸靠爸，吃母靠母」的所謂假漢人、假華人，是「假附和自治之名，欲行謀私利之實」的財閥本色。在眼見蔣幫中國國民黨黨軍即將由美軍護送入侵台灣之時，辜振甫一批人早就於1945年8

月24日在許丙家中開會，決定取消參與所謂的「台灣自治委員會」之議。既還沒有參加，何來「認錯、悔改」？辜振甫一批人是為了向蔣幫中國壓霸集團表示「效忠」，才配合演出這齣舞台劇，什麼「認錯、悔改、爾後名利雙收」，都只是蔣幫中國壓霸集團之「順我者昌，逆我者亡」的示範宣傳戲而已。

　　支那人貪污、腐敗又猖狂，由蔣幫中國壓霸集團接收掌理的菸酒專賣局，香菸品質非常低劣。蔣幫官員及所謂的台灣士紳喜歡走私進口的洋菸，走私香菸的是蔣幫中國官員，藉查緝私菸收賄的也是蔣幫中國官員。這只是眾多蔣幫支那惡行之一而已，民眾早已忍無可忍。寡婦林江邁被暴行凌虐而引爆二二八事件，只是台灣人的容忍度在此時達到臨界點而已！

　　在二二八一連串大屠殺之後，侵略台灣的蔣幫中國壓霸集團連續施行長達38年的殘暴軍事戒嚴。利用學校教育以及社會教化的所有資源，對台灣人進行二次奴化洗腦，眾多台灣聞達人士陷入「斯德哥爾摩症候群」的心理扭曲，並養成「功利為先，尊嚴放一邊」的惡習，紛紛認盜作祖自以為高級。這些台灣聞達人士協助蔣幫中國壓霸集團繼續在學校教育以及利用戲劇、小說等社會教化洗腦台灣人。所謂風行草偃，誤導了多數台灣（Paccan）人，使得一般台灣民眾也受到深化迷惑，後來才會有眾多的台灣人逐漸誤以為自己是所謂唐山人、漢人或華人的後裔，誤以為自己和所謂的中國人

有任何血緣關係。

　　高壓恐怖之下，仍有台灣人試圖反抗。在眾多反對蔣幫中國壓霸集團的案件中，最受矚目的，要算是1964年彭明敏與謝聰敏、魏廷朝的《台灣自救宣言》。彭明敏提出「一中一台」言論。他們在宣言中說：「『一個中國，一個台灣』早已是鐵一般的事實！不論歐洲、美洲、非洲、亞洲，不論承認中共與否，這個世界已經接受了『一個中國』，『一個台灣』的存在。……團結一千二百萬人的力量，不分省籍，竭誠合作，建設新的國家，成立新的政府。重新制定憲法，保障基本人權，成立向國會負責且具有效能的政府，實行真正的民主政治。以自由世界的一份子，重新加入聯合國……」但是，整篇《台灣自救宣言》裡，完全沒有「台灣人的靈性精神」在裡面。彭明敏等人是所謂台灣士紳假漢人的子孫，已假漢人、假華人當上癮了，自以為高級，心中充斥的仍是習於所謂華人的虛妄思維。彭明敏是意欲追求所謂中華冥國之屍皮流亡政府的改革，以新的國家表現。是要求入侵的蔣幫中國國民黨不要整碗捧去，並希望從此能免於中華人民共和國的糾葛。事實上，彭明敏這些人，還是假漢人、假華人的自以為高級，完全沒有台灣人（Paccanians）的靈魂和精神，也無「台灣（Paccan）復國」的意願，並以假華人姿態，準備把全體台灣人拉進那所謂華人、中國人的虛妄深淵。

　　台灣（Paccan）人被蔣幫中國壓霸集團二次奴化洗腦，

眾多台灣聞達人士陷入「斯德哥爾摩症候群」的心理扭曲，
還誤導了多數台灣（Paccan）人，使得一般台灣民眾也受到
深化迷惑，拖累了多數台灣（Paccan）人隨之沉淪。多數台
灣（Paccan）人已遺忘台灣（Paccan）歷史、文化和靈性智
慧的眞相，不少台灣（Paccan）人甚至也跟著台灣聞達人
士誤以爲自己是漢人移民後裔、誤以爲自己是華人，多數
Paccan的靈性智慧才因而飄渺。

　　眞正保有台灣人靈性、清明智慧的邱新德先生，認爲支
那難民逃亡來台，必須懂得感恩。在台灣得到蔽護的支那罪
犯，竟然以鳩佔鵲巢的姿態肆虐台灣，簡直是「乞丐食髓知
味，反過來奴使主人」。邱新德先生明白，台灣人必須擺脫
假漢人、假華人中國式虛妄的奴化思維，消滅中國國民黨那
中國流亡屍皮的政權，以達到台灣復國、建國爲目標。1968
年初，邱新德先生成立「筆劍會」，以把台灣人從所謂華
人、中國人的枷鎖中解放出來爲職志。筆劍會從秘密討論在
什麼情況下如何進行暗殺外來政權的核心官員，使當局造成
權力眞空，以及如何利用民俗拜拜飲宴進入三分酒意時，策
動輿論的共鳴，激發同仇敵愾的言論，以達號召台灣人起來
反抗外來盜匪之壓迫統治，都有一套細密的計劃。不幸的
是，不久即遭「道不同不相爲謀」的假華人陳永善（陳映
眞）和蔡若江所出賣，以致壯志未酬。

　　縱觀以上史實，台灣人有組織的大規模抵抗野蠻異族侵
略，始於朱一貴起義，止於戴潮春抗暴。此後，由於長期的

所謂強制漢化教訓，使得台灣社會之檯面上充斥了一些漢化深而轉性貪婪、精鍊所謂中國厚黑學、認盜作祖自以為高級的所謂台灣士紳，台灣人的靈性智慧僅在鄉野飄盪，就再也沒出現過成氣候的大規模反抗侵略者事件。更悲慘的是，72年來，台灣（Paccan）人又再被蔣幫中國壓霸集團二次奴化洗腦，不少早期所謂台灣士紳，因被洗腦教化迷惑，陷入「斯德哥爾摩症候群」的心理扭曲，遂鑽入蔣幫中國壓霸集團肆虐台灣的行列，協助中國壓霸集團，製造出眾多現今身陷中國式虛妄思維的假漢人、假華人台灣聞達人士。假漢人、假華人當上癮的台灣聞達人士（*包括政治人物和文史學者*），認盜作祖看是可悲，但他們誤導眾多台灣人輕易誤以為自己是所謂漢人的後裔或華人，是導致今日台灣人的國家認同模糊且混亂的原凶，也是造成今日台灣國家處境危殆的禍首，實在是罪大惡極。

台灣人（Paccanians）朱一貴，林爽文和戴潮春等的抵抗野蠻異族侵略，卻被認盜作祖、所謂士紳的無恥台灣假漢人寫成是唐山人參加天地會、來台灣反清復明。埔農曾於自由時報登了數日半個版面的巨幅廣告，言明「任何人若能舉出實證，證明朱一貴，林爽文和戴潮春是唐山人（*所謂的華人*）參加天地會，以及來台灣反清復明，埔農將頒發新台幣一百萬圓獎金」，一直並沒有任何文史學者敢吭一聲。一年來埔農在臉書上幾次懸賞：日據時期祖上是被註記為「福」或「廣」的所謂福佬語系和客家語系台灣人，如果現在仍自

信是唐山人或所謂華人後裔的所謂福佬人或客家人，請他或
她把祖先是所謂唐山公的所謂實證拿來給埔農看，埔農若舉
不出讓理性之人都能清楚明白的其中破綻，保證每件查不出
偽造痕跡的所謂唐山公，埔農都奉上10萬元當獎金，並於
2018年6月11日自由時報A9版同樣刊登了半個版面廣告。是
有兩、三人見獵心喜，搶著想來領獎，等埔農要求他們趕快
拿出日據時期的祖上戶籍影印本和是唐山人或所謂華人後裔
的所謂確實證據，就全都縮回去不敢見人了。

　　邱新德先生是現今僅見的少數充滿台灣族人靈性智慧者
之一。邱新德先生成長於蔣幫中國壓霸集團肆虐台灣的環境
中，雖然仍是被迫受到以所謂中國式虛妄思維的二次奴化洗
腦教育，但邱新德先生本就充滿靈性智慧，具仁愛之心又有
桀驁不馴的個性，是一位不易被欺騙、不容易被催眠、洗腦
的人。邱新德先生很早就能從「蔣幫中國壓霸集團為洗腦台
灣人而偽造的所謂標準教科書」以及「早期少數因漢化深而
轉性貪婪、精鍊所謂中國厚黑學、寧願認盜作祖自以為高
級的所謂台灣士紳虛構之小說」裡看出其中的無恥謊言。所
以，邱新德先生能夠在這種黑暗逆境中，一直保持清明理
性。

　　早期反抗蔣幫中國盜匪之侵略、肆虐的台灣志士，多數
是認盜作祖自以為高級的所謂台灣士紳或其子孫。能拒絕名
利、虛榮的誘惑，一直保持台灣人的靈性精神、智慧與赤子
之心；不同流合污者，邱新德先生是極為少見的樸實台灣人

之一。歷經蔣幫中國流亡強盜集團的二次洗腦，後續高舉所謂「台灣意識」、「愛台灣」大旗的台灣聞達人士（尤其政客和文史學者），能不陷入「斯德哥爾摩症候群」；充斥中國式虛妄思維而認盜作祖自以為高級者就更少了！

在陷入「斯德哥爾摩症候群」心理扭曲、充滿中國式虛妄思維的台灣政客以及眾多台灣聞達人士（尤其所謂的文史學者）之操弄下，不少台灣人已相當程度異化為所謂的華人，並養成「功利為先，尊嚴放一邊」的惡習。台灣民族的命運，老實說凶多吉少！而台灣族人的靈魂已經殘破不堪，所剩無幾。邱新德先生似乎是台灣祖靈特意為台灣前途留下的一絲希望。邱新德先生本身就是一部活生生的72年台灣歷史真相，更是百年台灣的照妖鏡，足以讓所有台灣人借鑒。

以下，埔農就利用這一章篇幅，簡要介紹這位台灣人（Paccanians）不可以不認識的邱新德先生。

「朝興學術研究會」與「筆劍會」

邱新德先生出生於二次大戰中期，1942年的台中州員林郡；成長於台北，是一個充滿台灣人靈性智慧的樸實台灣人家庭。不同於一般幼兒，6歲即已耳聰目明。6歲的邱新德先生，親眼見識到了二二八事件前後蔣幫中國侵略者對台灣的榨取資源以及對台灣人的殘暴殺戮，這影像當時就刻印在腦

海中。

蔣介石亡黨亡國逃到台灣時，資質聰穎的邱新德先生已經8歲，已經懂事、已經識字、已經知道如何分辨好壞與善惡。再加上無視富貴、貧困不移的桀驁不馴個性，所以，後來蔣幫盜匪透過學校教育、小說、戲劇與媒體的宣傳，要洗腦邱新德先生已經不可能了！

邱新德先生就讀小學四年級下學期時，學校發給學生們祖籍表格，要求學生帶回家由家長填寫所謂「來自中國的祖籍」。這是透過教師、鄰里長等所謂士紳，設計全面誘拐台灣人認盜作祖。邱新德先生的爸爸被引導填寫祖籍為廣東大埔；伯父替同班堂妹美智填寫的祖籍是廣東梅縣；高一個年級的堂兄寬政卻被填寫為廣東饒平。當時堂兄、堂妹並沒有什麼感覺，邱新德先生的心裡則是烙印了一個大問號。同一個曾祖父的三個孩子，分別被寫下三個不同的所謂唐山祖籍！這是何等的荒謬？何等的邪惡？

以前是少數認盜作祖的所謂台灣士紳才偽造祖籍自以為高級，多數樸實台灣人都還保有靈性智慧精神的台灣人純真靈魂。當時邱新德先生就發現，蔣幫盜匪是在全面把「中國癌細胞」移植入全體台灣人的腦子裡，以所謂中國的「厚黑學」文化，徹底霸佔台灣人的思想和情感。這「中國癌細胞」將會演變成難以去除的支那惡性腫瘤！（在入侵的蔣幫中國盜匪之強迫和誘導下（以黃典權為首），當時已開始有人學著杜撰唐山的族譜）這時，邱新德先生那小小的心靈，

就充滿了台灣人精神靈魂的憂患意識，立下非和蔣幫盜匪拼命不可的決心；並立志必須消滅那中國流亡屍皮的盜匪政權。因為，邱新德先生已明白，唯有徹底焚毀那中華冥國的流亡屍皮，台灣人的尊嚴才得以維持，台灣人的靈魂也才得以續存。

由於邱新德先生本身充滿靈性智慧，自知不接受學校教學無法成長足夠的知識，所以邱新德先生仍然默默在蔣幫中國壓霸集團編造滿篇謊言的學校中求上進，但凡事心中有自己的看法與主張，不被這書呆子教育法所迷惑。這是現今台灣的所謂聞達人士（多數自稱有台灣意識）中極為罕見的。就如邱新德先生自己回憶：「蔣介石亡黨亡國逃到台灣，我已過了滿7足歲，我已經懂事；我已經識字；我已經知道好壞善惡。後來蔣幫盜匪透過學校教育與媒體的宣傳伎倆，要洗腦我已經不可能了！」

可能是繼承了從祖父、父親傳下來，有打抱不平衝勁的DNA，於是邱新德先生養成不願逆來順受、不向威武屈服、嫉惡如仇的個性。更重要的是，邱新德先生不是名位、利益可以誘惑的人。由於有打抱不平的衝動，邱新德先生自然對於窮、弱者特別富有同情心。讀初中時，父親會給一點點零用錢，看到賣冰水的歐吉桑、歐巴桑生意清淡，即使不口渴也會走過去買一杯喝。讀高中時，邱新德先生半工半讀，自己會賺錢了，坐火車通勤時偏偏不買鐵路局的所謂衛生便當，堅持要等從田野間跳上火車來兜售便當的農村攤販。就

是這種心情和個性，邱新德先生心中總是想著：「待我有了能力，我要為窮人和弱勢者做命運的改善。」如此的仁厚之心，當然更要為被壓迫的同胞、被欺負的兄弟姊妹、被暴虐剝削的台灣族人平反。既是這樣的人，那麼又要怎麼辦？當然只有趕走那流亡的中國屍皮殖民政權，台灣才能夠得到解放，而且也是台灣民族唯一的出路。

　　邱新德先生由於是窮苦人家子弟，勉力上學無法專心，初中沒唸畢業。1960年夏天卻能硬考上松山商職。但邱新德先生選擇去育達商職夜間部就讀，因為半工半讀是他能繼續求學的唯一機會，但也因困頓而歷經休學、復學。

　　1961年1月1日，還是夜間部高一學生，邱新德先生就成立了「朝興學術研究會」，成員除了邱新德先生，有何俊政、王萬寶、張金全、謝榮文、陳鐵雄、洪忠雄等。研讀世界文學、耶穌基督教的故事，以及世界軍、政人物的事跡。於校內校外，做為初步反蔣幫盜匪洗腦的階段。

　　商職夜間部期間，邱新德先生的眼光就已比一般所謂台灣人士清明透徹。邱新德先生在三五好友面前分析時政，從日治時期要求設置議會的請願，談到蔣介石肆虐下的地方選舉：

　　日本和所謂的中國都是殖民侵略者，永遠不屬於咱台灣人。在殖民侵略者的政權下，追求民主、追求選舉對咱真正的台灣人有什麼意義？現在選省議員、選地方首長，只不過是利用台灣人來彰顯「台灣人同意蔣幫流亡屍皮政府的殖民

統治、台灣人同意咱的台灣是所謂中國的一省」，然後蔣幫盜匪就可以大搖大擺向國際展示其所謂的合法性了！也讓台灣族人更難擺脫是中國奴隸的身份了！

台灣族人，自日本時代就被那批認賊作父、偽裝成漢人、自以為高級的「半山」士紳糟蹋，加上平地台灣人歷經清國的肆虐，大多數已養成明哲保身的畏縮性格，現在這批後繼的「半山」士紳又已鑽入蔣幫流亡屍皮殖民政府的腳下，搶食其碎肉殘羹，實質上是在幫助蔣幫盜匪撐起那原本已搖搖欲墜的屍皮政府。台灣人復國、建國之路更加坎坷。拖久了，台灣的希望就更為渺茫。

過去蔣渭水、林獻堂的所謂為台灣人努力，恰是適得其反。若說蔣渭水、林獻堂等人是追求民族自決或民族解放，則終戰之後台灣基於列強方案、基於聯合國憲章、基於世界潮流，台灣的復國、建國是天經地義。但是，這等「半山」士紳偽裝漢人「自以為高級」已成癮，一心一意幻想回歸虛妄的「高級祖國」可搶先得利。認盜作祖、向敵人投懷送抱的結果，不但自取其辱，不少更身受其害，也連累數十萬名靈性清明的台灣人遭到殺戮。

更悲慘的是，由於這些「半山」士紳認盜作祖自以為高級，使得多數台灣族人輕易再被蔣幫中國壓霸集團二次奴化洗腦，製造出不少陷入「斯德哥爾摩症候群」心理扭曲的台灣聞達人士。他們以為選舉是台灣人爭取權利的一條路，其實這是條讓台灣人愈陷愈深的死路。參與蔣幫盜匪施捨的選

舉，就是認同那流亡屍皮政府的殖民統治啊！接著會誤導更多台灣人輕易誤以爲自己是所謂漢人的後裔或華人，必將導致台灣人的國家認同模糊且混亂。再拖下去，台灣復國、建國的希望就更爲渺茫。所以，靈性智慧清明的有志台灣人，有身爲台灣人的尊嚴，就必須及早負起消滅那流亡屍皮政府殖民的責任，任何犧牲在所不惜！

　　商職畢業，邱新德先生和謝佐廷、林永生一起去報考大學。讀的是高職商科夜間部，非一般高中，課本與科目均有所不同，當時高商學生去考大學本來就很困難，商職夜間部要考大學更是難上加難。偏偏這三人是育達商職夜間部裡的異類、異數，他們天資聰慧，是因爲生活坎坷，只能在商職夜間部裡勉強求學。1965年大專聯考放榜，林永生分發至淡江文理學院；邱新德先生與謝佐廷分發至淡水工商管理學院。這三人是私立育達商職夜間部成立以來，第一次有學生考上大學。但邱新德先生自己心知肚明，要半工半讀唸商職夜間部是勉強過得去，想再半工半讀完成私立大學學業？門都沒有！邱新德先生決定先去入伍服所謂的兵役，於九月中旬赴新竹埔頂陸軍第二訓練中心，入伍服役是陸軍五〇一梯次。王健利和王建邦兩位軍官就是在軍中和邱新德先生相識，被邱新德先生身爲台灣人的靈性智慧理念所感動，進而相知相惜。

　　1966年在陸軍服役時，邱新德先生就常藉休假的時候，邀集他中學的同學及好友林永生、羅子玄、黃清男、劉輝

雄、顏文信、陳重榮、辛耀宗、廖政宏、陳信、林勝雄等人，到他的住處談論台灣的人文和政事，並興起他退役後要組織「筆劍會」（一手持筆一手持劍）的念頭。

1968年初「筆劍會」成立，眾人都是依本身的才能，自願扛起他們可以負擔的責任，其他人也覺得適當。於是，林勝雄負責財務，羅子玄出任國際關係組，並草擬組織章程，顏文信負責文宣。邱新德先生自己並沒有掛上任何頭銜，長期以來相聚、相處、擘劃，大家的內心自然形成「邱新德先生是領導人」的共同認定。

「筆劍會」之林勝雄與化名為蔡若江的王玉江是同住三重埔的鄰居，蔡若江藉著談論社會的不公、不義及統治者的荼毒，與林勝雄拉關係。蔡若江並誘使林勝雄帶他去邱新德先生處見過幾次面。後來蔡若江帶陳永善（筆名陳映真）去見林勝雄，陳永善並提出可資助20萬當誘餌。林勝雄在言談中發現陳永善傾向當所謂的高級中國人，並且是中國共產黨的同路人。邱新德先生獲悉，立即明示必須與蔡若江、陳永善兩人斷絕往來。但是，蔡若江此時已見識過部分「筆劍會」人員。

1968年5月中旬，當時以陳永善（陳映真）為首的「台灣民主同盟」遭特務機關偵破。陳映真以假華人姿態討饒，企圖將功折罪；另因「筆劍會」的意識形態與「台灣民主同盟」截然不同，陳永善也為打擊不同政治主張的勢力，他與化名蔡若江的王玉江合計檢舉邱新德先生（陳永善對邱新德

先生只聞其名,未曾過見其本人),並把早先透過蔡若江秘密收集的「筆劍會」部分名單呈交中國國民黨特務。陳永善為陷害邱新德先生,不惜把蔡若江(王玉江)拖下水。先使蔡若江入罪,再由蔡若江供出邱新德先生等人。因此,「筆劍會」的成員自7月8日開始有人被捕,並於1969年6月20日判決,邱新德先生有期徒刑六年。 林永生、蔡若江(本名王玉江,真的應驗了所謂中國人的「兔死走狗烹」)、羅子玄有期徒刑五年。黃清男、陳重榮、劉輝雄、顏文信、辛耀宗、廖政宏、陳信、林勝雄交付保護管束。

　　筆劍會的成員有邱新德先生的朋友;有同學;有軍中認識的軍官和充員兵。全是因為受到邱新德先生的台灣人靈性智慧和理念感召,才從蔣幫中國壓霸集團洗腦教化裡脫困,從假漢人、假華人的迷思中覺醒,進而共組筆劍會。這三批人本是互不相識。邱新德先生年紀輕輕就已有足夠的聰明智慧,為保險起見,筆劍會分成「筆部」、「劍部」和「中間辦公室」三組,並不一起開會,不少人是互相不認識的。所以,邱新德先生被補後才能夠一肩扛起,讓黃清男、陳重榮、劉輝雄、顏文信、辛耀宗、廖政宏、陳信、林勝雄等人以交付保護管束結案,並保護王健利和王建邦沒有受到牽連。

　　陳永善(陳映真)檢舉邱新德先生是筆劍會首領,難友們默認,邱新德先生也沒否認。出庭時林永生曾要求法官說:「邱新德現時就在庭上,我是不是邱新德的左右手,可

以請邱新德講，我們兩人可以在庭上對質！」法官沒有理
會他，轉過頭去問羅子玄說：「邱新德為什麼是你們的首
領？」羅子玄回答：「所有人中邱新德最有智慧、最有膽
識、最有影響力。」於是，邱新德先生被判刑六年。林永
生、蔡若江、羅子玄則是因為被陳永善咬定是幹部，才被處
以有期徒刑五年。

其實，在蔣幫特務誘拐加刑求下，邱新德先生還是得以
保護一些筆劍會成員免於遭受此次災難。另外，軍隊中的王
健利和王建邦兩位軍官，雖然林永生偵訊時禁不住刑求壓
迫，而在自白書裡把他們供出來，邱新德先生仍盡全力與偵
訊的特務周旋，不惜拍桌怒吼，甚至斬釘截鐵的發誓，他們
才得以免受牽連。由於軍隊裡的志士若涉嫌，則必死無疑，
邱新德先生雖然從來不說出口，但在牢內的夜裡夢中，都持
續牽掛著他們。這段往事，邱新德先生一直沒讓他們知道。

在偵訊期間，邱新德先生才第一次知道蔡若江原名為王
玉江。而在判刑之後才得知他是台共王萬得之子。宅心仁厚
的邱新德先生雖然疾惡如仇，但他待仇以直。當被關在景
美看守所期間，陳永善和蔡若江心虛地向邱新德先生賠罪
時，邱新德先生從頭到尾沉默以對，只是不恥，並無報復之
心。就個人而言，邱新德先生心中秉持的是「道不同不相為
謀」，沒有敵人。邱新德先生唯一的敵人，是陰狠侵略台灣
的殘暴、無恥蔣幫盜匪。

隔離監禁在火燒島

　　邱新德先生等人被捕後，照例被關入新店秀朗橋下的軍法局景美軍事看守所（是專門設來拘禁所謂政治犯的重大要犯）。1972年4月29日早上的黑夜裡，邱新德先生等所謂重大要犯被以「東安演習」之名偷偷摸摸運達基隆港，經由登陸艇送上一萬多噸的軍艦，於5月2日中午開抵火燒島（被蔣幫盜匪改稱綠島）。

　　火燒島本來就是蔣幫盜匪用來隔離所謂叛亂犯的孤離小島。這次偷藏所謂重大政治要犯的軍事演習，是因為前有1970年2月8日的泰源暴動、逃獄事件，再是1971年10月25日蔣介石中華冥國流亡屍皮政府的被踢出聯合國。蔣幫中國壓霸集團心驚膽寒，擔心萬一所謂的政治犯再出紕漏，其霸權將更陷入了風雨飄搖中了。把他們統統集中關在火燒島封鎖起來，以確保他們出不了亂。

　　火燒島監獄的情況，邱新德先生曾有入骨的描述：

　　這些蔣介石的階下囚，都集中關在四周高高的圍牆，圍牆上封起一整片通電的鐵絲網，牆邊牆角牆上都有荷槍實彈的衛兵守望。監獄官對著獄卒和放封出來散步的政治犯警告說：「有誰越出了草坪就開槍。」

　　蔣介石的人犯，靜悄悄，無聲無息地，長長像蛇陣般蠕動而來。

　　面無表情、目光呆痴，眼裡沒有遠近，看不到過去。也

看不到未來。

　　光著頭赤著膊像僵屍、像走肉。無意識地移動著，要說本能不如說是一種機械式的慣性！靈魂彷彿全被掏空，只剩軀殼，茫茫然不知所措！

　　雖然軀殼有高有矮、有胖有瘦；面容有長短寬窄，但是通通一個模樣。這個模樣猶如水潑在宣紙上，經毛筆一掃朦朦朧朧的一片，見不到個中的形象，根本見不到有什麼不同的精神現象，行屍走肉這個語詞正是這副模樣。

　　一行行一列列，蒼蒼白白宛若移動的蠟像。是那麼令人吃驚和恐怖，那麼令人毛骨悚然，我看著他們腿都軟，背脊也濕濕冷冷……

　　坐在牢裡時間太過長，每天面對灰色的牆面，時間日日月月年年的積累，他們就形成這副模樣！

　　是人，應該有笑有愁有憂有苦有厭有怨，還有喜怒哀樂。

　　他們七情六慾都已成灰，卻非佛非禪非慈，而是死寂死亡的色澤，是無魂的肉體在移動而已。

　　一種陰森森的灰氣，死屋活墳。

　　見不到陽光的陰晦牢獄，就如同古厝屋後角落塵封的土甕，人犯猶似甕中的殘物，無形無狀、不香不臭。猜也猜不透……

　　在日復一日不變的單調身心凌虐下，6年期間，邱新德先生卻能讓自己的內心沉潛。火燒島的所謂犯人，事實上是

沒有人能肯定刑期的，關幾年只是紙上數字而已，要不要放或何時放出去，是隨掌權者高興或不高興來決定。所以，火燒島的受刑人內心大多先是焦灼，繼之呆滯。年齡剛在20出頭的邱新德先生，卻能一直保持沉穩、靜思的心情。

籌辦「政治受難者生日餐會」

從火燒島回來後，邱新德先生的智慧瞭解到，當時台灣人已沒有所謂的自由，所謂的政治犯更將持續受到不斷的監視和騷擾。邱新德先生經常想辦法乘隙連繫難友，關心難友，鼓勵難友要勇敢振作，至少要能獨立養活自己而有餘，才得以健康又有尊嚴的生存下去，並為台灣的將來留下一絲希望。由於警總和調查局的持續監視和騷擾，本已如驚弓之鳥的親友少有人敢親近，非親非故者更敬而遠之了。加上歷經在火燒島期間的身心折磨，不少難友已日漸消沈。邱新德先生的勇敢振作，努力經營事業，除了以身作則，一些難友也得到安慰和鼓勵。

火燒島回來後的四、五年間，努力經營事業才稍有成，經濟並不寬裕的邱新德先生，即開始為台灣意識和文化的種苗出錢出力，即使是和他的「筆劍」理念關係不大，照樣不吝付出（當時《台灣文藝》經營面臨困境，就是邱新德先生挽救起來的）。更難得的是，在從事商場的劇烈競逐以及關

心台灣意識和文化之餘，邱新德先生還抽空將6年火燒島時光的靈思，整理成《經驗感受與經驗思考》一書，於1980年出版。

蔣幫中國壓霸集團入侵台灣之後，為了製造有在順應世界民主潮流的假象，也意欲藉以拉攏、栽培地方惡勢力當走狗，1946年起即舉辦鄉、鎮、區民代及村里長選舉，以買票腐蝕當時被壓榨得極為貧困的台灣大眾人心，再用偷換票箱的手法確保被依附者當選。1950年後舉行縣、市長及民意代表選舉；1954年開始省議員選舉：1969年又開放所謂的中央民意代表增補選。隨著奴化洗腦的愈加深廣，蔣介石中華冥國流亡屍皮政府丟出的誘餌越來越大，於是原先反對這流亡屍皮政府的台灣人士，開始有人以假華人姿態自願上勾，爭取進入這流亡屍皮政府體制，搶奪名利與地位的機會。殊不知，進入這流亡屍皮政府體制，擺明的就是擁護這流亡屍皮的政府，等於背棄了台灣。由於原先反對這流亡屍皮政府的台灣人士，都是身陷斯德哥爾摩症候群的心理扭曲，以假華人姿態自以為高級，所以他們就以「進入體制內改革才有效」，為他們的忘本和貪婪自圓其說。

邱新德先生看在眼裡，萬分痛心。邱新德先生說：

「偽裝成假華人進入中華冥國流亡屍皮政府體制，明明是蔣幫中國壓霸集團殖民體制下的走狗；是為虎作倀、為匪美粧；是認盜作祖；是在滋補中華冥國流亡屍皮政府繼續蹂躪台灣的力量；也是在替覬覦台灣的中國製造侵略台灣的

藉口！還裝『民主』、裝『本土』、裝『鬥士』、裝『英雄』？」

「歷史其實有在給台灣機會。10月25日是什麼日子？1945年10月25日是台灣人的國殤日，是台灣人被以光復節壓制的奇恥大辱；1971年10月25日是中華冥國流亡屍皮政府被聯合國一腳踢出去之日，直接否定了中華冥國流亡屍皮政府在台灣的任何合法性。2月27日是什麼日子？1947年2月27日寡婦林江邁事件，燃起了整個台灣島嶼反抗中國侵略者的熊熊怒火；1972年的2月27日美國尼克森總統與中國周恩來總理在上海簽署美中聯合公報，是美國宣佈中華冥國流亡屍皮政府已死亡，是從此美國只承認事實台灣的日子。這兩次日期的選定，是在表示國際上正在還台灣公道，給台灣人驅逐中華冥國流亡屍皮政府的機會。任何一次，台灣人本應都可以在國際氣氛相挺下，於支那（所謂的中國）尚無力囂張之時，一舉復國。但是，就因為吃中國屎的台灣愚昧政黨政客和聞達人士，還寡廉鮮恥地擁護這中華冥國流亡屍皮，導致放棄天道留給台灣的復國機會。台灣的商人從九〇年代開始大舉投資中國，幫中國把基礎經濟和科技發展起來，引來各國工業廠商也貪圖中國的廉價勞工和市場，紛紛投資遷廠進入中國，結果創造出現在的一個大怪物。而中國的國力持續壯大，其貪婪、壓霸、無恥就更顯露無遺，台灣政府又自稱是中華民國流亡政府，多數台灣人更自以為是華人、甚至有人自稱是中國人，不少台灣人也自認是中華民國人，現在台

灣人要復國、建國的希望就困難重重了。」

邱新德先生是不逆來順受、不向威武屈服、不受名利誘惑、嫉惡如仇、黑白分明的個性，重要的是，邱新德先生更具台灣族人的靈性智慧，且宰心仁厚。邱新德先生出獄後，已有一些反對這流亡屍皮政府的台灣人士，開始在軍事戒嚴下冒險出刊反對言論的刊物、雜誌。當《台灣春秋》、《新潮流》、《新觀點》、《蓬萊島》、《台灣新文化》、《關懷》；以及《自立晚報》、《民眾日報》、《台灣時報》、《首都早報》、《太平洋日報》等台灣意識主編邀稿時，邱新德先生有了傳播台灣族人靈性智慧和理念的機會。筆耕賣文，也幫助邱新德先生暫時得以不愁無米下鍋。尤其當「黨外雜誌」邀請時，邱新德先生早已發現這些所謂台灣意識人士中，有不少人是以假華人姿態利用雜誌、刊物出名，以便參與選舉，進入這流亡屍皮政府體制爭取名利和地位；並以拉入曾為台灣受過苦難的「所謂政治犯」作為早期撐起聲勢的招牌。邱新德先生是很不以為然，邱新德先生雖然表明「志不在此」，但仍替當時的黨外雜誌寫文章，披文針砭時弊，筆鋒犀利、辛辣，又充滿深刻的獨到見解，令人讀後掩卷沈思。

1979年12月10日美麗島事件後的幾年內，邱新德先生在和平東路修德園大廈的住處，幾乎天天門庭若市。美麗島事件受難者家屬許榮淑、周清玉，有事就常找邱新德先生商量；甚至假華人及傾向所謂中國的黃順興、黃溪南、張曉春

也經常到訪。

　　1983年夏日，火燒島難友蔡金鏗來找邱新德先生，表示：「所謂的黨外這陣子已經形成另一類氣候，咱堅持台灣人初衷的所謂政治犯是不是應該要有自己的聲音？」，邱新德先生同意。與邱新德先生認識的出獄難友，本來就一直有連繫、往來、互助，決定先在邱新德先生的辦公室討論。約三個禮拜後，蔡金鏗帶著二十多人把當時邱新德先生在羅斯福路的辦公室擠得滿滿的。其中有老一代的詹益仁、林新照；中生代的蔡金鏗、高金郎、蔡寬裕、吳文就、顏尹謨；新生代的林永生、黃正雄、楊碧川。歷經數月的商量，採納邱新德先生的提議：以歡慶難友生日為由的餐會名義來落實，這樣可免除蔣經國和中國國民黨的疑慮與畏怯，免得他們施以更嚴厲的迫害。邱新德先生心裡想的是：這樣一來，在警總和調查局的監視和騷擾下，火燒島難友一樣可以互相關心、相互扶持，還得以維繫這台灣人自主意識免於就此斷落。

　　於是，1983年12月的第二個星期日，由當月壽星吳鐘靈做東，在台北國賓飯店開起了每月一次的政治受難者生日餐會。此後，政治受難者生日餐會每月舉行一次，逐漸茁壯，由十多人漸漸成長到眾多原本互不相識的數百人。人多了起來，大家就越來越不怕，顯得聲勢浩大。透過餐會，從二二八大屠殺的幸存者到近期美麗島案件出獄的受難者，都來參與，很多是帶著家屬、子女來。甚至不少人，由於仰慕

難友為台灣尊嚴犧牲的勇氣和精神，也特地來參加。大家歡歡樂樂，相識、關懷，彷彿是個大家庭。這些志士，餐會上不談所謂的政治，精神上卻是凝聚台灣人的尊嚴和靈性意志，並持續發酵中。這是蔣幫的流亡屍皮政府殖民台灣後，靈性、尊嚴之台灣人首次有大規模的定期集會！

當時的蔣幫中國壓霸集團做賊心虛，寧可錯殺一百也不肯放過一人，對所謂政治犯的聚會，當然嚴密監視，隨時伺機滲透，非在形成組織的萌芽期即加以擊破不可。由於邱新德先生謹慎地維持表面上是取暖慶生餐會的性質，生日餐會上吃吃喝喝，不是組織；卻也是組織。在蔣幫特務的眈眈虎視下，政治受難者生日餐會持續蓬勃發展。

可是，陰狠、狡猾的蔣幫中國壓霸集團，除了加緊對台灣人奴化教育，在認盜作祖之台灣聞達士紳的協助下，把台灣人洗腦成假華人以利統治外，更高明的以逐步開放選舉的方式，讓一些已充滿中國式虛妄思維的假華人一步步走入中華冥國流亡屍皮的政府體制內，鞏固起蔣幫中國壓霸集團那「乞丐趕走主人」的體制。蔣幫流亡屍皮的殖民政府，丟出幾個權位、名利的誘餌，讓自以為高級的假華人去爭搶。競爭中所謂的反對者從內部自我分化、互不相讓，形成派系傾軋的個個山頭，不少人就心甘情願當霸權者的走狗，蔣幫中國壓霸集團就可以坐收漁利了。於是，台灣不但到處是特務、線民，匪諜就在你身邊，而且無孔不入！邱新德先生以及幾個核心好友，必須戰戰兢兢才得以維持這算是異類的台

灣人團體之穩定發展。

宵小偷劫的台灣政治受難者聯誼會

1985、86年，由於所謂的「黨外」紛紛以假華人姿態，鑽入那流亡屍皮殖民政府存心不良設計出來的選舉遊戲，爲了蔣幫中國壓霸集團丟出來的幾個名位，甘心協助撐起那流亡屍皮成爲不死殭屍，並鞏固中華冥國繼續肆虐台灣的地位。眼看若繼續下去，台灣將步入萬劫不復。於是，邱新德先生心中盤算著如何以政治受難者做爲號召基礎，將政治犯生日餐會，發展爲台灣政治受難者聯誼會。

不幸的是，如前所說，蔣幫流亡屍皮的殖民政府，丟出幾個權位、名利的誘餌，讓自以爲高級的假華人去爭搶。既然是爭名奪利，自然是哪裡有名可沽、哪裡有利可釣、哪裡有勢可依、哪裡有權可奪，就往那裡走。於是，有大規模定期集會的政治受難者生日餐會，就成了一些冀望經過選舉爭取權位、名利之假華人意欲搶占的舞台，因而埋下了邱新德先生再次被迫害的禍根。

台灣政治受難者聯誼會的籌組，就如政治受難者生日餐會一樣，必須低調進行、審愼計劃，以免挑動情治特務以及蔣經國的敏感神經。但無腦的名位競逐者可不會這麼想。之前已有自立晚報、民眾日報及黨外刊物透露「生日餐會有改

爲政治性之說」。1986年8月8日再有林樹枝於「關懷中心」（政治受難者及家屬交誼的另一場合）在淡水舉行的夏令營，以對媒體放話的方式說：「政治受難者應聯合起來組織一個政治性的政治受難者聯合會」，並點名林樹枝、顏尹謨、楊碧川、林永生、邱新德參與推動。

這是從何說起的？邱新德先生的台灣政治受難者生日餐會什麼時候跑出個發言人？他怎麼不知道？大言政治性？還敲鑼打鼓，是要爭搶領導地位，還是在替蔣經國特務系統製造拔除台灣政治受難者生日餐會的藉口？

1986年8月份生日餐會在8月17日舉行，人數忽然比往常多，由林樹枝和陳菊主持。詭異的是，這次破例要現場簽名、簽到，頓時頗覺敏感又冰冷，現場一片肅穆寧靜。

老前輩黃紀男出來報告說：「『黨外』認同以往爲台灣犧牲的政治犯，要在選舉後援會上給我們十個委員席次，希望大家推出代表。」

邱新德先生心裡感慨：老一輩政治犯不是「反中華冥國的流亡屍皮殖民政府」嗎？老來怎麼變成這樣？

林永生轉頭看了一下邱新德先生的臉色，衝到台前憤怒地說：「咱生日餐會的政治犯不同於所謂黨外的政客，選舉對我們來說，那是『中華冥國那流亡屍皮殖民政府』存心不良設計出來的遊戲，是要呆奴化的假華人參與殖民政府體制，以協助撐起那流亡屍皮成爲不死殭屍，並鞏固中華冥國繼續肆虐的地位。『黨外』政客要和流亡的中華冥國一起

玩，就自己去，請不要拖我們下水，眞、假要分清楚！」

（詭異的是，9月28日民主進步黨誕生，林永生卻獲選爲民進黨第一屆「當然代表」）

老前輩劉明起來說話：「台灣的政治問題，應該由眞正關心台灣的政治犯出來講話。」

林樹枝說：「因此，我們政治犯要有自己的組織、自己的團體。當然，這是指政治性的，不單是餐會。」

蔡寬裕也表示：「若要成立政治犯團體的組織，不可忽略其涵蓋面及代表性。」

於是，就用群情興奮的方式推出了十一名「籌備委員」：林樹枝、陳菊、楊碧川、黃紀男、吳鐘靈、劉金獅、張溫鷹、傅正、溫連章、林永生、蔡有全。

如此重大的轉變，豈可不經深思熟慮、從長計議？一聽到蔡有全和邱新德先生有在思考成立台灣政治受難者聯誼會，就抖了起來。沒有腹案，連起碼的要怎麼做才對和什麼時候能做什麼，不問自己也不問別人。這種只知爭功搶頭香，毫無防備心的一頭熱，邱新德先生看在眼裡，心涼了不止一半。

8月22日，所謂的「籌備委員」推由黃紀男老先生請邱新德先生於8月24日到紫藤廬幫忙召開籌備會。紫藤廬的籌備會現場多了邱新德和呂國民兩位。開會時邱新德先生是帶著陪客的心情，沒有發表任何意見，是吳鐘靈極力表示：「成立反政權者的政治組織，有諸多忌諱和疑慮必須謹慎思

考，希望一開始，僅保持聯誼會性質就好。」其他人陷入沉默，沒有討論，更沒有結論，於是就散會了。

　　1986年9月11日，林永生約邱新德先生到華泰飯店和蔡寬裕及吳鐘靈見面。林永生拿出一紙人事佈局的名單，直接和吳鐘靈討論起來，看也不看邱新德先生一眼，更沒有和邱新德先生討論的意思。邱新德先生坐久了突然發覺不對，林永生、蔡寬裕及吳鐘靈到底在做什麼？他這個台灣政治受難者生日餐會發起人為什麼事先不知道？為何又和8月17日的生日餐會一樣，大剌剌的在飯店討論什麼名單？而且連給他過目都沒有，要他來出現在這裡又為的是什麼？不過，邱新德先生一回到家，就把這事忘了。

　　兩天後的9月13日，就在那所謂的政治性政治受難者聯合會要成立的前一天，邱新德先生就在他泰順街60巷6號7樓的生意場所被捕了。邱新德先生的被捕，以及保釋後不斷的和檢警捉迷藏，這被所謂的「黨外」人士一頭熱挑起的台灣政治受難者聯誼會「籌備會」，就成了熄滅的死灰，無聲無息。原來，這「被一些人瞎起哄大言政治性、敲鑼打鼓的所謂的政治性政治受難者聯合會」，真是在替蔣經國特務系統製造拔除邱新德先生在台灣政治受難者生日餐會之影響力的藉口而已！

　　在情治單位監視和處心積慮的迫害下，邱新德先生努力經營的事業起起落落，好在邱新德先生有「拒絕逆來順受」的天性、威武不屈，自然不輕易向命運低頭或畏縮，還有不

少好友情義相挺，所以邱新德先生的事業總是能跌倒再爬起來，繼續挺立。其中最大的一次打擊，是被中東阿拉伯人倒了200萬美元貨款而破產。逮捕邱新德先生於所謂台灣政治受難者聯誼會籌備期的藉口，就是由那次破產延續下來的。以當時的通貨衡量，太平洋建設在和平東路新建的修德園一戶是新台幣165萬，約4萬美元，200萬美元可買五十間修德園房產！

由於事業資金周轉需要開支票，一時差錯就跳票了。當時雖有票據惡法，但檢警慣例是，只要即時和持票人協商取回支票並能定期付清款項，都得以脫身。邱新德先生變賣家產和所有的值錢財物，清償債務，妻子並已爲這跳票付出坐牢十個月的代價。但對於情治特務而言，這是進一步迫害邱新德先生千載難逢的機會，怎麼肯放過，就以300多萬的高額罰金，繼續追殺已近乎潦倒的邱新德先生。邱新德先生就東躲西藏，還一面做生意一面組織台灣政治受難者生日餐會，更要維持和促使茁壯。而邱新德先生的夫人也才在一個多月前的7月25日，由筆劍會老友陳重榮拿錢把她保釋出來。

邱新德先生之所以精心維護台灣政治受難者生日餐會的順利進行，是因爲「所謂的『黨外』人士是以假華人姿態在這流亡屍皮政府體制內爭取名利和地位爲職志，將以假性民主鞏固中華冥國的殖民政府體制，並執意撐起那流亡屍皮成爲不死殭屍，他非出面爲台灣人殺出一條生存血路不可」。

邱新德先生以為，晚出生的台灣人被蔣幫中國壓霸集團徹底洗腦，才會以假華人、假中國人姿態自以為高級；早先的火燒島難友，心靈上的遭受荼毒應該很少，所以邱新德先生才執意以台灣政治受難者生日餐會為起始，要替台灣留下一條台灣人靈性精神的命脈。但這時邱新德先生警覺到，連當年火燒島的良心政治犯，在蔣經國的操作下，也開始陷入假華人、假中國人的虛妄思維，紛紛以競逐名、位為職志，邱新德先生甚為痛心。但邱新德先生回家後，也忘了「要他來出現在這裡為的又是什麼？」這件事。所以兩天後的9月13日，邱新德先生就被捕了！奉命追捕邱新德先生的和平東路派出所所長就抱歉說：「要掠你的不是我，是頂頭的命令，沒辦法！」，並語帶責備說：「不好好做生意，還在理睬什麼政治嘛！」邱新德先生當然知道，他是蔣經國特務集團的眼中釘，「理睬政治」才是抓他的原因。

　　其實，這次的再入獄，以邱新德先生的堅忍心性，並無所畏懼。不必說邱新德先生在勉強還清債務後已身無分文，即使有錢他也不願繳給土匪。但好友們於心不忍，紛紛傾力出手相救。林健芳手拿20萬元現金、周清玉用房屋和身份作保、林勝雄帶著一本支票，硬是在9月15日就把邱新德先生救了出來。其中因關心「美麗島案受難人」才認識不久的周清玉女士，連房產都投下去，實在令人感動。邱新德先生一路走來，幫助解決很多人的困難，也有很多人大力幫助他，都是情義相挺，這就是台灣人靈性精神的天性。令人悲嘆萬

分的是，這次的打擊，也造成不得不和那賢淑的妻子離婚。使得邱新德先生父兼母職，帶著相依爲命的幼小女兒，四處和情治特務捉迷藏。

被獨裁者挑選的反對者

由於早先在1971年10月25日，中華冥國流亡屍皮政府已被聯合國否定了其在台灣的合法性；1972年2月27日美國也藉由和中國簽署上海公報，宣佈中華冥國流亡屍皮政府已死亡，從此美國只承認事實台灣。蔣家又於1984年10月15日派遣竹聯幫黑道組織到美國暗殺美籍作家劉宜良（筆名「江南」），遭美國政府破獲，舉世譁然。蔣經國深知：在這20世紀的下半期，民族自決在國際上已是普世價值，眾多殖民地紛紛自主復國，雖然多數的台灣人已被洗腦成呆奴化的假華人，甚至假中國人，但在清明的國際人士眼裡，中國國民黨的中華冥國流亡屍皮政府，還是鳩佔鵲巢的強盜。蔣經國不得不思索如何在國際上製造「台灣人自甘擁護中華冥國流亡屍皮政府；中華冥國流亡屍皮政府已轉型爲在地民主政府」的假象。所以，蔣經國知道不得不表面上解除軍事戒嚴與開放黨禁。

於是，蔣經國透過其情治單位在所謂「黨外」領導階層內布建的線民，鼓勵這「黨外」成立所謂的政黨，以維繫這

流亡屍皮政府的延續。

　　原本就已進入這中華冥國流亡屍皮政府搶食屑肉殘羹的所謂「黨外」人士，得知消息，個個狂喜雀躍。1986年5月1日，許信良等人在紐約宣佈準備要成立「台灣民主黨」，「黨外」公政會在各地的分會紛紛成立；8月9日，首都分會在金華國中舉行「組黨說明會」；8月15日，黨外公政會與編聯會在台北市中山國小舉行「行憲組黨說明會」；9月7日，《時代》雜誌刊登黨外編聯會「組黨工作小組」研擬之黨綱草案；謝長廷則提出「民主進步黨」這個黨名，公開對「黨外」人士發出問卷調查。終於，9月28日在台北圓山飯店舉行民主進步黨成立大會。

　　當時是軍事戒嚴時期，所謂的情治單位透過嚴密監視和在「黨外」內布建的線民，對這些活動當然清清楚楚。以當時的氣氛，若沒有蔣經國的明確點頭，那些一心一意爭搶名、利的所謂「黨外」人士，有誰敢這樣公然「造反」？更何況，當時圓山飯店是中國國民黨的禁臠。除了與中國國民黨有關的重要會議，圓山飯店何曾開放給外面的團體前去開會？尤其是和中國國民黨對立的黨外團體！這次讓所謂的「黨外」去開組黨大會，是破天荒的第一次。台灣人真要自主，到處都可以召開大會，卻選擇了一般人都認為不可能會出借的圓山飯店，擺明的豈不是受到蔣經國指示嗎？更荒唐的是，那些所謂的「黨外」人士，事後竟然大言不慚的說：「黨外在圓山飯店組黨完成之後，木已成舟，讓情治單位措

手不及。」眞是天大的笑話。

　　以上事實，邱新德先生早看在眼裡，簡直怒髮衝冠。不過，在多數台灣人已被全面呆奴化的情形下，似乎僅有一些當年「筆劍會」的難友，在邱新德先生的導引下能看透這內情。邱新德先生除了搖頭嘆息，好像也拿那些所謂的「黨外」人士沒辦法。

　　解嚴之後，一些口述歷史與原始資料一一出現，證實了邱新德先生的智慧與眞知灼見：

　　就在所謂的「黨外」人士成立了民主進步黨這個台灣第一個反對黨的九天後，蔣經國在總統府接見美國《華盛頓郵報》董事長葛蘭姆女士時，就表示，他早已決定要解除台灣地區的軍事戒嚴狀態，並開放民間組織政黨。

　　後來，當時任職調查局中山站的調查員白瑄出版了「全民公敵調查局」一書，白瑄透露，在所謂的「黨外」組黨之幾個月前，他們每個月都會接到總局指派下來的任務。到了組黨的一個月之前，這些先前的準備工作，包括任務的分配、內線布建的聯絡、情報的掌握、情蒐的方式、特殊狀況的應變等等，幾份相關的重要公文和工作流程都已經布達妥當。每一個將參與現場任務的調查員，都只接到自己所負責那部分的指令，對於整個任務的全貌，中、低階調查員並不瞭解。白瑄曾代表中山站，到中山分局去開過兩次聯警會議，那是由所有情治單位，包括官邸警衛隊、警備總部、憲兵隊、調查局等聯席參加的。

　　白瑄表示，到了9月28日組黨當天，現場一切的狀況既然都已經過沙盤推演，等於是在照表操課而已。

　　白瑄還訪問曾經擔任士林官邸警衛隊，服侍過蔣介石、蔣經國，化名「鐵金剛」的無線電隨從。警衛隊是蔣氏家族來台之後，多年以來一脈相承的一個特殊警衛系統，警衛隊是總統的貼身侍衛，有點類似從前的禁衛軍。他的自述當然有一定的真實性。「鐵金剛」說：「除了與中國國民黨有關的國際性會議以外，圓山飯店開放給外面的團體前去開會，那次是破天荒的第一次，何況又是表面上與中國國民黨對立的黨外團體。當時我們也沒多作猜想，直覺的就認為，上面會有那樣的安排，一定是有他的道理。而且在正式開會的前幾天，我們就接到上面來的命令，內容大致上是說：黨外人士在圓山飯店開會時，『不管裡面發生什麼事，我們都不能插手，我們負責外面的門禁，對於沒得到准許、要從外面進去的人，一定要加以阻擋』。」事實上，警衛隊的任務是要保障「黨外人士的組成民主進步黨」非順利成功不可。

　　「鐵金剛」補充說：

　　「一般有重要會議在圓山飯店召開時，都是由我們警衛隊負責布置場地、安全檢查、以及鋪設音響和錄影設備的線路，這些工作一定都是由警衛隊從頭到尾完全親手負責，絕不假手於他人，即使是調查局的人都不准插手。我們當時被分派去布置的錄音、錄影設備，都是相當公開的，錄音和錄影的地方，是在圓山飯店的地下室的警衛室。能在圓山飯店

開會的人或團體，一般都是跟中國國民黨高層有密切關係，而且也一定是相當重要的人物。到場開會的人，看到現場的錄影設備，當然也都一定都會了解到，現場所有的開會情形，都會有錄音和錄影的紀錄存檔。這一切的拉線布置工作，至少都是在兩天之前就要開始安排，布線、測試等工作，一定要事先反覆的檢查，以確認正常無誤。

民進黨組黨當天，由總統官邸警衛隊負責在圓山飯店裡外布崗，當天早上七點多我們已經就位完畢，一直到下午組黨完成後才完成任務。當天我們都是穿便衣，身上佩帶著一個梅花當標記，完全不攜帶任何武器或通訊器材，以免暴露真實的身分。依照過去圓山飯店有重要團體開會時的慣例，現場的服務人員，全部改由警衛隊的人去擔任。同樣的，其他的一切飯店服務人員，也都有許多布建的備用人手。

因為圓山飯店是蔣經國經常要進出的地方，平時就長期駐有帶槍的警衛隊員，安全警衛的要求當然是特別的高。飯店附近都是軍事重地，前面出入只有兩條單行道，門禁相當嚴密。如果在裡面發生任何事，保證絕對是一個也跑不出去，當然，外面的人想要硬闖進去，也幾乎是完全不可能的事。

在那個時候，要申請到圓山大飯店開會或進行什麼活動，一定要經過士林官邸聯合警衛指揮部的核准。當時標準的申請程序，要先經過士林官邸的警情中心，警情中心通過以後，還要通報劍潭派出所支援。而所有配合出勤的單

位，包括了士林官邸、聯合警衛、憲兵營和梅莊（便衣警衛隊）。負責整合調配的中心，就是『聯合警衛安全指揮部』，簡稱『聯指部』。聯合警衛指揮部是直接向蔣經國負責的，黨外要租借圓山的場地，蔣經國當然是沒有理由不知道。

當天出動的人員，包括官邸警衛隊、劍潭派出所、圓山憲兵隊等，就我所知，大概至少兩千人左右。我們主要是負責一樓裡外的安全，以及音響設備、錄音、錄影等安排工作。當天二樓還有許多中國國民黨的重要人物在上面，也許是在監看整個組黨會議的進行吧。當天二樓是不對外開放的，安全工作也是由其他的單位負責，佩帶的標記也不同，以我們的梅花標記，是不能上到二樓的。至於在二樓的究竟有哪些人，蔣經國在不在那裡，我們在下面的人當然無法得知，但是蔣經國當時必定是在某處監看整個組黨的過程。

對於黨外在圓山飯店組黨的事，當時一個很直接的想法，就是要就近監視。本來，我是以為『必要時就來個甕中捉鱉，一個也逃不掉』。而我也真的一直沒有想到，民主進步黨的整個組黨過程，竟然會是蔣經國所一手主導的。」

這名蔣經國侍衛又說：「在以前黨外或現在民主進步黨的高層人物當中，應該有好幾個情報局安排的人在裡面，像以前朱高正和蔣經國的關係就很微妙，他曾多次秘密進入大直的七海官邸，直接和蔣經國面談。當初在美麗島事件之後，朱高正也曾經是奉蔣經國的命令，前往高雄下達蔣經國

手諭給幾組軍警，制止繼續把美麗島事件擴大。當初他在官邸時，也曾接到總機轉錯要直接和蔣經國通報的電話，通報內容已經不大記得，不過對方的身份一定不僅只是線民，而是情報局直接指派在黨外，可以向蔣經國直接通報的人。」

　　郝柏村的日記也說：「蔣經國指示『政治革新小組』，對黨外人士組黨應該避免衝突、冷卻處理，甚至同意他們到圓山飯店開會。」

　　就如所謂的「黨外」時期，剛形成的民主進步黨也要以拉入一些曾爲台灣受過苦難的「所謂政治犯」，借用這種連結，裝出也是奉獻者、犧牲者的門面，更是用來遮掩其「以假華人姿態進入這流亡屍皮政府體制爭取名利和地位」的嘴臉。於是，民進黨丟出幾個所謂黨代表、委員給火燒島難友。邱新德先生自己不屑也悲傷。但是，從火燒島回來後，不少難友因情治系統的打壓，畏懼的親友不敢接近，生活振作不起來，也難怪會在有人招手時，即想靠攏過去取暖。所以，邱新德先生雖然不以爲然，仍私下幫助幾位難友擠上去。過程中，邱新德先生是忍著悲痛。心想：昔日英姿煥發的仁勇者，往日爲正義和道德打下基礎，今日竟成爲爭名利者的廉價墊腳石、被用作裝飾品，何其不值啊！這種利用良心犯作爲「有利、有力之加持」的手段和政治行爲，都是在蔣經國的明示或暗示下操弄的。

　　邱新德先生對政治的理念與眼光比誰都清楚，不論是在過去的軍事戒嚴或是現在中華冥國流亡屍皮政府下的所謂選

舉，邱新德先生看到「民主」兩字就極度的反感。就如同民進黨撐起中華冥國流亡屍皮執政時，朗朗上口的「愛台灣」、「台灣是一個主權獨立的國家，名字就叫做中華冥國」，邱新德先生每次聽到都幾乎再吐血一次。

台灣政治受難者聯誼總會又走入歧途

　　由於1986年9月28日已配合蔣經國的暗示或明示，成立以「中華冥國在台灣」為標誌的民主進步黨，將以假性民主延續那中國流亡屍皮的存在，並鞏固中華冥國在台灣的殖民政府體制。邱新德先生心裡一直想著，非出面為台灣在兩個真、假中國勢力下，打出台灣人的一條生存血路不可。

　　1987年，蔡有全去參加二二八和平紀念日運動，邱新德先生問他：「沒有完全攤開真相，也沒有要求正義，只一心一意宣揚台灣人對和平的乞求，這是什麼意思？是向蔣幫盜匪搖尾乞憐？為流亡屍皮殖民政府的罪行擦屁股？你們幹這種運動，是愚蠢還是居心叵測？世界上有哪一個國家會將族人被侵略者大量屠殺之日用『和平』兩字紀念的？這完全是向蔣幫盜匪屈膝跪求生路的奴才作為，更是向全世界宣誓，台灣人將世世代代自甘為奴、無怨無悔啊！」。

　　聽完，蔡有全問：「民進黨在流亡的殖民政府體制內成立了，現在檯面上的台灣人紛紛以假華人姿態，志在撐起那

屍皮殖民政府，邱桑有什麼打算？有什麼我蔡有全可以做的？」

邱新德先生回答：「咱就作伙把台灣政治受難會做起來。」

蔡有全：「怎麼做？」

邱新德先生：「欲成功，就仔細聽我講。」

於是，蔡有全跟著邱新德先生回邱新德先生的家去。就這樣，他們兩人走上刀山。

1987年4月4日，假華人、假中國人陳永善（陳映眞）成立中國統一聯盟，並拉入台灣老實人余登發當名譽主席、黃溪南當副主席作遮羞布。邱新德先生6月裡由報紙上得知，他眼裡很清楚，中國統一聯盟是北京中國在台灣的第一個馬前卒，而民進黨又是中華冥國流亡屍皮政府用來維繫生命的支柱。台灣已成為中國共產黨和中國國民黨兩方夾擊的獵物，難道台灣民族要坐失四方以待斃？然而周遭無人能看清、看透。邱新德先生憂心不已，非常焦急，但卻必須守住自己的口。

7月初，邱新德先生只告訴蔡有全說：「以現在局勢，台灣政治受難者聯誼總會必須快馬加鞭，你趕緊將章程中的條文、召集人，一條條討論，將地基打穩固，起厝就容易了。」邱新德先生並叮嚀蔡有全三項基本原則說：「一，把政治犯中的「親中」派假華人、假中國人排除；二，把中華冥國流亡屍皮殖民政府的公職人員（當然包括民進黨人）排

除；三，邀請來台灣政治受難者聯誼總會演講者，政治犯自己的只能是劉佳欽與邱新德，外來的只可以有「關懷中心」的周清玉、「長老教會」的高俊明、「人權會」的陳永興。」於是，蔡有全借用新生南路台灣人權協會的場所，召集一批政治犯來參與討論章程，台灣政治受難者聯誼總會的工作正式開始起步。

7月15日蔣經國宣布解除長達38年的軍事戒嚴統治。

7月19日，蔡有全邀請了台北縣分會長劉金獅、台北市分會長林永生、宜蘭分會長邱一峰、高雄分會長林再受，以及黃紀男、林欽添、陳信銘、陳三興、呂國民、張溫鷹和剛出獄不久的黃華等人，召開第三次籌備會。第三次籌備會就是朝總會成立的目標邁進了。這時，在邱新德先生不知情的狀況下，突然加入了林永生和鄭南榕。

8月6日，林永生和蔡寬裕來找邱新德先生，說：「新潮流與吳鐘靈正在爭搶台灣政治受難者聯誼總會的領導地位。」邱新德先生很清楚，林永生和蔡寬裕是來告狀的，也都是想分配到權力。邱新德先生並沒說什麼。

8月8日，蔡有全來告訴邱新德先生，說：「章程中的條文已按照邱桑的意思一波波和政治犯難友討論過，大家也提議由邱桑出任會長。」

邱新德先生嚴正表示：「不可，當初在我書房，你、永生和我有約定，咱三人是要做事，除了你必須堅守總幹事職務，其他不占職權。」

　　蔡有全：「邱桑在筆劍會案偵訊和審判過程表現的智仁勇與冷靜；火燒島期間的堅強和精神不撓；回來後的鎮定與蔣經國特務周旋；困難中努力營生還持續關懷難友並奮力執著於維護台灣族人靈性精神的希望，大家有目共睹。這台灣政治受難者聯誼總會的構思又出自於邱桑，邱桑智仁勇兼備，邏輯思考和透徹觀察的敏銳眼光無人能及，所以大家支持邱桑出任會長。我也向大家說明：邱桑志在理想的實現，一定盡其所能奉獻心力，只要大家精神上跟著他走就有可為，名位是不需要的。此時有林欽添提議，由長輩魏廷朝出任會長，邱新德先生任副會長。他信任你。」

　　邱新德先生：「職位是責任，不是光環、不是權力。台灣政治受難者聯誼總會要有成就，除了正確的精神、意志和方向，還必須足夠的群策群力。職務可賦予一些人較多的責任，職位能鼓勵奉獻心力。對別人而言，這是需要的；對我可就不必了。」

　　蔡有全：「章程已是我心中的計劃，這樣的安排也是責任啊！」

　　邱新德先生：「經過40年蔣幫盜匪集團的洗腦和陰狠算計，今天的台灣人已經不一樣了。有名位加持，會使一些人較樂於聚集、出力。而且，台灣政治受難者聯誼總會的推動需要一些資金，我必須加緊賺點錢才推得動。只是，你心頭要拿定，必須站穩總幹事的職務。如此，才得以隨時瞭解全局，並隨時和我連繫，以免將來台灣政治受難者聯誼總會走

偏了來不及挽回。」

　　8月10日，蔡有全和林永生開車去載邱新德先生，邱新德先生的認知是為了聯誼總會的工作嘛，也沒問什麼。等到了「自由時代雜誌社」門口，邱新德先生才意會到是要商量「聯誼總會開銷所需資金」的問題。三人坐下來後，鄭南榕與陳永興連招呼一聲都沒有，只不停地低頭持續談他們兩人的事。邱新德先生已瞭解鄭南榕和陳永興的態度。坐久了，邱新德先生對著蔡有全與林永生說了聲「走」，三人上了車，邱新德先生才說：「做人有需要做得那麼無尊嚴嗎？」

　　蔡有全說：「可是我和邱桑先前籌出的款項已用完，現實上，預定8月30日成立大會的場地就馬上要用到錢。」

　　邱新德先生說：「我會想辦法。」事實上，當時邱新德先生還有負債纏身。

　　蔡有全說：「陳菊說她有門路可以幫忙借到錢，但利息要兩分四。」邱新德先生斷然拒絕。

　　幾天後，邱新德先生回老家向二弟邱炎輝要了一張空白支票，送去給蔡有全。

　　8月15日在元稹茶藝館召開第四次籌備會，是最後的籌備會。除第三次籌備會人員外，再增加了蔡財源、蔡光武、高金郎、蘇東啓、蘇洪月嬌、蔡垂和、蔡金鏗、洪武雄、黃金島等二、三十人。章程及修正案在熱烈討論後定案，確定8月30日舉行台灣政治受難者聯誼總會成立大會，並推舉邱新德、林永生、蔡有全、吳鐘靈、劉金獅、鄭南榕、陳信銘

為大會籌備工作小組；陳三興、蔡垂和為中南部代表。大會籌備工作小組的吳鐘靈，推薦邱新德與鄭南榕負責起草大會宣言。邱新德先生是台灣政治受難者聯誼總會的營造者，大會宣言也已有準備，但現在似乎不少人想在大會宣言的內容上加以宰制，邱新德先生不為所動。

更詭異的是，在邱新德先生全程指導下，蔡有全一路奔走、安排，台灣政治受難者聯誼總會才有今天的雛形，蔡有全卻成了副總幹事，總幹事由半途插隊的林永生擔任。

以上，很顯然，台灣政治受難者聯誼總會，已由在這中華冥國流亡屍皮殖民政府內搶食屑肉殘羹者伸手撥弄中，是他們表演勢力的另一個地盤。7月時邱新德先生交代的三原則，蔡有全似乎都忘了。林永生更是早已忘了「1986年8月17日生日餐會上他怒吼『黨外政客要和流亡的中華冥國一起玩，要撐起那流亡屍皮成為不死殭屍，自己去，請不要拖我們下水，真、假要分清楚！』的初衷」。這結果，是蔡有全執行不力？還是蔡有全暈頭下的自作主張？都不是，是蔣幫盜匪集團陰狠詭計的得逞。

經過40年蔣幫中國壓霸集團以中國式虛妄思維的洗腦教化和陰狠算計，今天的台灣人已經不一樣了。早期的政治犯，很多是偽裝假漢人自以為高級的所謂士紳之子孫，習於只要能顯示「高人一等」可以不顧一切；其他人是近墨而黑。年輕一代，則全然是在蔣幫中國壓霸集團的洗腦教育中長大，台灣族人的靈性智慧被洗滌殆盡，很輕易就陷入中國

式的虛妄思維，擺脫不了所謂中國厚黑學的纏身。他們是知道要反對中國國民黨的瘋狂肆虐，卻親近虛妄的中華。他們口中聲言自主，心中卻是扭曲的台灣意識。就因為如此，他們就走不出蔣經國的手掌心了。

由於「台灣政治受難者聯誼總會必須堅持相對於中華冥國的流亡屍皮殖民政府，一定要分清楚，絕不含糊」一事，邱新德先生不僅僅私底下曾交代蔡有全，更在籌備會中公然強調（當時並沒有人敢反對或異議），在假華人中激起了洶湧暗潮。

8月21日，報紙登出了黃紀男攻擊台灣政治受難者聯誼總會的言論，並說有許多「親中」派政治犯挺他，他們聯合起來要成立另一個「政治受難者暨家屬聯誼會」，來與「政治受難者聯誼總會」對抗。21、22兩日，蔡有全、林永生、林欽添、黃正雄、黃茂男、林樹枝、蔡寬裕一直緊張地問邱新德先生「要如何應對」，邱新德先生都同樣一句話「不用理會黃紀男，他變不出把戲」。

但是，8月25日起，假華人求取名位的暗潮在聯誼總會籌備會裡浮上了檯面。先有林永生爭副會長一職，再有魏廷朝、柯旗化爭會長，還有蔡財源等人要爭執行委員，背後運作各懷鬼胎。邱新德先生知道「後續將可能會亂了套」，而且蔣經國特務養的走狗也必定乘隙而入。邱新德先生心涼了半截，和蔡有全談起是否應該踩煞車「讓台灣政治受難者聯誼總會流產」。蔡有全不同意，說「生米已煮成飯，只有嘸

下去了」。也不是沒道理，但邱新德先生的積極主動已改為消極被動。

1987年8月29日，蔡有全和林永生來告訴邱新德先生：「一切都安排好了，咱的會（指台灣政治受難者聯誼會）明天就能成立了。」

邱新德先生：「大會宣言我早已寫好，正在印刷，來得及明日拿到國賓飯店分發。」接著說：「咱攏眞用心用力，也經過困難和艱苦，但我的階段性任務已告一段落，明天的大會就你們兩人主持，要謹慎用心才行。」

蔡有全：「不可以啦，沒有邱桑，明天的大會可能會倒！」

邱新德先生：「咱一心一意打拼奮鬥，沒能好好提防背後彼隻手。我上了台還是會被有計劃的排擠，無濟於事。一禮拜前我已看出我們打拼的工作已變質，會出亂子。現在我只希望有全你小心行事，別陷入人家設好的圈套才好！」

蔡有全：「邱桑，已經行到這，這嘛無法度。我只希望明天把成立大會的工作完成，會好會歹就隨它了。」

一椿原本極有意義、充滿希望的事，今天會變成進也不行、退也不是的局面，正說明了蔣幫盜匪集團怎麼個陰狠邪惡，在這中華冥國流亡屍皮殖民政府的體制下，甘心認盜作祖、賣台求榮的假華人是怎麼個仿傚中國人的「厚黑」。

1987年8月30日，台灣政治受難者聯誼總會成立大會當天一早，詭異的事就一件件發生，像是照著背後黑手的操控

在上演一樣。先是鍾肇政打電話給邱新德先生說，魏廷朝正和他要去義民廟，要他轉告邱新德先生，魏廷朝不願意當會長，也不去國賓飯店參加成立大會。再是蔡有全在台上一條一條誦讀大會章程時，許曹德突然跳上台大喊：「章程中的『台灣之前途應由台灣全體人民共同決定』，必須改爲『台灣應該獨立』」。蔡有全無法制止，只好問有沒有附議，林樹枝附議、吳鐘靈附議、劉金獅附議、林再受附議、楊金海附議、張溫鷹附議……。接著表決，主張維持原草案的僅13票；贊成改爲「台灣應該獨立」的竟有76票。

　　是許曹德荒唐地以爲蔣經國的「解嚴」是眞心悔過，是臭屁想逞英雄，還是被陰謀設計？這章程草案是蔡有全早早精心策劃的，已在籌備會中討論再討論，經過籌備委員的一再確認，包括許曹德本人。多位籌備委員卻在成立大會裡，高呼附議許曹德的改爲「台灣應該獨立」，要說沒有背後黑手操縱、催逼，或不是存心要摧毀這於坎坷中剛萌芽的台灣政治受難者聯誼總會，怎能叫人相信！

　　被突襲的章程通過後，開始選正、副會長。奇怪的是，一早透過鍾肇政告訴邱新德先生，他不願意當會長、不來參加成立大會的魏廷朝，卻有人幫他辦理報到手續，魏廷朝弟弟也在場保證魏廷朝一定會趕到。魏廷朝（不在場）、柯旗化競選會長，魏廷朝以127票對11票當選。柯旗化再競選副會長，以67票當選了。邱新德先生被提名副會長及執行委員，均被全面封殺。執行委員當選的依序是張溫鷹、陳博

文、吳文就、劉金獅、楊金海、呂國民、林再受、林欽添、
蔡財源、林樹枝、陳菊，共11人。完全如邱新德先生所料！
這時，一個多小時前才透過鍾肇政向邱新德先生揚言「不
當會長、不參加」的魏廷朝出現了。這是玩哪一種捉迷藏遊
戲？

　　原先設計之中性章程是要讓所有的人先將它通過，而宗
旨和目標的主張放在宣言中，在大會成立後才宣讀宣言。宣
言內容只有起草人邱新德先生知道。大會宣言主旨是「矢志
捍衛台灣，建立新而獨立的國家」！邱新德先生的想法是：
宣讀宣言時大會已成立，這宣言起草人邱新德先生看起來又
像是個局外人，蔣經國不爽，法理上也只能追殺他一個人
了。如此，這坎坷的台灣政治受難者聯誼總會，看是否得以
在蔡有全的小心處理下，再逐漸把它拉回正途。

　　會程結束後，林永生唸這大會宣言：

　　「造中國國民黨的反，是被壓迫、被凌辱的台灣人本於
人性裡至眞、至純的良心與正義，所擊發出來的行動。也是
四十年來，無數有智有仁有勇的台灣青年，從東西南北四處
方向，不約而同面對中國國民黨的恐怖血腥、神話愚民及毒
腐人心等等邪惡統治，所做的悲壯抗爭！

　　自二二八事件以來，台灣青年不惜青春與幸福，不求溫
情與保暖，甚至拋棄生命也在所不辭，前仆後繼，百折不
撓，堅決而持續的苦戰。這場持續的苦戰，就是憑藉著對歷
史經驗與社會事實的認識，以及追求理想和再造台灣的熱忱

信念。不論老一輩或新生代的政治受難者，在漫長黑暗的牢獄，非但沒有喪志變節，而且拯救台灣的意志，更因錘鍊而彌堅；追求自由自主的信念更因坎坷而強韌。今日我們的再結合，正是自願、樂意對台灣鄉土、家園的深情關懷。要求社會合情合理，追求人間平等博愛，乃是政治受難者一貫的狂熱與執著。

當今國際形式丕變，台海兩邊政局詭譎，台灣社會籠罩一片頹廢與沮喪，人心浮盪暴戾。長期戒嚴所帶來的人心惶恐、人格曲異、思想僵化以及情感麻木等等災害，不因「解嚴」而有所再生與解放！雖然，地下言論的不斷衝刺以及民進黨的率而成立，倏然間台灣是彷彿乍現一道曙光、生機活現。民進黨戳破戒嚴政治鐵絲網之功，以及引領台灣，固有其歷史演進之一定地位，但是其黨體質之雜湊與目標之含糊；內部山頭派系之彼此紛爭、相互掣肘；政治立場與意識形態之分歧混淆，根本無法爲台灣未來的去從確立方位、指引走向，也無法爲渾沌不安、浮盪不定的台灣，勾劃出重建再造的新藍圖而矢志全力以赴。加以中國國民黨借著「解嚴」之名目，頻頻放出改革的假像，步步做出再造的虛招，不但反常背理，反而使社會更趨搖盪、人民更加疑慮。

此時此刻，台灣政治受難者眼見台灣已經進入了去從的關鍵時刻，歷史航路也到了命運未卜的岔口。基於憂心人民、關懷社會、掛慮台灣，因而聯合四十年來老中青三代的苦難志友，挺身而出再度出發，繼續爲台灣人的自由自主、

政治的平等解放、社會的福祉安康而奮戰。以期展開台灣新的民族自主和自救運動，而達到建立一個新而獨立的國家。

　　台灣政治受難者以及其共識認同者，秉持以上立場與信念，做了以下的目標與主張：

1. 解放所有在監內的政治犯，以表示中國國民黨不再與台灣人敵對的誠意。

2. 向二二八事件以來死難災劫的台灣政治受難者，發表公開道歉，以表示中國國民黨與台灣人的關係不再是統治者和被治者的關係；不再是侵略者與被侵略者的不平等待遇。

3. 中國國民黨主席蔣經國說：「我已是台灣人」，就得以行動表現出台灣是安身立命的家鄉，和中國政權劃分明確的界線，與台灣人攜手共同建設新而獨立的台灣國家。

4. 基於台灣是共同台灣人的台灣，任何外力政權的染指與侵略，共同台灣人必須誓死爲捍衛台灣而奮戰。

5. 新國家的藍圖應以自由、民主、法治的體制和全民社會福祉爲基礎，使台灣成爲自由平等的樂土。

邱新德 1987年8月29日清晨。

　　（這當時充滿靈性智慧的大會宣言，於現在的台灣，今日讀來，還是同樣的發人深省，同樣的在警示一些沉迷於假華人虛妄思維自以爲高級的呆奴化台灣人。）

　　這會程結束後的大會宣言，當時每個與會者都發有一

張。在許曹德以「台灣應該獨立」引爆會場後，少有人再注意這大會宣言。如果沒有許曹德的盲動突襲，邱新德先生的這篇大會宣言才真的是兇猛暴烈、石破天驚呢！令人扼腕的是，大會之後，由於假華人已掌握權勢，這台灣政治受難者聯誼總會大會宣言便在台灣內部被封殺了。反而，於台灣外部，世界上有台灣人的各個地方都在傳閱。

　　大會結束，一位高大的長髮人走來向邱新德先生行禮，說：「李喬和我全心支持你。」這位先生是二二八事件與蔣幫土匪軍隊對抗的二七部隊長鍾逸人，邱新德先生以前只知其名，未見過面。新潮流的邱義仁則是走過來說：「邱先生，你今嘛欲按怎？」邱新德先生說：「無欲按怎！我只剩大會宣言可以給大家用。」

　　兩天後，民進黨黨主席江鵬堅見了邱新德先生，說：「邱桑，我第一時間就看到大會宣言。汝對阮民進黨的批判不能放軟一點嗎？」

　　邱新德先生反問：「江先生，我講的實在否？」

　　江鵬堅：「實在！」

　　邱新德先生：「實在就好啊！」

　　台灣人必須復國、建國，當然是成立台灣政治受難者聯誼總會的目標，但面對的是陰狠狡詐的蔣幫中國盜匪，檯面上能不小心翼翼嗎？章程草稿原是蔡有全在邱新德先生詳細解說下擬妥，歷經一波波討論通過的。內容「以和平方式促進台灣政治民主、人權之確保。台灣之前途應由全體台灣人

共同決定。台灣政治受難者與台灣人民之命運休戚相關，榮辱與共；台灣一旦遭受任何人或任何政黨之出賣，或任何國家以任何形式之侵略，我們誓死捍衛之」，文字上中性、溫和又正當，無可挑剔。「任何國家以任何形式之侵略」，我們自然是直指蔣幫土匪和中華人民共和國，但蔣幫土匪若要認為是針對它們，則等於承認自己是侵略者，所以構不成公開追殺的理由。而「台灣應該獨立」的意志會有比「我們誓死捍衛之」堅定嗎？當然，這「遭受任何人或任何政黨之出賣」，在一些貪圖名利和權勢，以假華人姿態志在撐起那屍皮殖民政府的人是眼中刺，但沒有蔣幫土匪的同意，他們又能奈何？何況他們也沒有膽子來對號入座！改成「台灣應該獨立」到底好在哪裡？

這次的以「台灣應該獨立」突襲台灣政治受難者聯誼總會，就和1986年8月17日以「成立所謂的政治性政治受難者聯合會」襲擊政治受難者生日餐會如出一轍。1986年是針對邱新德先生，這次的對象轉向蔡有全，都是「擒首嚇眾」伎倆。這次邱新德先生有先見之明，早叮嚀蔡有全「不占名位；小心背後伸出的毒手；冷靜把事情做好」，但還是躲不過少部份假華人政治犯之配合蔣幫中國盜匪的算計。

8月30日台灣政治受難者聯誼總會成立大會上，蔡有全是主持人，但他行禮如儀，並無把柄可抓。當天晚上在金華國中辦演講會，蔡有全按照邱新德先生三原則排除政治犯中的「親中」派假華人、假中國人，以及中華冥國流亡屍皮殖

民政府的公職人員（當然包括民進黨人），請帖也只印著五個演講人：關懷中心的周清玉、長老教會的高俊明、人權會的陳永興以及政治犯的劉佳欽講二二八事變、邱新德做最後的結論。但很多人不請自來，要求上台。由於爭著演講的人太多了，蔡有全拒絕不了，只好同意邱新德先生放棄做結論演說。糟糕的是，場面盛大，蔡有全太興奮，竟在眾人慫恿下，大聲說：「今天在國賓飯店我們成立了台灣政治受難者組織大會，會中主張『台灣應該獨立』。我們是一家『台灣獨立公司』，現在一無所有，需要大家贊助。」於是魏廷朝、柯旗化、楊金海抱著紙箱向群眾勸募。

邱新德先生在台下聽了，為這個又闖禍的蔡有全氣得眼冒金星。隔日罵著蔡有全說：「什麼我們是一家『台灣獨立』公司？又大剌剌公開募款！我們是在為復國、建國努力，必須沉穩。有如辦嘉年華會的這般敲鑼打鼓，蔣經國那幫土匪會放過你嗎？你以為真的『解嚴』了嗎？別忘了還有『國安法』。『解嚴』、『國安法』在土匪眼裡只是文字遊戲，是為了引你這種盲撞的蛇出洞啊！」

大會成立，邱新德先生被排擠成局外人似的。但幾家周刊卻紛紛登門或電話採訪邱新德先生；台大哲學系主任趙天儀特地去找邱新德先生錄音訪問，留下從「筆劍會」到「台灣政治受難者聯誼總會」的歷史見證。美國International Center for Development Policy也派人於9月13日約見邱新德先生。

　　由於蔣幫土匪和與其配合的假華人，並無事先意識到會程之後會有這篇邱新德先生的大會宣言，個人圈定的任務完成後，即興高采烈的離開。因為他們的既定目標是排擠邱新德先生以及讓蔡有全落入陷阱，階段性任務完成就可以走人了！此篇大會宣言因此沒有往上報告。這使得邱新德先生完全沒有被注意到，邱新德先生也就沒有被列入此案的追殺對象。邱新德先生是免去了再次的劫難，但卻是台灣真正深層災難的開始。

　　邱新德先生是一位充滿台灣族人靈性智慧的人，所作所為是利他無我，不會落入現代政治的權勢旋渦。邱新德先生一點也不喜歡現代政治，他之所以非要站出來反抗敵人不可，完全是為了台灣前途的希望，以及台灣族人靈性精神的續存。所以，從一開始，邱新德先生就一直包辦論述、策劃和衝鋒，政務之事就由別人去主持即可。「台灣政治受難者聯誼總會」的事務就是寄託在蔡有全身上。

　　原本的設計是，引燃台灣人抗敵建國的風險由邱新德先生一個人承擔。就是必須把台灣復國、建國的種子散播在台灣人的心田裡，讓它萌芽、成長、茁壯，台灣的未來才會有希望。蔣幫土匪抓到邱新德先生，起訴他就必須將他的「大會宣言」公諸於世，那豈不是替邱新德先生，將這誓死驅逐流亡屍皮殖民政府的種子，散播在台灣人的心田裡！而且不是能更迅速、更廣泛地把他的「宣言」傳遍了全世界嗎？而另一方面，邱新德先生在大會時已看似局外人，則這坎坷的

台灣政治受難者聯誼總會就得以存續。在蔡有全的小心處理下，也就更容易把它拉回正途。繼而，台灣政治受難者聯誼總會將是台灣復國、建國的穩固基礎。

9月10日楊碧川親赴邱家告訴邱新德先生兩件事：一，他在日本看到了邱新德先生的「台灣政治受難者聯誼總會成立大會宣言」，而且聽到，海外台灣人士讀了這大會宣言，一般都認為「台灣建國的主戰場已經在台灣」，會掀起所謂海外黑名單的返鄉潮；二，他楊碧川將退出新潮流。這是好事，但邱新德先生聽了並不覺得很欣慰。

因為，以眼前的情勢看，「華獨」已被操弄成「台灣政治受難者聯誼總會」的神主牌，加上40年蔣幫盜匪集團的洗腦和陰狠算計，今天的台灣人已經難以分辨真假和是非。如今充滿中國式虛妄思維的假華人又佔據了台灣檯面，他們高舉自以為高級的華人標籤，勢必會讓蔣幫盜匪更加速把全體台灣人推向那所謂「華人」、「中國人」的火坑。而海外台灣人士，有一些是所謂台灣士紳的子孫，原本就有認盜作祖的家庭傾向；其他的學人完全是在蔣幫中國壓霸集團的洗腦教化中長大，對於自己土地和祖先靈性智慧文明和文化的印象模糊。雖說他們有足夠聰穎，認同台灣意識，但他們對「是台灣原住民」的認知已產生動搖。如今，台灣內部的名利、權勢追求者又被蔣幫盜匪引誘入「華獨」的陷阱中，台灣聞達人士（尤其文史學者）必將附和蔣幫盜匪的竄改史實和偽造文書，以合理化「他們自己認盜作祖的自以為

高級」，並持續幫助中國壓霸集團洗腦台灣人，誤導眾多台灣人。在這種情況下，海外台灣人士的歸來，必然受到這些認盜作祖、充滿中國式虛妄思維、佔據檯面自以為高級的假華人所拉攏。近墨者黑、近朱者赤，海外歸來人士必也難逃「華獨」的魔咒。繼而將導致台灣人的國家認同模糊且混亂，也會把台灣國家處境推入更深一層的危殆。

邱新德先生清楚明白，認盜作祖、偽裝假華人的台灣人士宣稱是有台灣意識的反對者，正是陰狠之蔣經國刻意培養出來的。因為，強盜的同伙要騙被害人（台灣人）開門揖盜並不容易；若自稱是強盜的反對者，則要引誘被害人（台灣人）出門迎接就太輕而易舉了。而「華獨」正是蔣幫盜匪能在台灣繼養尊處優的保命符。想到這裡，邱新德先生憂心忡忡，以致寢食不安。

就如邱新德先生所料，蔣經國那幫奸狡土匪先在各媒體展開圍剿、撻伐，先製造抓人的合理化氣氛。隨後高檢署才在中國國民黨的指示下，放話要對台灣政治受難者聯誼總會「依法」嚴辦。於是會長魏廷朝、副會長柯旗化趕緊搶先提出辭職，這時蔡有全也才真的擔心起來了。

蔡有全私下向邱新德先生表示，他準備逃亡。邱新德先生也是贊成，留得青山在嘛！由於邱新德先生也窮困，又為了「台灣政治受難者聯誼總會」負了一些債，就包了兩件還沒賣出去的珊瑚雕刻，給蔡有全去賣錢作為逃亡的盤費。後來因為朋友間沒人有錢收藏此二件寶物，就又帶回來還給邱

新德先生。

　　邱新德先生請有替朋友買船偷渡經驗的蔡寬裕幫忙，蔡寬裕和船家談妥，送上岸要價100萬。蔡寬裕說「我們先付前金50萬，但後謝的50萬可能付不出來」。邱新德先生答應蔡寬裕，船家回來後，由他去處理應給船家的後謝款項。可惜因蔡有全自己外洩這本應是「絕對」的機密，偷渡一事就破了功！

　　1987年10月12日中國國民黨開的法院以「叛亂罪」的罪名，收押蔡有全與許曹德。

　　一週後，1987年10月19日，台灣基督長老教會組成「人人有主張台灣獨立的自由」牧師團。擔任牧師團總策畫的林宗正牧師，頭綁頭巾，帶領將近三百位牧師、教徒，與高俊明牧師、羅榮光牧師等人一起走上街頭，在台北市羅斯福路以遊行示威的方式，聲援蔡有全、許曹德。

　　原本，很多人以為「解嚴了」，蔣幫中國壓霸集團應該不敢再像過去，隨便編造藉口就胡亂逮人。然而，這是由於一般人對蔣幫土匪的陰狠不夠瞭解，所造成的單純想像。

　　1988年1月13日，蔣經國死了。1月16日，高等法院急著以顛覆政府罪判處蔡有全有期徒刑十一年、許曹德十年定案。這實在充滿吊詭，1968年在軍事戒嚴時期成立「筆劍會」的邱新德先生，才是真正在著手進行「顛覆那流亡的中華冥國屍皮政府」，判刑六年；解除戒嚴後的1988年，蔡有全僅複頌了一句「台灣應該獨立」，卻被判處有期徒刑十一

年。很顯然的，這是蔣經國死後，郝柏村等那批蔣幫繼承人在宣示「霸權不減反增」。1990年，李登輝就任總統後，才特赦蔡有全、許曹德兩人出獄。

「台灣政治受難者聯誼總會」從1987年7月15日蔣經國宣布解除戒嚴起，由於蔡有全的鬆懈心防，就一路逐漸陷入蔣幫中國土匪的暗算中。先是參與中華冥國流亡屍皮殖民政府分贓的假華人加了進來，蔣經國的特務當然有機會利用暗樁滲透了。原本台灣人靈性清明的難友，在蔣幫中國壓霸集團的洗腦下，有一些人也開始陷入假華人、假中國人的虛妄思維自以為高級，紛紛以競逐名、位為職志，在籌備會中為名位較勁。其中不少是表面上說仰慕邱新德先生、願意追隨邱新德先生，實際上是利用邱新德先生爭取權勢，再伺機排擠邱新德先生。以致1987年8月30日的台灣政治受難者聯誼總會成立大會，就完全在配合蔣經國特務指示之人的操縱中進行了。於是有輕浮的許曹德以「台灣應該獨立」公開突襲，繼之是用捉迷藏的方式選出正、副會長，並設計把他們畏懼的邱新德先生完全排除出去。再慫恿蔡有全複誦「台灣應該獨立」，還公開向群眾募款。

然後，蔣經國那幫土匪要展開追殺前，先通知正、副會長趕緊辭職。若不是一切都在蔣經國的操縱之下，「事後辭職」在蔣幫土匪眼裡哪可能會是清白？許曹德在大會裡公開喊「台灣應該獨立」判刑十年，蔡有全在演講時重複許曹德的「台灣應該獨立」就判刑十一年？是蔣經國死亡了，若蔣

經國還沒死，是不是還會有更讓人驚訝的結果？

　　以上過程，邱新德先生看在眼裡，心知肚明，清清楚楚。其他人似乎沒有幾個能看明白。若不是呆奴化過深，何以蒙蔽到這地步？

「父系西拉雅、母系凱達格蘭，燒成灰嘛是台灣人！」

　　在認盜作祖的假華人配合蔣經國那幫奸狡土匪的操弄下，先是邱新德先生被排擠成局外人，再是蔡有全的被捕入獄，邱新德先生精心策劃的「台灣政治受難者聯誼總會」，就如民進黨的成立一樣，已經淪為蔣幫盜匪用來撐起那在國際上搖搖欲墜之流亡屍皮殖民政府的支柱，更是蔣幫盜匪大搖大擺在國際上偽裝合法性的遮羞布！陰險、狡猾的蔣幫盜匪可以限制邱新德先生的行動範圍，封不住他的嘴、奪不了他的筆。邱新德先生有感於台灣人民必須知道台灣人的歷史真相，籌組台灣文化歷史中心，以台灣為主體性編寫近代台灣事件歷史，持續為維護台灣人的靈性精神，奮力宣傳反蔣幫盜匪的洗腦，並針砭那批為了虛榮名利寧願認盜作祖、出賣台灣的所謂士紳聞達人士。

　　於是，繼出獄後寫了《經驗感受與經驗思考》（文革公司1980年出版）一書，邱新德先生在1990年12月出版第一本台灣紀事月曆。由於有第一本台灣紀事月曆的經驗與傳播，

1992年出版的第二本台灣紀事月曆受到多方的贊助和幫忙介紹，遂引起蔣幫盜匪的警覺，利用媒體圍剿、醜化。等1995年出版的第三本台灣紀事月曆時，內容主題是紀念台灣被出賣的一百年，蔣幫盜匪就祭出威脅手段。邱新德先生五年的努力，終於敵不過台灣人內心的畏懼，為台灣文化、歷史的工作也就嘎然止息。除送人外，第三本台灣紀事月曆，統統搬到垃圾車給丟了。

邱新德先生並不氣餒，仍繼續執筆。《中國禁書：醜陋的中國》（福爾摩沙出版社，1996年1月初版）；《最後的逆旅》（福爾摩沙出版社，1996年6月1日出版）；《漫畫開剖新中國》（草根出版社，2000年10月1日出版）；《勁風之旅》（草根出版社，2000年12月15日出版）

邱新德先生堅持台灣人的靈性精神，堅決抗拒中華冥國那流亡屍皮殖民政府。而現在台灣政客、聞達人士，沉迷於假漢人、假華人毒癮中不能自拔，自甘墮落，心存所謂中國人的「厚黑學」虛妄思維，竟然以假漢人、假華人姿態高舉所謂的台灣意識，迷惑年輕一代。台灣全國，瀰漫著承認中華冥國那流亡屍皮殖民政府的下意識。邱新德先生心中起了疑惑：「台灣人不是古意、善良嗎？那為什麼我越來越不喜歡？因為外來殖民政權以台制台下，屍皮殖民政府的買辦變成鬥士、中國傀儡成為救世主、走狗變成英雄，還被萬民崇仰！這樣被顛覆的價值觀，竟然在台灣到處生根成長！拿著所謂中華台北（Chinese Taipei）招牌出去贏得一

點掌聲，就說是「台灣人的驕傲」。Chinese Taipei就是中國人的台北或是中國的台北。台灣人的優秀和活力，得來的掌聲全給了中國或中國人，順便奉送台北給敵人，台灣人到底在驕傲什麼？如今全世界稱你是台灣，台灣人卻支持中華冥國那流亡屍皮殖民政府而自稱「台灣的名稱就叫作中華民國」、順服所謂的「中國人的台北或是中國的台北」。中華冥國那流亡屍皮政府來自所謂的中國，國際上有誰不知？中華台北（Chinese Taipei）怎麼不是中國的一部份？稱中國為大陸；稱在台灣的支那人為外省人，擺明的就是自甘為中國奴，還騙台灣人說愛台灣、有台灣意識？台灣的現有政客全是吃中國屎長大的，腦袋裝的也全是中國屎，真是一點也沒錯！

尤其甚者，在蔣經國一手操弄下，呆奴化的政客和學者竟然配合起用「白色恐怖」一詞，拿來形容、稱呼中華冥國那流亡屍皮的殖民血腥暴行。「白色恐怖」一詞鋪天蓋地的深入媒體和教科書，徹底扭曲了台灣人的知覺意識。「白色恐怖」講的是：在自己國家政府的暴政下，霸權野心集團鎮壓、清除異議者的殘暴殺戮行為。而台灣是被蔣幫外來盜匪的侵略和屠殺，是「國際黑色恐怖」，哪來的台灣「白色恐怖」？樸實的台灣人因不瞭解「白色恐怖」的定義，被這群政客和學者牽著鼻子走，進而貽笑國際。這也是蔣幫盜匪對台灣人奴化洗腦的後遺症之一。

無知已然是台灣人的命定罪惡，無力感襲擊全身，邱新

德先生對台灣從失望走向絕望。於是，邱新德先生從氣憤、絕望，逐漸步入孤獨、隱居。

　　紐約時報資深記者及專欄作家雷斯敦（James Reston）30多年前，即以「史盲：我們是理智上不設防的」爲題，說：「下一代都沒有了歷史回憶，已成爲史盲（Historically Blind）。」我們相信台灣有「史盲之症」的人更多，因爲「視而不見」、「見而不言」。連所謂中國人的劉靜修（1926年加入中國國民黨，積極宣傳「聯俄、聯共、扶助工農」三大政策；1932年，在成都創辦《社會日報》；1935年1月，《社會日報》因反對蔣介石被查封；1935年後開始向中國共產黨靠攏；中華人民共和國成立後，任中國全國工商聯宣教處宣傳科長）都感嘆：「記錄紛紛已失眞，語言輕重在詞臣；若將字字論心術，恐有無窮受屈人。」雷斯敦（James Reston）和劉靜修的警語，用在台灣才更是貼切，冥冥之中好像是在教訓台灣人。所謂的歷史記載都是「狡猾的壓霸者」所編撰，眞相隱晦。台灣史實被污衊近400年，要揭開台灣的史實眞相尤難。

　　2004年，來自中國國民黨黨軍，狡猾邪惡的李國琛（僞裝成和尚，自稱星雲），見時機成熟，順勢發表一封所謂的致信徒公開信，妄指「台灣本來沒有台灣人，都是從中國各省渡海而來」。在混居的所謂現代和尚與尼姑間，掀起一片「讚嘆師父、感恩師父」的諂媚聲。於是，2009年3月30日，得意的妖僧李國琛（星雲）更於中國的第二屆世界佛教

論壇，不但說「台灣沒有台灣人、台灣哪個不是中國人」，李國琛（星雲）還表示「兩岸你來我往，一家就統一了」。已絕望隱居的邱新德先生只是呆坐，任由內心淌血。

　　到了2014年2月19日，中山女中的退休老師譚家化（曾參與編纂專門洗腦台灣人用的所謂標準歷史教科書），在評論「台灣人要與中國區隔」時說出：「台灣人若要去中國化，就不能拜關公、媽祖，也不能吃中國菜，連姓氏都必須要改回去。」意思是說：「這些宗教、習俗、姓氏都不是你們台灣人自有的，你們既已被我教訓成習慣使用我的宗教、習俗和姓氏，當然必須拜我為祖公、供養我。若不認我是祖公，就得全部改回去你們自己的宗教、習俗和姓氏。但是你們改得回去嗎？」；同年4月1日，被通緝多年，卻能回到台灣又立即交保再無罪釋放的竹聯幫黑幫大老張安樂（號稱白狼），率眾到立法院向反服貿學生挑釁，囂張地叫罵：「你們（台灣人）都是中國人『幹』出來的。」清華大學副校長劉容生還立即出來幫腔說：「白狼只是說了社會不敢說的話；打了學生一個學校不敢打的耳光。」意思是說：「你們既已認我這盜作祖，我這強盜罵你是我幹出來的龜兒子、龜孫子，也是剛好而已」；所謂的中國人把以上齷齪傾倒在全體台灣人身上，這些污穢和羞辱，只見激起一些樸實台灣人的憤怒。這怒氣卻完全被認盜作祖之台灣政客，以「假華人姿態自以高級的默默認同」所掩蓋。這時，忽然間邱新德先生就如受到祖靈棒喝般，多年前和女兒的一段對話浮上心

頭：

邱新德先生的女兒：「『台灣人』三個字台灣人自己都無法定義，台灣還有何希望可言！」

邱新德先生：「『台灣人』三個字台灣人自己之所以再無法明確定義，是蔣幫盜匪利用見利忘義的所謂現代台灣士紳（尤其是政客和聞達歷史學者）醞釀出來的。蔣幫盜匪在中國國民黨內栽培了謝東閔、林洋港、吳伯雄、李登輝等人；在中國國民黨外培養了民進黨，這些人就都以假華人姿態自以為高級了。於是，假華人『高級』台灣人壓得樸實台灣人鴉雀無聲。尤其在李登輝當了總統之後，為了效忠提拔他的蔣經國，把台灣說成是移民社會。以他的身份高度，挾著所有資源的宣傳力，加上台灣人情結的民族性，這種毒化與殺傷力在台灣所向披靡，『台灣人』這三個字的定義才逐漸被混淆，於是台灣人的國家認同開始模糊且混亂，也造成今日台灣國家處境的危殆。」

就這樣，沉默了15年的邱新德先生想到，「筆劍會」的昔日同志老友，都垂垂老矣。除了兩、三位還在連絡，有中風不能言語住在外國的，有的一個一個走了，也有的早已失聯生死不知。這不是一幅淒涼的晚景，而是一種生命孤寂的必然。但邱新德先生看看自己，以七十多歲的年齡，身體還是如此健康、硬朗；頭腦仍如年輕時一樣清晰、敏銳，必是有祖靈眷顧。他覺悟不可以辜負祖靈的眷顧，必須善盡身為台灣人的責任。但是，台灣的言論通路和檯面，已完全被蔣

幫盜匪和認盜作祖的假華人所盤踞，邱新德先生又是他們長年來所畏懼、所打壓的對象，邱新德先生能走的只剩通行無阻的網路世界。於是，邱新德先生奮起，從頭學用電腦，於2014年的7月8日（46年前，他爲台灣蒙難、受苦的日子）勉力登入臉書，嘗試透過臉書打出一條路徑，以4年的時間，每天爲台灣人的靈性精神留下可以烈焰延燒的火種，也爲台灣百年來的歷史眞相留下見證。結果如何，就看台灣人自己的抉擇和命運了，至少邱新德先生要盡一個身爲台灣人的責任。

2015年6月10日，前教育部高中課綱檢核小組謝大寧說：「台灣歷史課綱有高度政治性，不是要闡述（眞實）歷史，而是要把不同來源的人凝聚爲共同的『國族（中國）』，建立『我群（中國）』意識。」，意思是說：「70年來，我們高級中國人對你們原台灣人的洗腦過程，就是故意用精心僞造之歷史教材達成的，這套教材你們已用了70年，現在你們堅持這些雞毛蒜皮的小事，到底能改變什麼？」。

以上在在顯示，所謂的中國人，不論所謂的學者、流氓或是政客，他們都非常清楚，原台灣人是和他們完全不同的民族，是他們搶來的奴隸。深陷重症「斯德哥爾摩症候群」（台灣受虐症候群）之台灣政客和所謂文史學者，卻還是以假華人姿態自以高級，默默的沾沾自喜或自鳴得意，也連累眾多台灣人被所謂的中國人以「送你這呆奴一個祖公」譏

笑。邱新德先生繼續在臉書上執筆的毅力就更為堅定了。

　　曾經在電視上自稱是華人的李筱峰，在電話上對邱新德先生說：「邱ㄟ，彭教授、張炎憲、我都去做過DNA檢測，你也去檢測一下，袂歹啦！」

　　邱新德先生心裡嘀咕：「唉，繞了一大圈，你們還不是回到假華人自我感覺良好的原點？林媽利教授經過DNA檢測，已確定你們絕不是所謂漢人的後代，你們還不是把『從台灣傳播出去的所謂南島基因』，硬拗是來自百越地區的所謂華人（還是自以為高級？），死不悔改。被徹底呆奴化後的台灣人，連聰明的所謂高級知識份子，都還是堅持順應中國人的洗腦騙術，迷信台灣人是由唐山過來的謊言，刻意掩蓋史實真相，更拒絕承認科學驗證的DNA檢測！甚至故意扭曲事實，以合理化自己的認盜作祖！這種至死不悔，自以奴化為高級，當然永遠難逃所謂中國的魔掌。」

　　不過，邱新德先生仍然走了一趟林媽利教授的DNA實驗室，因為他要自己拿出證據，昭告所有還自以為是所謂華人的朋友：「你（妳）們身中的中國毒太深了，現在可以清醒了吧！」。驗出的結果正如事實，邱新德先生父系西拉雅；母系凱達格蘭。

　　要去檢測前，周清玉對邱新德先生說：「你邱新德燒成灰嘛是台灣人！」

　　蔡有全卻有意勸阻，說：「證實血緣、談血緣，對台灣建國與復國的工作不好啦！」

邱新德先生回答：「有什麼好或不好的，事實就是事實。既是台灣人，爲何不能面對事實？台灣人慷慨又坦蕩蕩，只有台灣政客和所謂的士紳，精鍊那所謂中國『厚黑學』，沉迷於中國式的虛妄思維，才會去所謂的中國尋認所謂的假接根，畫位入座，以滿足自以爲高級的虛榮心。這方面，中國國民黨和中國共產黨都是心知肚明、一清二楚，中國不必統戰他們就自願投降了！台灣是南島民族的發源地，與所謂的漢人、華人或中國人一點關係也沒有。現在多數台灣人不是被洗腦後的無知，就是呆奴化後不願面對原本的自己。所以台灣人的眞實意識若不重新建立，台灣與台灣人在世界上永遠沒名份，台灣國就無從實質的成立。回到台灣的自我認同才是根本，正名制憲只換標籤，內容依舊是所謂中國的流亡政權。台灣人要走的路是必須正本清源，簡單的說，就是應徹底去除所有的『中國化』。」

什麼一個中國、兩個中國與台灣何干？所謂的中國人無惡不作、無陋不爲，唯有「世界上只有一個中國」這句話說得對。中華人民共和國堅持「一個中國」；國際上同意「一個中國」，意思是中華冥國流亡團體應該回歸眞正的中國才合理，正是在給台灣復國、建國的機會。是台灣政客自己撐起那早該葬回中國的中華冥國流亡屍皮，還緊抓著不放，才引來中華人民共和國的打壓與覬覦，陷台灣於不義和危殆。要不是台灣聞達人士（尤其是政客）硬把臉皮緊貼著所謂中國人的屁股，不論是1971年10月25日中華冥國流亡

屍皮政府的被踢出聯合國，或是1972年2月27日美國尼克森總統的宣佈中華冥國流亡屍皮政府已死亡，台灣（Paccan，Formosa）的復國或建國，在世界各國的力挺下，都應該已經成功了！

台灣政客為了眼前的既得利益和自以為高級的虛榮，自己走向那所謂中國的虎口，不惜拿台灣和全體台灣人當獻給中國的貢品。真是無恥至極、罪無可逭！

更悲慘的是，不只台灣政客，眾多台灣聞達人士（尤其所謂的學者）陷入「斯德哥爾摩症候群」的心理扭曲，養成「功利為先，尊嚴放一邊」的惡習，紛紛認盜作祖自以為高級。他們假漢人、假華人當上癮了，更鋪天蓋地的誤導眾多台灣人輕易誤以為自己是所謂唐山人、漢人的後裔或華人，導致今日台灣人的國家認同模糊且混亂，是造成今日台灣國家處境危殆的禍首。說這些台灣聞達人士可悲，卻更是罪大惡極！

邱新德先生似乎是台灣祖靈特意為台灣前途留下的一絲希望。在陷入「斯德哥爾摩症候群」心理扭曲、充滿中國式虛妄思維的台灣政客以及眾多台灣聞達人士（尤其所謂的文史學者）之操弄下，不少台灣人已相當程度異化為所謂的華人，並養成「功利為先，尊嚴放一邊」的惡習。台灣民族的命運，老實說凶多吉少！而不少台灣人也已相當程度異化為所謂的華人，台灣人的靈魂已經殘破不堪，所剩無幾。台灣的希望，以後就看台灣普羅大眾能不能及時從被洗腦的中國

式虛妄思維中清醒了！想要經由現今已假漢人、假華人當上
癮的台灣政客挽救台灣，看來真是緣木求魚！

第四章
理性台灣人的疑問

菲律賓板塊深入歐亞板塊的台灣

王先生問：「花蓮東方外海又連續地震了。台灣是多地震，但爲何台灣地震的震央以發生在花蓮東方外海爲最多、最頻繁？若是自古即如此，有沒有地理或歷史的關連性？」

埔農：

台灣位居太平洋火環帶邊緣，又處於歐亞大陸板塊和菲律賓板塊的推擠區，加上各既有斷層，當然多地震。但是，震央以發生在花蓮東方外海爲最多、最頻繁，是有地理和歷史的因素在的。事實上，只要明白台灣（Paccan）歷史就能夠瞭解。

公元前1萬零950年，因彗星撞擊地球引起大規模火山爆發和地震（即1萬2968年前，地球開啓新仙女木小冰河期（Younger Dryas）之時），導致現今台灣東岸和與那國島（住的是台灣人）之間的一大片平原陸地沉入海底。現在的

台灣島，是因為所謂的菲律賓板塊在底下撐著，當時才沒有一起沉沒入海底。天佑台灣！事實上，台灣由北到南，一直以每年二至五毫米（mm）的速率上升著。

近1萬3千年前才崩塌，算是很新的地層地質，必然會有壓實和再塌陷的交互作用持續著，這就是花蓮東方外海一直常有地震發生的原因。須等到這地方地層地質穩定後，這地方發生地震的頻率才會減少。

英傑：「台灣每年上升二至五毫米？台灣不是很多地方都有地層下陷的問題嗎？」

埔農：

台灣發生地層下陷的地方，有三種原因：1.沿海的海埔新生地，土地還在壓實過程中；2.超抽地下水，致基底掏空；3.斷層附近因地震錯動而顯現滑落。就整體而言，台灣土地每年上升二至五毫米是無疑的，各國以精密儀器監測的結果都一樣。」

中國壓霸集團的邪惡伎倆

邱先生問：「我現在已明白多數的台灣古今真相，但我驚訝的是，就在數十年間，蔣幫中國壓霸集團居然

能幾乎把所有台灣平地人口呆奴化，讓台灣人輕易誤以
為自己是漢人或華人後裔，不少人心理上還充斥著所謂
中國式的虛妄思維。我一向自認善於慎思明辨，以前也
是被騙得團團轉。我真訝異，蔣幫中國壓霸集團除了陰
狠、妒恨，竟然手段也如此精明厲害！」

埔農說：

蔣幫中國壓霸集團是陰狠、妒恨又精鍊「厚黑學」沒
錯，但他們能在幾十年內把多數台灣人呆奴化，並非他們自
己有精明厲害的手段。

蔣幫中國壓霸集團是希特勒的信徒（中國共產黨也是，
尤其蔣介石、毛澤東），羨慕德國納粹的種族優越霸權主
義，效法「納粹」做法不遺餘力。蔣幫中國壓霸集團能幾乎
把所有台灣平地人口呆奴化的手段，是學自納粹德國的國民
教育與宣傳部部長戈培爾（Paul Joseph Goebbels）。戈培爾
的名言是「謊言說一遍沒有人會相信，可是說上一百遍就會
有一些人相信；若說上一千遍，那謊言就會變成了真理（A
lie told often enough will become truth.）」。

戈培爾的狡猾理念獲得希特勒的重視，於1926年被任命
為柏林・布蘭登堡大管區的領導者，讓戈培爾開始試驗、執
行他的謊言洗腦手法，結果真的非常成功。1932年，納粹黨
在德國議會選舉中獲勝，希特勒於1933年出任德國總理，於
是任命戈培爾為國民教育與宣傳部部長。戈培爾上任後第一

件事即是將納粹黨所列禁書焚毀，他對德國媒體、藝術和所有資訊的極權控制隨之開始。戈培爾就任兩個月後，即在柏林和幾個重要大學城進行焚書活動，將所有不符合納粹種族優越霸權主義的著作和文書全部焚毀；將所有異議人士拘禁或處死。結果，在短短的十年間，戈培爾就幾乎將全德國人口洗腦成納粹種族優越霸權主義的追隨者。中國蔣幫壓霸集團和共產黨深深羨慕和佩服，遂以「有為者亦若是」加以效法。由於蔣幫中國壓霸集團的腐敗、貪污過度囂張，忽略了掌控洗腦宣傳之前置作業的重要性，導致眾叛親離，窮途末路之後只得逃亡到台灣。有了在中國的教訓，蔣幫中國壓霸集團一抵達台灣，立即嚴厲的執行戈培爾的手法，將所有不符合蔣幫中國種族優越霸權主義的著作和文書全部列為禁書或焚毀；將所有反對人士拘禁或處死，同時鋪天蓋地的掌控媒體、藝術、小說、戲劇以及所有資訊的傳播，並從各級學校教育施行洗腦宣傳，奠定蔣幫中國種族優越霸權的穩固基礎。

　　明世：「毛澤東曾幾次大言『假話說100遍就變真話』，看來毛澤東的中國共產黨是戈培爾進化版，比蔣介石的中國國民黨厲害。」

　　埔農：
　　毛澤東的中國共產黨是陽謀，蔣介石的中國國民黨是陰

狠，手法、路線有差，但同樣是毫無人性的狠毒和凶殘。

　　凱：「可是，希特勒和他的納粹黨垮台後，大部分
德國人很快就能從納粹黨的洗腦催眠中清醒。反觀台
灣，台灣的史實證據已被攤開20多年，台灣人自己執政
也有10年，為什麼能完全從中國壓霸集團之洗腦催眠中
清醒的台灣人還是不多呢？」

　　埔農：

　　其實，蔣幫中國壓霸集團之所以能幾乎把所有台灣平地
人口呆奴化，除了效法戈培爾的理論和手段外，更主要是當
時的台灣時勢所造成。當時台灣有少數漢化深、學習中國厚
黑學的所謂士紳供他們利用，他們全面掌控了學校教育和社
會教化，台灣人要掙脫蔣幫中國壓霸集團的洗腦是非常困難
的。

　　清據時期台灣少數漢化深、學習厚黑學的所謂士紳，勾
結滿官、認盜作祖。這等所謂士紳，繼而屈膝恭迎日本侵
台；後又鑽入蔣幫中國壓霸集團肆虐台灣的行列。日本侵台
時赴唐山的假漢人士紳，當發現唐山人的實質野蠻，在唐山
又已無被利用價值，大多數還得以黯然逃回台灣。而去歡迎
蔣幫中國壓霸集團侵台的假漢人士紳，在發覺被利用後即被
丟棄時，已無路可逃。除了一樣自取其辱外，不少更身受其
害，也連累十多萬名靈性清明的台灣人遭到殺戮。賣祖求

榮，專門爲蔣幫中國壓霸集團領路的連震東、黃朝琴等人，則因爲持續有利用價值，且甘做走狗、馬前卒而不悔，還能拾取碎肉殘羹，自鳴得意。這些狐假虎威、賣台抽取傭金的假漢人、假華人「半山仔」，後來確也引誘不少意志不堅的台灣人後繼加入其行列。這批早先的假漢人、假華人協助蔣幫中國壓霸集團，製造出現今眾多身陷中國式虛妄思維、自以爲高級的假漢人、假華人台灣聞達人士。蔣幫中國壓霸集團利用學校教育和藝術、小說、戲劇等社會教化，僞造虛妄的所謂中國歷史，虛構台灣原是蠻荒之地的謊言，全面且不停的重複放送洗腦；再加上讓假漢人、假華人的台灣聞達人士自以爲高級，自甘爲中國壓霸集團搖旗吶喊，才使得台灣人要掙脫蔣幫中國壓霸集團的催眠十分困難。

在台灣所謂政黨輪替的前後，在檯面上操縱、發揮影響力的，還是這批羨慕中國式虛妄思維的台灣聞達人士。他們假漢人、假華人當上癮了，自以爲高級，更是滿身中國的厚黑學，鄙視自己的祖先。他們充斥在台灣社會的上層，掌控學校教育和社會教化，也全是以蔣幫中國壓霸集團的那一套洗腦謊言，用小說、戲劇來支撐台灣聞達人士自己假華人的自以爲高級。這是今天不少台灣人誤以爲自己是漢人或華人後裔，不少人心理上還充斥著所謂中國式虛妄思維的原由。

事實上，台灣人原本清明智慧，要不是這些認盜作祖的台灣聞達人士附和中國壓霸集團之搖旗吶喊，蔣幫中國壓霸集團要全面把台灣人口呆奴化是不容易成功的。所以，這些

認盜作祖、充滿中國式虛妄思維、自以為高級的所謂台灣聞達人士，是導致今日台灣人難以全面覺醒、國家認同模糊且混亂的主要來源；更是造成今日台灣國家處境危殆的禍首！

因此，理性清明的台灣人，必須一起努力，盡全力攤開史實證據，並廣為傳播台灣的靈性智慧文明和文化，因為這是唯一能叫醒台灣人的響鈴，也是台灣未來之希望所繫。

中國人蔚為風潮的奇觀 —— 杜撰族譜

王兄說：「《解碼福爾摩沙古文明：續認台灣古今真相》裡的舉證，說明了清國據台時期所謂『台灣士紳』的偽造所謂家譜、族譜，是來自明、清時期專門為支那人偽造世系、家譜的譜匠。又說『直到今天，在所謂的中國還是存在譜匠這種行業，專門在替浮誇、裝面子成性之所謂華人偽造所謂的世系、家譜』；是有舉出一件現在所謂中國的實地照片。但是，就這麼一個譜匠業者，實在不能說是『專門在替浮誇、裝面子成性的所謂華人偽造所謂的世系、家譜』，因為所謂的華人太多了！」

埔農回答：

明、清時期的「譜匠」已難以追查，只能從《華夏姓氏

之謎》書中看出事實。而今天在所謂的中國仍然到處存在譜匠這種行業，要查證就容易得很。僅埔農所知就有：盛世家譜坊公司、尚知堂家譜坊、崇文堂家譜坊、郭毅家譜坊、塗金燦家譜傳記機構、閻晉修家譜坊、張德文家譜坊。夠多了吧！其他埔農不清楚的所謂中國之譜匠業者，就不知有多少了！

　　盛世家譜坊公司，總公司地址：山東省菏澤市。開了好幾家分店，菏澤店地址：曹州音樂學校三樓（中華西路菏澤月明珠大酒店對面）；桃源店地址：曹縣桃源集鎮政府東一百五十公尺。

　　羅氏仿古籍家譜製作工坊，地址：浙江杭州市新登鎮雙聯工業區上柴場五號。

　　張德文家譜制作坊，地址：安徽省合肥市肥東縣石塘鎮。

　　閻晉修家譜坊，地址：四川成都芳草西二街，永豐路等另有分店。

　　尚知堂家譜坊，山西。

　　塗金燦家譜傳記機構，地址：北京中關村創業大街。

　　郭毅家譜坊，北京。

　　崇文堂家譜坊，地址：山東沂南城西諸葛亮宗祠大門口漢街南段。

　　以上單一家尚知堂家譜坊，就曾替五百多個姓氏偽造了一萬多部家譜。其中的閻晉修本是山西人，長大後卻跑到四

川去替四川人偽造所謂的家譜，其中包括鄧小平和徐向前。
這些譜匠除了替人偽造中晚期的所謂家譜，而且把每一個所
謂的族系都扯上所謂的黃帝、夏、商、周，眞是厚黑無敵！

　　其實這些譜匠都是互相抄來抄去，還經常抄錯。可笑的
是1948年後，認盜作祖的台灣聞達人士在蔣幫中國壓霸集團
的誘導下，偽造所謂的家譜、族譜，也是閉著眼睛，把這些
譜匠的虛構文書照抄，甚至連所謂的黃帝、夏、商、周也都
高掛上去！

　　下面這張照片，是從支那（所謂中國）的家譜坊翻印來
的，顯示的是，中國譜匠杜撰所謂華人姓氏家譜時所使用的
套譜。

　　進和：「哇……眞是不可思議，怎會有這種行
業！」

　　埔農：

很多中國式的虛妄思維，是心靈清明的台灣人
（Paccanians）所無法想像的。

　　Yen：「所謂的中國真有這麼多這種專門替人假造
所謂家譜、族譜的行業嗎？我不是不相信埔農老師，實
在是因為這太不可思議了！」

　　埔農：
　　埔農知道「這實在非常不可思議」。其實，很多中國式
的虛妄思維，都是心靈清明的台灣人（Paccanians）所無法
想像的。正好埔農手邊有幾張所謂中國的家譜坊之實地照
片，就拿出來給大家瞧瞧。
　　看看這「訂製家譜」、「貴族文化完善」！這種為了愛
慕虛榮，竟公然塗抹化妝，半路隨便認祖的毫無羞恥心，並
丟棄家族尊嚴，真是無恥得令人不敢置信！

　　Yuanming：「我們家的墓碑也是寫廣東饒平，可能
別人的。後來又改為濟南。因蔡氏宗親會自稱從濟南來
的。

　　埔農：
　　「廣東饒平」是早期受誘導而寫，「濟南」則是抄自
「專門在替浮誇、裝面子成性的所謂華人偽造所謂『世

系』、『家譜』之現時中國譜匠」的套譜。

崇文堂家譜坊

這是張德文的家譜制作坊。

這是張德文在展示一本剛替人製作好的所謂家譜、族譜。

還精心加入古字；用宣紙仿古籍印刷，再線裝成書，以製作成唯妙唯肖的所謂家傳寶錄。

尚知堂家譜坊

台灣人不是中國人再解惑

James：「媽祖是不是『漢化』的聖母瑪莉亞？因
為聖母是有遶境的習俗，而所謂中國其他神祇都沒有這
套東西。」

埔農：

媽祖其實是福建湄洲一地的地方迷信而已，清國派台的
唐山人滿官，基於對台灣的妒恨情結，就利用福建之地方迷
信加強其呆奴化台灣人的邪惡用心，所謂的媽祖只是其中之
一。所謂的遶境，是宣揚威權神力，附帶恐嚇和威脅，壓迫
台灣人屈服。

清國侵台執行強制漢化，在勢力所及的地方（土牛紅線
或隘勇線內）到處設置社學，強制冠漢姓、取漢名。「生
番」被教訓成為「熟番」後，社學再轉為廟學（建唐山
廟），同時以其各式唐山迷信和習俗繼續訓化「熟番」成為
「漢化民」。「熟番」被教訓成為「漢化民」後，才另立所
謂的「漢學堂」。「廟」與「學堂」分立後，原「廟學」的
「廟」就成了專門從事唐山迷信的演練。由社學轉廟學時，
唐山人教員、教官都是以其家鄉信仰強行改造台灣人。所
以，台灣才會到處有供奉玄天上帝、觀音、土地公、城隍
爺、媽祖等怪力亂神的廟宇（詳見《台灣古今真相》P.357-
358），後來這種迷信的深化更演變出什麼仙姑、王爺、將

軍等等亂七八糟的迷信，加上奴化之媒體和戲劇的推波助瀾、迷惑台灣普羅大眾，就更深化了台灣民眾的呆奴化精神。

事實上，自20世紀起，所謂的中國就嚴禁這些迷信；入侵台灣的蔣幫壓霸集團自己也不信這一套。70年來蔣幫壓霸集團為了加深奴化台灣人；如今所謂的中國人為了統戰，特意在福建局部地區和台灣之間，把這些迷信加以連結炒作，這是精神版的種族清洗運動，而且已經是自清國侵台以來的第二次加強版。

現行所見的各種宗教，大都是利用人們對無知境界的恐懼與盼望之情緒，以神化傳說令人心生敬畏，再給予無限時空的期待，以吸引信眾。但是，一般宗教至少還有精神層面的正向修養和教誨，也鼓勵和平、互助和合作，更不會有局限特定地方和族類認同的操作。在台灣，台灣人被洗腦的唐山信仰，則只有迷信和愚弄，而且是「局限特定地方和族類連結的操作」以及「弱智化的洗腦導向」，並受心懷不軌之人的操弄，得利者永遠只是宮廟主持人、神棍、勾結的政客以及壓霸侵略者；對信徒而言，全然是負面的洗腦，沒有任何正面的影響，這就是廣義邪教的本質。

這種邪教的本質，被中國壓霸集團刻意用來呆奴化台灣人！現在所謂的中國為了統戰，在台之中國人以及台灣假華人、假中國人特意配合中國的統戰，檯面下由政客勾結神棍把這種呆奴化的迷信炒熱；檯面上則一再經由媒體和所謂的

民俗學者或專家重複宣揚，以魔音入腦玩弄迷信，加深呆奴化的洗腦，遂形成另一種令人頭痛之「台灣人的悲哀」。

　　Yuanming：「最近聽廣播說雲林有一鄉姓丁的一族是阿拉伯人的後代，不知真否？中部有粘姓，這不是女真人的後代嗎？」

　　埔農：

　　台灣人（Paccanians）被唐山清國滿官強制漢化、冠姓，使用常見唐山姓當然較多，但被施加稀有姓氏的也有一些（原因不一），並不是被掛上罕見姓就是外來者。埔農有幾位朋友就是姓粘和姓丁，他們都是完完全全的原住民。

　　其實，要釐清是否原住民台灣人（Paccanians）很容易。因為清國據台有嚴刑峻罰的「渡台禁令」，絕不可能有外人能入籍。若說是日據時期來到台灣，則日本官方有很詳細的記錄，去申請日據時期戶籍影印本即可證明。所以，除非他們家庭是隨蔣幫中國壓霸集團來台的難民，則絕對不可能不是原住民台灣人（Paccanians）。驗DNA也行，麻煩一些就是了。

　　Yuanming：「淡水廳誌：稱社者番居也，堡者民居也。如果祖先是住在堡的，就不是所謂的番吧！」

埔農：

　　祖先住在堡，還是台灣原住民。「堡（保）者民居也」的「民」是指「已被漢化者稱民（漢化民）」。清國侵台執行強制漢化，台灣人當然抗拒，台灣人局部的小規模抵抗持續不斷，唐山人滿官其實都是蠶食般一步一步進逼。清國唐山人滿官對漢化後的社就稱「保」，是取「互保連坐」之意，遂行高壓嚇阻式管理。數堡（保）集合爲「莊」，這是依治理唐山的制度而來。例如「渡台禁令」以及唐山的「出海禁令」裡，就記述很多。大清會典事例七百七十五：「令逃民限期回國。潛匿不回，船戶、舵水照窩藏盜賊治罪；出結之『族鄰』、『行保』，杖一百、徒三年。」；藍鼎元的〈經理台灣疏〉：「凡台灣革逐過水之犯，務令原籍地方官收管安插，左右鄰具結看守。如有仍舊潛蹤渡台，將原籍地方官參處，本犯正法，『左右鄰嚴行連坐』。」

　　念清：「Paccan是否北港的發音？」

埔農：

　　不，Paccan是台灣這國度自古以來的名稱，範圍北至Diau-i Da-ah列島（清據時期被稱釣魚台列島），南至七星岩列島（鵝鑾鼻南方的島礁。鵝鑾鼻（台灣語是Eluanbi），因海灣上有顆石頭很像船帆而得名，Paccanians（台灣人）稱船帆爲Eluan），東至Yonaguni（與那國島。1萬2968年

前，即西元前1萬零950年，因彗星撞擊地球引起大規模火山爆發和地震，現今台灣東部外海的一大片Paccan土地才沉入海底。Yonaguni是當時所留下來的一小部分，島上的居住人口到現在仍然是說著原台灣語（Paccanian）），西至Pescadores群島（被唐山人取頭尾諧音稱爲澎湖）。

至於現在雲林縣的所謂北港，Paccanian（台灣語）是Ponkan，唐山人寫爲「笨港」。1887年（清國光緒十三年）雲林設縣，笨港才改稱北港（說是意指笨港溪之北）。

由於唐山人16世紀以前完全不知道福建東方海上有Paccan這一國度，更完全不懂Paccanian（台灣語），唐山人進入台灣後，就隨便以福佬語近音寫Paccan各地的地名。例如：

早期（1600年前後）橫渡黑水溝僥倖存活，抵達Paccan的唐山逃犯，首先登陸Paccan的Dorcko（哆廓，今台南下營區），Dorcko人以Paccanian（台灣語）「Dai-Wan」（你好，歡迎你）招呼、問候。這是唐山人聽到的第一句Paccanian（台灣語），唐山人就以「台灣」（Dai-Wan）稱呼Paccan的Dorcko這地方。唐山人帶領荷蘭人到Dorcko時，荷蘭人就跟著稱Dorcko一地爲Tayowan。荷蘭人把主要根據地遷往一鯤鯓時，也再稱一鯤鯓爲「台灣島」（Isle of Tayouan）。後來唐山人帶領荷蘭人向四周的Paccan土地逐步擴張勢力，所到之處，皆不斷聽到Paccanians（台灣人）同樣的「Dai-Wan」熱情招呼、問好聲，唐山人才改以台灣

稱呼全Paccanian這塊土地。為與全台灣區別，唐山人就把荷蘭人的所謂台灣島（Isle of Tayouan）改寫為『大員』。福佬語發音，『大員』、『台灣』都是Dai-Wan。

清國派台唐山官員，任期短的不足一年，最多三年一任，且又都是剛到台灣就已在盤算歸期。由於心不在台灣，任內文書多數是個自隨意記下，所以同一地名常出現福佬話近音或同音的不同用字。例如：先是哆囉嘓（Dorcko），後寫成倒咯嘓；先是台灣內海（台灣族人原稱鹿耳海），後寫成倒風內海；先是禾寮港，後寫成蚵寮港（福佬話禾、蚵同音）；先是北汕尾，後寫成北線尾；先是外汕洲仔，後寫成外傘洲仔；先是外汕頂洲，後寫成外傘頂洲（其實，線、傘是錯字，原「汕」是指水中沙丘），都是唐山官員依據福佬語音隨手寫下的不同用字而已。台灣文史學者不察，難怪會搞得暈頭轉向。

明末的1610年以後，才有中國福建龍溪的張燮，從西班牙人、葡萄牙人口中得知東方海上有Paccan這一國家，就在他於1617年所寫《東西洋考》一書中的附錄中順便提到Paccan（《東西洋考》本文並未提到Paccan（台灣），卻對西南洋敘述甚詳），張燮就是寫為北港。但也僅在《東西洋考》提過這麼一次，以後就再也沒有人提過Paccan了。

埔農曾有想過把Paccan寫為「琶侃」，但只是埔農個人想法，埔農一直不敢自作主張。這茲事體大，必須由靈性智慧、理性清明的台灣人共同決定才可。

　　Yen：「直到日本據台早期，台灣平地還是有些婦
女綁小腳，她們是不是有可能會是唐山人後裔？」

　　埔農：

　　台灣平地婦女是有因被迫漢化而綁小腳的，埔農父母的
母親都是。

　　清據時期完全沒有唐山人的後裔留在台灣，埔農已舉出
上百條證據；林媽利教授的DNA檢測也已證實，72年前的
台灣人完全沒有所謂的華人血緣。福佬語系台灣人與客家語
系台灣人本來都是台灣平地原住民，是因為接受不同來源的
唐山滿官所強制漢化，才被分化成兩個不同語言和習俗的區
塊，台灣人與唐山人（所謂的漢人、華人、中國人）一點關
係都沒有。台灣平地人口被強制漢化，台灣平地男人剃髮留
辮、婦女綁小腳，是被清國唐山人滿官肆虐的結果。日據時
期宣導「剃髮留辮、綁小腳」是不雅、殘害婦女的行為，頭
髮長得快，台灣男人的剃髮留辮很快消失，但婦女綁的小腳
既已定型，只能隨年凋零。

　　Yuanming：「馬偕回憶錄裡說：台灣（北部）的漢
人，自稱來自山西。怎會有此一說？」

　　埔農：

　　清末來台的加拿大傳教士馬偕（Rev George Leslie

Mackay），於1871年12月30日到台灣之前，已先在唐山
的廣東、福建居住過，對於所謂漢人、唐山人或支那人
（Chinese）早有了先入為主的刻板印象。馬偕來到台灣，
首先接觸的都是台灣假漢人的所謂士紳；對台灣平地人口之
認知，也全是來自台灣假漢人的所謂士紳，就誤以為說福佬
話或客語者是所謂的漢人或唐山人。加上這些假漢人士紳早
已認盜作祖自以為高級，當然會向馬偕誆言祖先來自支那何
地，馬偕也就信以為真了。

不過，您所提的「馬偕回憶錄裡說：台灣（北部）的漢
人，自稱來自山西」則是另一種情況，完全是以訛傳訛。是
眾多現代的胡說八道之一而已。

《馬偕回憶錄》說的是，在馬偕所建「賓威廉教會」遺
址下方有「巴賽祖師廟」（旁邊被建了一座慈仁宮廟），巴
賽祖師廟內神桌下有塊4400年前的碑文，牆壁上到處都是所
謂番人的雕刻、圖記等，兩旁各有一幅番人畫像，是三貂新
社潘姓家族的祭祖祠堂。裡面正中央神桌上牆壁嵌有一個石
碑，石碑上有「山西祠」三字。但請注意，這「山西祠」三
字旁邊有一行碑文特別寫著：「祖曰來自『山那賽』閩音譯
之山西也」！也就是，這「山西」是被迫漢化後由Sanasai
音譯而來，祖先是稱為Sanasai的地方人。這從三貂社裔孫
潘氏祭祀公業建立的祠堂，以及貢寮鄉第九號公墓的潘姓墓
塔、山牆，都同樣寫著「山西」的字樣即可明白。因為這出
現「山西祠」三字的宗祠，明明白白寫著「巴賽祖師廟」。

康熙五十六年諸羅縣志坊里，記載台北地區有十社，其中的
山朝社，即為今日雙溪鄉、貢寮鄉一帶平埔番社。山朝社即
為三貂社的福佬音之另一種寫法。「山朝」、「三貂」的稱
呼來自西班牙人，可能是17世紀初西班牙船隻行經台灣東北
角此一海灣，船上水手見到海岬外伸，又有三座小峰比鄰排
列，恰似其故鄉聖地牙哥城，遂稱此地為「Santiago」，被
音譯為「三貂角」。因此，三貂角灣附近的部落，後來便被
稱為三貂社或山朝社。依據日本學者伊能嘉矩採集的資料，
三貂社應該是一個原稱為Sanasai的地方。

　　而且，此地附近的所謂「潘」姓家族，都還一直知道，整個家族是「凱塔格蘭（Ketaganan）社番」。所以，絕對沒有所謂「馬偕回憶錄裡說：台灣（北部）的漢人，自稱來自山西」這回事！請看左下的照片，是當地「潘」姓台灣族人特別豎立的碑牌：

　　日本人伊能嘉矩和馬偕一樣。日本人伊能嘉矩來台灣之前，也是完全不瞭解台灣四百年來的史實，等接觸了說著不同語言的台灣人，伊能嘉矩發現「土地不大的台灣竟然有各種不同的口音」，使原本就對人類學懷有興趣的他，轉向做「清國漢化民」以外的所謂台灣「異民族調查研究」。在早期所謂台灣士紳和現代台灣聞達人士「認盜作祖」的影響下，伊能嘉矩與同事田代安定的調查研究，遂成了後繼的世界人類學者認知和研究台灣人（Paccanians）的基礎。外國人這種因為不瞭解事實造成的錯誤認知，卻也變成今日假漢人、假華人當上癮了的台灣聞達文史學者繼續「認盜作祖」的藉口。這是「先掩飾真相，再倒果為因」的所謂「中國厚黑學」手法。台灣聞達文史學者自己深陷中國式的虛妄迷思，大言不慚地幫助中國壓霸集團繼續洗腦台灣人、奴化台灣人，事實上就是在出賣台灣！

　　馬偕、伊能嘉矩等外人因無知導致之誤解，是台灣人（Paccanians）的無奈。而台灣聞達文史學者不論是被「蔣幫中國壓霸集團帶來專門偽造歷史、洗腦台灣人的黃典權等人」牽著鼻子走，還是一如早期所謂台灣士紳「認盜作祖」

的這麼「不覺可恥」，都是讓人萬分痛心！

　　Shelley Nagata：「老師，您書上曾經提過，『與那國』島這個地方也是我們台灣族人，我第一次聽到與那國是我的日本同事告訴我的，可是上網查資料，似乎很少，朋友也都沒聽過，是否可以告訴我有關這個地方的歷史，或是要去那裡找資料。」

　　埔農：

　　「與那國島（Yonaguni）」居民完全是我們台灣族人（Paccanians）。1萬2968年前因彗星撞擊地球引起大規模火山爆發和地震，宜蘭東部外海一大片土地因而沉入海底，現在的與那國島是當時所留下來的一小部分。由於已被日本佔據並統治一百多年，只剩中、老年人還在使用原台灣語（Paccanian）。當地原本還有不少老年人會寫一些原台灣（Paccan）文字，也知道部份遠古歷史，然而都已凋零。

　　是有一位與那國島醫師池間榮三（日本名），曾寫過一本《與那國島歷史》的日文書，但是因為他受很深的日本教育，書中一些與那國島遠古歷史部分，有受到日本主觀意識的影響。池間榮三的妻子是池間苗（也是日本名）女士，她的原台灣（Paccan）記憶較深，年輕的時候曾特地到過台灣探望，有寫過一本《與那國語辭典》。兩本書都已絕版，日本國會圖書館還借得到。埔農有幸，珍藏了一本《與那國

島歷史》，《與那國語辭典》則費盡千辛萬苦還是買不到，只好請旅居日本的友人到日本國會圖書館借來影印。池間苗女士原本在與那國島的祖納部落區堅守一間與那國民俗資料館，算算年齡已有百歲，所以可能已經不在人世了。

　　全示：「我看過你為揭開台灣古今史實真相的所有舉證說明，了解『1萬3000年來台灣人（Paccanians）向世界各地傳播文明，留下子孫或混血子孫』；美國麻省理工學院的Douglas L. T. Rohde教授也證實『台灣人是現今生活在地球上之人類的共同祖先』。我疑惑的是，你的舉證說明中有引用洛杉磯加州大學的地理學、生理學、人類學教授Jared M. Diamond對台灣的評論《Taiwan's gift to the world》（台灣獻給世界的禮物），但Jared M. Diamond在他的著作《Guns, Germs, and Steel: The Fates of Human Societies》（槍炮・病菌與鋼鐵：人類社會的命運）中，卻說『現代人類起源於非洲』、『南島族人由支那南方的百越遷迷到台灣，再從台灣注南半球島群移居過去』。可不可以請你就這不同的論述做一番解釋和說明？」

　　埔農：

　　Jared M. Diamond是一位當今世上少見之有智慧又有良心的學者。他關心地球、關心人類，生物學、歷史學、環境

生態學、行為生態學、考古學、考古語言學、人類地理學、流行病學等學術豐富。Jared M. Diamond藉由探討人類和地理環境的變遷,讓世人更瞭解人類和地球的相互依存。他尤其關心現代科技的發展給人類和地球帶來的危機,並試圖向世人提出警告。Jared M. Diamond確實仁智兩全。

但是,Jared M. Diamond對於考古學和人類地理學的知識是得自其他學者的論述資料,難免受到其他學者因知識不完整造成的誤解所影響。而其他國際學者之所以資料不完整,則是因為大多數台灣聞達學者已假漢人、假華人當上癮,認盜作祖自以為高級、鄙視自己的祖先、輕蔑甚至掩蓋原台灣(Paccan)的文明和文化,才導致其他國際學者缺乏對原台灣(Paccan)史實和文明的認識。

由於台灣文史學者和考古學家漢化過深,都心存中國式虛妄思維,輕視台灣的原本文明,胡說什麼台灣自古為蠻荒之地。發現台灣出現令人驚訝的考古證據,就盡力推稱是古時候來自唐山。即使發現台灣有其他地區沒有的遠古文明和技術,都還是以個人既存的中國式虛妄主觀意識,把一些發現的精密青銅器、鐵器、玻璃、鑄模,竟然故意貼上「仍有爭議」標籤而加以輕視。甚至連與埃及最早石棺一模一樣的台灣遠古石棺,都被丟棄荒野,任其腐蝕並被隨便糟蹋。台灣文史學者和考古學家因被洗腦教化迷惑,陷入「斯德哥爾摩症候群」的心理扭曲,紛紛認盜作祖自以為高級。他們不但忽視現今台灣東岸和與那國島之間,於1萬2968年前因彗

星撞擊地球引起大規模火山爆發和地震而沉入海底的金字塔、巨石建築和當時已很進步的台灣（Paccan）文字；甚至於，否認現在還說著原台灣語言（Paccanian）的與那國島居民為台灣人。他們更是迷信唐山人自大又心虛的妒恨情結，把Ban-gka（艋舺）樓艦說成是獨木舟小船。更以中國式虛妄思維，扭曲台灣「算盤」、「曆法」和「地理、風水」。

唐山人學用台灣算盤，由於他們習慣由右向左，學不會台灣算盤由左向右的運算精髓，於是在上、下各加了一珠，成為上兩珠下五珠。支那（唐山稱支那有五百年，現在卻自號所謂的中國）算盤的上兩珠下五珠，根本脫離了台灣算盤作為精深數學演算工具的法則，是學台灣算盤學成半吊子的結果；還把「曆法」和「地理」、「風水」都給混淆了。台灣聞達人士竟然跟著虛妄的所謂中國人，把陰曆誤認是農曆（農作是依照二十四節氣的台灣陽曆播種和收成），還錯把勘查住宅用地和建築是否合適的「看地理」誤認是設置「墳墓」的「看風水」，實在荒誕絕倫。

日本算盤學自唐山，日本人覺得上兩珠會混淆，拿掉了一珠，成為上一珠下五珠，但下排多了一珠還是礙手。一百餘年前日本侵台後，發現台灣算盤的上一珠下四珠才真的合乎邏輯而好用，也才全面改用台灣算盤。

由於以上現實，外國的考古學者就因而被蒙在鼓裡。世界考古學者雖然知道南半球島群的所謂南島族人都是從台灣移居過去的，但不瞭解台灣是世界文明的發源地。就因為發

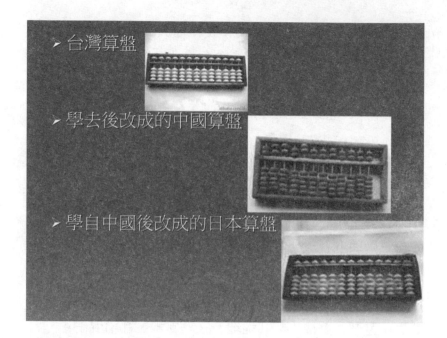

現百越地區（支那南方）有一些和台灣相同的一、兩千年前遺跡，以及百越人帶有部分台灣人（Paccanians）基因，就因果倒置，誤以為台灣人是來自百越地區。於是，Jared M. Diamond就受到影響了。

另外，Jared M. Diamond的《Guns, Germs, and Steel: The Fates of Human Societies》（槍炮‧病菌與鋼鐵：人類社會的命運）是在1997年寫的，當時，美國麻省理工學院（Massachusetts Institute of Technology）的Douglas L. T. Rohde還未發表《On the Common Ancestors of All Living Human》的研究報告（Rohde是2003年11月發表的）。所以Jared M. Diamond當時並不知道「台灣人（Paccanians）是現今生活

在地球各地之所有現代人的共同祖先」；也不知道「地球上之現代人並非來自非洲猿人。所謂的原人都已滅絕，各地的非台灣人（Paccanians）混血後裔，因為體質或心智上的劣勢而在地球上消失」。Jared M. Diamond更不知道「中美洲的厄瓜多（Ecuador）巨大洞穴發現的1萬2千年前所保存之遠古文明寶藏，其中的黃金頁片書所用文字，被考古學者認定是人類最古老的文字，正可對應現今所謂與那國島文的台灣（Paccan）文字，一看即知是同一種文字」。事實上，所謂與那國島文的台灣（Paccan）文字，存在已超過1萬3千年，而且當時已是很進步文字！所以，1997年的Jared M. Diamond，會不知道百越人是2000至3500年前台灣人（Paccanians）往西北方傳播文明時留下的混血後代，是很自然的事。

這情形，就如同台灣的血液專家林媽利教授一樣。林媽利教授的血液學研究，已證實福佬語系台灣人（日本政府註記為「福」）與所謂客家語系台灣人（日本政府註記為「廣」）在體質DNA上並無任何差異，都是台灣平地原住民特有的體質DNA。且這體質DNA與支那的所謂漢人完全不同，現在福佬語系台灣人和現在客家語系台灣人身上完全沒有所謂漢人的特有基因，台灣人在體質DNA上並無混到所謂漢人的基因。台灣人本來就都是台灣原住民，是因為接受不同來源的唐山滿官所強制漢化，才被分化成兩個不同語言和習俗的區塊。但是，林媽利教授還是被台灣聞達文史學者所

左右，也因果倒置，誤以爲台灣平地人口與百越族共有的血緣基因，是帶有百越族血緣基因的唐山人來台灣所留下的。

林媽利教授和Jared M. Diamond的誤會，都是遭受到深陷「斯德哥爾摩症候群」之心理扭曲、假漢人當上癮、充斥中國式虛妄思維的台灣聞達文史學者種下之惡果所影響。而這惡果，也是今日台灣人國家認同模糊且混亂，以及台灣處境險惡的根本原因。說台灣聞達人士可悲，卻更是可惡！爲了被奴化的虛榮而拒絕清醒之台灣聞達人士（尤其文史學者），已成爲台灣人想要覺醒、台灣想要回復完整自主國度的最大阻礙，眞是罪大惡極。

Johan：「這1萬2968年前是怎麼推出來的？考古在年份上應該不可能作到這麼細啊！」

埔農：

是的，考古在年份上一般不可能做到這麼精細，碳14的鑑定年代，目前僅能得到一個大約年代。而哥貝克力遺址經鑑定的年代，就是在約1萬2000年前。這1萬2968年前彗星撞擊地球引起大規模火山爆發和地震的數據，是由哥貝克力遺址石柱上，代表星座和彗星之天文符號雕刻算出來的。因爲經由電腦運算星座的位移速度，可得出該星座圖的精確年代。該星座圖是描述彗星撞擊地球開啓新仙女木小冰河期（Younger Dryas）的公元前1萬零950年（即1萬2968年

前），也正符合台灣和與那國島之間的一大片陸地，因大規模火山爆發和地震而沉入海底的年代（經碳14鑑定為1萬3000年左右）。

另外，根據格陵蘭島冰核的研究，探測火山灰在冰層屯積年代之數據，發現新仙女木小冰河期開始的準確時間也是公元前1萬零950年。所以，「1萬2968年前」這年份很準確，無可置疑。

Suwa：「這『1萬2968年前因彗星撞擊地球引起大規模火山爆發和地震，宜蘭東部外海一大片土地因而沉入海底』，除了考古發現，有沒有其他遠古的文字記載？因為，既然1萬3千年來台灣人（Paccanians）向世界各地傳播，很可能在某些地方有留下記載，也說不定還有保存著。」

埔農：

有的，留存的遠古記載還不少呢！

1866年，英國派往印度殖民地的增援軍中，一位青年軍官：詹姆士・喬治華特（James Churchward）上尉，他和善可親，很快便與當地居民和僧侶混熟。他在印度廟看到一些文字泥板，經僧侶解說，某幾塊泥板之象形文字是1萬2千多年前留下的記載，說的是「印度東方盛極一時的『姆』文明大陸，在一場毀滅性怒鳴聲的大地震與火山爆發中，沉入海

底」。後來他有機會造訪圖博（Tibet，所謂中國之所謂西藏）一個名爲那卡（Naacal）的山城，進入一座老舊寺廟參觀。他深爲大殿牆上的裝飾浮雕所吸引，寺內僧侶向他解釋，這不只是裝飾圖像，而是一個個象形文字，其中一幅記載的也是「東方盛極一時的姆文明大陸，在1萬2千多年前，於一場毀滅性怒鳴聲的大地震與火山爆發中，沉入海底」。這引發了喬治華特探索「姆大陸文明」的興趣。1930年，喬治華特出版了《失落的大陸——姆文明（The Lost Continent of Mu）》一書。書中是有不少喬治華特個人的想像臆測，但這印度廟泥板和圖博寺內浮雕「東方盛極一時的文明大陸，在1萬2千多年前，於一場毀滅性怒鳴聲的大地震與火山爆發中，沉入海底」的記述確實存在。

1920年間，美國礦物學者威廉・奈本（William Niven）在墨西哥河流域探勘時，發現一座1萬2000年前的印第安古城遺址，上面刻著和圖博、印度等古寺廟浮雕、泥板同一體系的文字。威廉・奈本又在墨西哥城北方8公里的地下挖出2600多塊石碑，其中編號爲第684號的石碑文字被解譯出來，它寫的是：「此聖殿是遵循守護神的代言者——我們偉大拉姆之旨意修建，紀念在姆大陸開拓地庇佑西方太陽國子民的使者。」

馬雅文化中有三本古書，奧古斯都・里浪琴（Anghstus Le Plongen）發覺一本古書中有幾頁是在講述：「一片從地表上被抹去的神秘土地——姆（Mu），在馬雅曆Kan六年的

第十一Muluc裡，一夕之間遭到火山爆發、地震及海嘯的摧毀，並沉入海底」。

以上都是敘述著這「1萬2968年前因彗星撞擊地球引起大規模火山爆發和地震，宜蘭東部外海一大片土地因而沉入海底」的人類文明史上重大災難，無論是方向、位置或時間，都完全一致！

Daigu Sigua：「人種起源於非洲，文明起源於台灣。台灣是南島民族的發源地，百越族與台灣無直接關聯。」

埔農：

過去之所以論述現代人類起源於非洲，是西元2000年以前DNA基因學尚未很發達，誤以為猿人是現代人祖先才有的說法。事實上，連最接近現代人的尼安德塔人（Neanderthals），由於心智上的缺陷，也沒有留下後代子孫到現代。

至於百越族，百越族是帶有所謂的南島語族基因，但那是台灣人（Paccanians）向外傳播時留下的。就如所有現今生活在地球各地之現代人一樣，是台灣人的混血後代，當然帶有部分與台灣人相同的基因，但以前的百越族絕不可能到過台灣。

　　Daigu Sigua：「所謂的良渚文化（5300～4500
B.P.）和亮島人（7900～8300 B.P.），有人說可能是南
島民族的祖先。這種說法很難成立，除非發現他們有渡
海能力的證據，否則都是空談。」

　　埔農：

　　是的！Bangka是台灣雙船體大型遠洋航行船隻。《噶
瑪蘭廳志》卷八，蘭陽雜詠八首，泖鼻（入蘭洋略）寫到：
「鰲島斜拖象鼻長，天公設險界重洋，噓帆兼候風南北，鉤
舵時防石顯藏。木船按邊行當穩，單船浮海勢難狂。梭巡樓
艦終須慎，艋舺營師水一方。」這「樓艦」、「艋舺」就是
指雙船體大船的原台灣Ban-gka，可搭乘一整營水師。日本
人佐倉孫三就在1913年出版的《臺風雜記》中記載：「台人
所用船體，大者如我千石船，形似大魚，軸為頭、轤（轤）
為尾，巨口大眼，其狀甚奇。帆大抵用簾席，截風濤，往來
滄溟，如走坦途。」這「軸為頭」是指支撐雙船體的船頭支
架，看起來像巨大的車軸裝置；「轤為尾」是說以支架連結
的雙船體尾部，看起來像龐大的轤轤；「巨口」就是指從前
面看雙船體Ban-gka的船頭，二船體中間有如張開的巨口；
「大眼」是說雙船體兩邊船頭頂端，看起來像一對大眼睛。
還說「其狀甚奇」、「往來滄溟，如走坦途」，完全是雙船
體Ban-gka的寫照。

Daigu Sigua：「這是關於Bangka詳細的文字描述。不知荷蘭的文獻有無這方面的記載？」

埔農：

自從1550年以後，葡萄牙、西班牙、荷蘭等國陸續成立遠洋船隊，以強勢武力建立海外殖民地，拓展不平等貿易。當他們的勢力進入東南亞，台灣族人不願與之衝突，就已不再建造Ban-gka；不再出海遠洋航行，所以荷蘭文獻沒有Bangka的記載。但荷蘭人確實知道台灣人（Paccanians）的先進造船、器器工藝和醫療知識，所以一開始就利用Dorcko（哆廓，今台南市下營區，是禾寮港所在）當作船艦保養、用具更新和人員休養、渡假、治療傷病的處所（建有小城堡，今日下營人稱該荷蘭人城堡所在處爲「紅毛厝」）。於是用荷蘭語意，將Dorcko一地重新命名爲Smeerdorp。Smeerdorp荷語意思爲Lubricating Village，按字面是指抹油、潤滑的保養處所，也就是指船隻和器材的修護、保養以及人員渡假、休養之地。Smeer荷語原意是動物脂肪炸出的油脂，古時是用來塗抹亮光、防鏽和軸承潤滑，引申爲保養之意。於是，Pieter de Carpentier 總督命令指揮官Reijerson在1623年10月25日到台灣倒風內海出口的兩岸建築要塞（蕭壠社（今佳里）西北角），以加強保衛Lankjemuyse（鹿耳門）水道和位於倒風內海（Bay of Tayouan）東岸的Smeerdorp（《The Formosa Encounter，Vol I》P. 24；

《Daghregister Gehouden int Casteel Batavia Vol I》P. 30）。由於Smeerdorp是荷蘭人視爲命脈之要地，從此列爲機密重地，不再對外公開。

Daigu Sigua：「關於雙體船的建造，參考夏威夷現今的 double-hull canoe 好像沒有用到鐵釘，完全用繩索捆紮和卡榫連接。這一點倒也符合史前夏威夷不用鐵器的事實。」

埔農：

所謂double-hull canoes 是小型Bangka，現今仍在使用的，以密克羅尼西亞（Micronesia）最多。Bangka在Paccan南部，有人另以Souwong（意思是遠洋航行）稱之。大小Bangka的建造都用卡榫技術，是因爲卡榫技術較穩定且堅固，使用鐵釘固定和連接是簡單也方便，但不牢靠且不耐用。小型Bangka連結兩船體的甲板以繩索捆紮，是由於欠缺精密技術，所以只能用於建造簡易的中小型Bangka。大型遠洋船艦設計成雙船體相互支撐的結構，以確保在海上航行能安全且穩定。不過，這種支撐成雙船體的結構，遇到強烈颱風時，會承受巨大的扭力和拉力。如果沒有經過重力和扭力相互作用的精確計算，以及特殊的支撐結構設計，在強烈颱風中，不是支撐結構斷開，就是船體被支撐結構扯裂而破碎。台灣人傳播到南洋、夏威夷與太平洋諸島後，他們在當

地沒必要也造不出雙船體大船，就用繩索捆紮連結兩船體的甲板，製作的中小型Bangka。

另外，南太平洋諸島的人口（Paccanians） 不用鐵器，是因爲這些島嶼沒出產鐵礦。

Henry Shaw：「日本人的考古報告就說，日本人的祖先是從台灣搭船去到日本的。埔農先進您認爲呢？」

日本諸島原本就有在地人口，如同歐、亞、非、美各洲，現在的日本人，是台灣人（Paccanians）移居過去時留下的混血後代。這點，美國麻省理工學院的Douglas L. T. Rohde教授，於2003年以現在世上的人類基因做研究，分析人類基因關連性，也已證實。

嘉裕：「致埔農兄：關於台灣近史，兄之盡心盡力，弟不得不敬佩，然而弟也要給兄一建言：鑽研台史於一隅，終不獲見（賞）於大衆，何不放寬於1941年12月7日之後新的歷史？」

埔農：

不認識自己祖先的文化和文明枉爲人，認盜作祖則是最糟糕的悲慘，鄙視自己的土地和祖先更是禽獸不如。再看看今日台灣人的國家認同模糊且混亂，以及今日台灣國家處境

的危殆，清明理性之人如何能寬心？台灣要復國、建國，必須先有清楚、堅定的國家認同；台灣人想要有清楚、堅定的國家認同，則必須從認識自己祖先的文化和文明開始，並徹底擺脫中國式的虛妄思維，才得以達成。

　　嘉裕：「『鄙視自己的土地和祖先』當然禽獸不如，可那只是極少數人。認真歷史已過注，面對現實才正道，弟認同『現時的台灣正處於危殆存亡之中』，當中國來搶奪之時，能奮力抵抗，保存台灣。之後再回頭細讀台灣史囉～」

　　埔農：
　　所謂的中國還沒來，心靈已腐蝕而不自知，當面對所謂的中國時，哪來團結的力量抵抗？何時能有機會可以回頭細讀正確的台灣史？所以，台灣人必須認清台灣的歷史真相，才能從蔣幫盜匪的洗腦教化醒過來，也才會有團結抗敵的有效力量。

　　嘉裕：「關於史實，不是眼前的大問題，如何激勵現今的台灣子弟，愛台灣這片福爾摩沙，多少人敢為這彈丸的親愛土地犧牲？這事令人哀傷呀！」

　　埔農：

　　當多數台灣人不認識自己祖先的文化和文明、認盜作祖，甚至有人還鄙視自己的祖先，造成今日台灣人的國家認同模糊且混亂，自然難以激勵現今的多數台灣子弟真心愛護台灣（福爾摩沙；Paccan）這片土地。你既知「這事令人哀傷」，為何還說「關於史實，不是眼前的大問題」？

　　弘榮：「埔農兄！一直想建議一事，給你添麻煩：日本有大河劇，最後五分鐘會將故事與人文地理結合，如此才能讓台灣人了解台灣事、台灣史。希望你有時間編寫「台灣大河劇」。如此在民視上演，必定比現在的連續劇更能轟動。小弟有此請求，願埔兄考慮。則台灣幸甚！」

　　埔農：
　　現在佔據台灣檯面的，都是沉迷於假漢人、假華人毒癮中，自以為高級的富商、聞達文史學者和政客，仗恃其既得名位，不肯（其實是心虛而不敢）讓樸實之台灣人站上他們獨占的檯面發言。埔農曾多次投書所謂的中立媒體，但因埔農之舉證與台灣聞達人士的迷信相抵觸，均被拒絕理會。埔農也曾請託兩位看得起埔農的賢達長者代為轉達，還是不被接受。埔農還曾提議付給鐘點費，請不承認埔農所舉證據的學者來辯論，更被回以「不屑埤會」。即使如曾真心為台灣奉獻、受難的蔡有全先生，他生前與林樹枝一起上民視彭文

正節目，只因蔡有全先生說了眞話，眞相被認爲不宜，還是
遭到剪除，沒有播出。台灣聞達人士持續誤導眾多台灣人，
導致今日台灣人的國家認同模糊且混亂，也才造成今日台灣
國家處境的危殆，說這些台灣聞達人士（尤其學者和政客）
可悲，卻眞是罪大惡極！可是，埔農又拿他們沒辦法。埔農
無能，慚愧又自責。

中國式的虛偽妄想

　　中島：「埔農兄，http：//www.storm.mg/lifestyle/
60142，這篇文章也是說平地台灣人從支那移民過來，
我覺得應該是被清國官員強制漢化後養成的唐山習俗才
是事實。」

　　埔農：

　　這位作者是台大醫師，埔農認識。是早期台灣士紳假漢
人的後裔，加上從小接受蔣幫中國壓霸集團二次奴化洗腦，
今天會認盜作祖自以爲高級，埔農不覺奇怪。這種身陷中國
式虛妄迷思的台灣聞達人士多的是。只是，埔農感嘆，這些
已假漢人、假華人當上癮的台灣聞達人士，實在悲哀。但他
們持續誤導眾多台灣人，卻是十分可惡。

中島：「可是他說，台灣人有這個阿拉伯人的習俗，一般都說成是移民過來的，正確的話要用什麼理論來解釋呢？」

埔農：

這位作者大言：「林忠正、黃光國和丁詠蓀的祖先都來自泉州，世居台灣。」請問他的證據是什麼？是聽說？是臆想？清據時期完全沒有唐山人的後裔留在台灣，埔農已舉出上百條證據，此處不再贅言。但他以「林忠正家的傳統，長輩死後，全身捆裹白布，並迅速下葬」作為「林姓友人以及林忠正之先祖確定為阿拉伯人」的證據，真是笑話！

台灣族人死後不會停屍超過兩天。人若病死在外鄉，僅能由近親穿戴粗麻衣物前去裹布收屍，屍體不運入村鎮，迅速火化。台灣族人死後，通常是裹布火化（《The Formosan Encounter Vol. I》P.31），再移骨灰入土。因為是以木、竹為柴火，遺體很難全部燒成骨灰，所以待冷卻後須收集骨灰並撿拾遺骨，築一小墳，至少追思三代以上。既慎終追遠又環保而回歸自然。詳見《失落的智慧樂土》。

另因為火葬需大量木、竹柴火，對大自然是一大負擔，所以有些部落主張並執行先土葬三年，待屍體只剩白骨，再撿骨築小墳。這是台灣族人環保、衛生的古老習俗。「裹白布並迅速下葬」是台灣族人（Paccanians）傳統文化，哪裡是阿拉伯人的習俗？

他說：「台西丁姓更是台灣泉州阿拉伯裔的集體移民，他們均來自泉州陳埭鎮。陳埭的丁氏宗祠對阿拉伯祖先有詳細記載。」這埔農早看過，其實是被黃典權那批人故意羞辱的胡說八道，時間久了，才還有人會相信。這就如前面所提，「巴賽祖師廟」正中央神桌上牆壁嵌有一個石碑，石碑上的「山西祠」三字旁，明明同時刻有一行碑文：「祖曰來自『山那賽』閩音譯之山西也」！也就是說，這「山西」是被迫漢化後由Sanasai音譯而來，祖先是稱為Sanasai的地方人。現在還是有人硬要把「山西祠」三字，扭曲成是來自支那的山西，真是睜眼說瞎話！

另外，他說想用美國的23andMe公司一試基因測試，虧他還是台大醫院醫師呢，台大醫學院自己就能做DNA基因測定，竟然想的是捨近求遠！而且，何不就近看林媽利教授的台灣人DNA檢測研究報告？再怎麼崇洋，也可上網查看2003年MIT（美國麻省理工學院）的Douglas L. T. Rohde教授，以現在世上人類DNA基因做研究，利用電腦計算，分析人類基因關連性的報告。要知道台灣人和所謂的中國人一點關係也沒有，以及現代人類都帶有一些台灣族人（Paccanians）的DNA基因，其實方便得很。

奕淼：「台灣人才是中國百越族真正的祖先。陳耀昌（對不起，指名道姓了）說：『以鼻咽癌為例，其源頭來自百越地區。全球鼻咽癌的病例，仍高度集中於中

國閩、粵,以及台灣等地區。家族基因亦是左右罹病機率的關鍵。所以,平地台灣人多數來自閩、粵地區。』此說法個人深切質疑。

如果鼻咽癌的源頭是百越族,依陳耀昌自以為高級的說法好了,既然他也肯定台灣山地人口和百越族無任何血源關係,那為何台灣布農族語阿美族及泰雅族卻會更多鼻咽癌的案例發生?而且布農族與排灣族的鼻咽癌發病率是平地台灣人的兩倍之多!陳耀昌和其他台灣聞達人士一樣,號稱大多數平地台灣人口之父系是來自福建廣東,所以台灣平地人口如同百越族般會患鼻咽癌,不知他為什麼不想想,怎麼可能連長期與平地台灣人口隔離的山地台灣人口,卻會患有更多鼻咽癌呢?可能的答案只有一個,那就是『台灣人才是百越族真正的祖先』

引述陳耀昌的一句話『家族基因亦是左右罹病機率的關鍵』,由慈濟醫院放射腫瘤科主任的統計資料看,他的病人中,平地台灣人鼻咽癌新病人總人數160人,而山地台灣人鼻咽癌新病人總數有51人,大約是三比一。人數比率上很少的山地台灣人口罹患鼻咽癌的數量卻占總量的將近1/4。由此可以清楚的發現,山地台灣人罹患鼻咽癌的機率遠高於現在被誤稱為所謂漢族之平地台灣人。這更可以充分佐證『中國百越族必定是台灣原住民的子孫』!」

埔農：

唉！這些已假漢人、假華人當上癮的台灣聞達人士全是一個樣，心中充斥的是中國式虛妄思維，胡說八道都不打草稿，只知自說自爽而已。但他們佔據整個檯面，誤導了多數台灣大眾。為了被奴化的虛榮而拒絕清醒之台灣聞達人士（尤其文史學者），已成為台灣人想要覺醒、台灣想要回復完整自主國度的最大阻礙，真是罪大惡極。

清國末年來台工商仍是暫時寄居的流寓

澤生：「1874年解除嚴刑峻罰的渡台禁令以前，除了清國經常調換的官方聘雇人員，以及為從台灣挖掘資源和為取得特定農產品供應中國而特許入台的契作人員（贌商），得以申請短期赴台的所謂「路照」、「照身票」外，是不可能有唐山人居留台灣，這我知道。但1874年解除渡台禁令，貿易商和贌商都可以申請來台，也得以攜眷。利之所趨，在長達21年的日子內，應該有不少唐山人赴台。您在《解碼福爾摩沙古文明：續認台灣古今真相》裡說：『清國是另以流寓名冊登記來台的工商人口，不在台灣戶籍名冊之內』。我查遍檯面上的文史資料，卻看不到有類似記述。不知您是否有實體證據？我已逐漸明白『台灣聞達人士（尤其政客和台灣歷

史學者）企圖合理化他們假漢人、假華人認盜作祖的自以為高級，處心積慮要掩蓋各種的台灣史實證據』，是可以勉強用重症『斯德哥爾摩症候群』解釋這種種離譜言行。但是，台灣史實證據已攤開20多年的今天，先生您也曾舉證苦勸這些深陷中國式虛妄思維的台灣聞達人士（尤其政客和台灣歷史學者）10多年，他們還是堅持閉著眼睛說瞎話。這種無恥、沒尊嚴的人性還能自以為高級，實在令人難以置信！所以，我希望拿出完全確實的證據，能讓他們無話可說！」

埔農：

1874年解除嚴刑峻罰的渡台禁令以前，申請短期赴台的贌商，清國官方本來就都有「授塵附籍」（「授塵」是撥給有頂棚遮蔽的屋子住；「附籍」是准予暫時依附寄居），並嚴行「保甲」（保甲是鄰居者具結，如有違法或脫逃必須連坐）。1874年解除渡台禁令，來台的工商人口，除了須自行尋覓暫時的居住處所，清國還是依之前贌商附籍寄居的規定嚴格管理。

以下就是清國光緒十二年（1886年，渡台禁令已解除十二年）新竹縣當時的「臨時保甲門牌」照片，由智仁兄提供。這在民間已很稀有，是很珍貴的證據！

請仔細看左側「用木枋粘掛門首如違必究」的註明及右側的「如無此牌即係未入保甲不許容留」的警告，再看

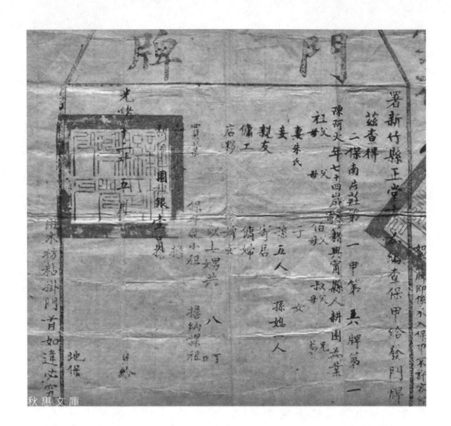

這「容留」和內文的「爲編查保甲（才）發給門牌」、
「寄」，就指明是流寓名冊內的暫時寄居者，所以另立「臨
時保甲門牌」以資區別。「清國是另以流寓名冊登記來台的
工商人口，不在台灣戶籍名冊之內」已非常清楚。

　　日本據台，接收滿清官府的戶籍文書，日本人依據清國
的流寓名冊和保甲制度門牌，統計清國人民在台的工商流寓
人口數爲8083人；官兵、流寓遣送回清國，這在日本官方留
下的文書有很清楚的記載。極少數申請暫時留台者，以及自

稱是唐山人後裔者（都是如連橫、連震東父子及黃朝琴等，因漢化深而變性，藉勾結漢人滿官欺壓同胞而得利的所謂士紳、阿舍，自以為是高級人，不願和其他同胞一起被稱為番），註記為「清國人」（後來改稱「支那人」），總數才幾百人，後來也多數離開台灣去唐山。所以，這「清國是另以流寓名冊登記來台的工商人口，不在台灣戶籍名冊之內」是無可置疑的！

請看下頁第一張1915年6月28日，即日本統治台灣20年後，日日新報刊登新聞報導的照相本，以及第二張大正元年（1912年）日本官方的台灣人口統計表。明治32年（1899）外國人僅一千人，其中以支那人（唐山人）占多數。明治三十三年（1900年）至大正元年（1912年），外國人數量的增加到1萬7929人，是由於日本政府引進短期契約的外籍移工，也是以支那人為主。當時唐山人民生活困苦，盛行輸出勞力，工資便宜，所以日本人從福建、廣東引進勞工（被輸出到美國的更多，稱為「販賣豬仔」）。他們都是持所謂的中國護照進入台灣，主要從事挖礦、修築鐵路和採茶。他們是外勞，就如現在台灣的越勞、菲勞、印勞等外籍移工。移工有定期的工作契約，來來去去，但永遠是外國人。

Johan：「看了前輩的很多著作，但疑問仍多。舉例來說，朱一貴起事之敗，一般歸結原因總會提到閩客矛盾，但這篇（民報2018年8月1日專欄：兩國不是一家

人）採取前輩的說法，以朱一貴為平埔民。

先前東寧國似乎也有閩客矛盾，在東寧國已亡國

◎臺灣發達比較

臺灣改隸以來。迄今閣二十年。此間慶々發達。今昔迴異。刊若霄壞。玆將一部分。就計比較如左。

▲人口　內地人　二十九年一萬人、現在十三萬人　▲熟蕃　二十九年二百五十七萬人大正元年三百二十一萬人　▲生蕃　正元年十二萬二千人、大正元年十二萬二千人　▲外國人（首為支那人）三十二年一千人大正元年一萬七千人

▲田園　田地　三十二年二十一萬一千町步、大正元年三十四萬六千町步　▲園地　三十二年十五萬一千町步、大正元年三十六萬四千町步　▲貿易　外國部　二十九年二千二百萬圓、大正元年三千四百萬圓　▲內地部

第三　戶口

第四三表　一ノ累年比較（實數）　各年十二月三十一日

年	內地人			本島人		
	男	女	計	男	女	計
明治三十三年	34,467	13,487	47,954	1,463,556	1,243,766	2,707,322
同 三十四年	30,762	18,354	49,116	1,304,107	1,354,826	2,788,633
同 三十五年	28,735	18,307	47,002	1,524,455	1,326,029	2,865,084
同 三十六年	30,929	20,002	50,931	1,618,952	1,322,689	2,871,641
同 三十七年	32,004	21,301	53,305	1,558,420	1,357,564	2,915,984
同 三十八年	35,921	23,695	59,618	1,570,221	1,408,770	2,979,015
同 三十九年	43,958	27,682	71,640	1,580,003	1,418,611	2,999,314
同 四十年	50,551	27,354	77,905	1,549,460	1,499,993	3,019,493
同 四十一年	50,397	32,922	83,320	1,586,282	1,449,573	3,036,855
同 四十二年	52,768	25,055	89,605	1,708,348	1,456,560	3,064,917
同 四十三年	54,590	42,058	98,048	1,626,338	1,479,885	3,106,223
同 四十四年	65,185	44,625	109,785	1,652,687	1,510,100	3,162,785
大正元年	72,345	50,400	122,705	1,676,064	1,537,867	3,213,931

年	生蕃			外國人			合計		
	男	女	計	男	女	計	男	女	計
明治三十三年	49,413	46,184	95,597	4,839	309	5,235	1,543,365	1,303,740	3,846,108
同 三十四年	48,411	45,904	94,315	5,600	333	6,034	1,584,970	1,346,119	3,931,098
同 三十五年	50,018	47,932	97,950	4,486	169	4,655	1,617,714	1,387,037	3,004,751
同 三十六年	52,902	50,077	102,979	4,194	318	4,512	1,626,987	1,402,083	3,030,076
同 三十七年	53,174	51,160	104,334	5,094	215	6,008	1,649,552	1,430,340	3,079,092
同 三十八年	57,323	55,879	113,185	7,719	504	8,223	1,671,204	1,488,850	3,160,054
同 三十九年	57,378	55,785	113,165	9,090	601	10,201	1,691,029	1,502,659	3,193,708
同 四十年	58,422	56,812	115,245	10,599	797	11,396	1,706,172	1,517,796	3,223,968
同 四十一年	60,803	59,451	120,254	11,138	1,013	12,151	1,718,720	1,522,969	3,230,196
同 四十二年	61,507	60,474	121,981	12,961	1,531	13,592	1,735,984	1,554,302	3,230,186
同 四十三年	61,705	60,461	122,166	12,396	1,444	13,840	1,760,019	1,581,198	3,341,217
同 四十四年	61,690	60,279	121,969	1,779	779	16,793	1,700,621	1,616,786	3,410,838
大正元年	62,034	60,703	122,736	15,787	2,162	17,929	1,825,318	1,651,161	3,476,679

明治三十八年以特行政區域內ノ生蕃ハ本島人中ニ包含ス以下本島人ニ閩ヌ＝諸表皆然リ

三十幾年後，有說法認為清國刻意讓移居台灣的人「閩多客少」，製造台灣更大的族群問題。

假如移民一事為假，是官員與教官閩多客少，這樣可以造成朱一貴集團那麼大的內部矛盾嗎？如果朱一貴、杜君英漢化很深，才會取講究的漢名，為天子或統帥之位爭權奪利，好像也很不合乎台島原本的民情。」

埔農：

1683年，清國消滅據台的鄭成功東寧王國後，將全部在台唐山人全數趕出台灣，一個不留。此後下了嚴刑峻罰的「渡台禁令」，禁止唐山人再移居台灣。有誰在清國官方文書見過「清國讓唐山人移居台灣」了？

日本據台，接收滿清官府的戶籍文書，清國官方並無任何唐山人在台入籍的記錄。清國是稱台灣熟番漢化民為「土著」，1895年日本人把「土著」改稱「本島人」，1905年後才依所使用語言別做「廣、福、熟、生」註記，「廣」、「福」的註記是由原「熟番」註記而來，「熟」、「生」的註記原本是由原「生番」註記而來；暫時居留的唐山移工或商人註記為「清」，以上事實有哪一項這些「文史大師」會不知道？哪來的「閩客矛盾」？

這些「文史大師」所說的「閩客矛盾」，是因為來自閩、客、潮、汕、漳、泉的教員、訓導和教官在唐山就早有舊恨，在台灣又因磨擦不和而生新仇。他們之間常有惡鬥，

就分別慫恿、威脅或挑撥其所轄之台灣漢化族人參與他們的打鬥。就被說成是「閩、客鬥」、「潮、汕鬥」、「漳、泉鬥」。這些事實，埔農在《台灣人被洗腦後的迷惑與解惑》P. 150-153有很詳細的舉證說明。

另外，林媽利教授的台灣人DNA研究，以及2003年MIT（美國麻省理工學院）的Douglas L. T. Rohde教授以現在世上人類基因做研究，都證實台灣人的血緣和唐山人或支那人無關！

朱一貴當然是台灣原住民（Paccanian），所有關於清國據台時期唐山人移民台灣的事，全部都是假漢人、假華人當上癮的聞達士紳所偽造。所謂「朱一貴集團那麼大的內部矛盾」、「朱一貴、杜君英為天子或統帥之位爭權奪利」，都是來自「認盜作祖之假漢人」的虛構小說和偽造文書。因為台灣檯面上，除了中國壓霸集團的偽造文書，也充斥著假漢人、假華人的虛構小說，更多的是滿身中國式虛妄思維、認盜作祖之所謂文史學者睜眼說瞎話的胡言亂語，風行草偃，才會有人相信這些胡說八道！

Feng Hsin：「請問，在翁佳音的解碼台灣史中認為台灣是漢人開墾，書末提到清國四次海禁四次開禁，是怎麼樣的歷史？還有，在張炎憲文集內，蒐集了很多清國閩粵漢人開墾的人名和墾單，是否真實？」

埔農：

所謂的「清國海禁四次開禁」，是開放官員攜眷。清國據台，視台灣為敵境，將在台唐山人全數趕出台灣，一個不留；此後下了嚴刑峻罰的「渡台禁令」，禁止唐山人再移居台灣，「渡台禁令」直到1874年從未解除。是有為了從台灣挖掘資源以及為取得特定農產品供應中國而特許入台的契作人員（贌商），最多僅能停留數月，須押送收成回唐山，再有必要來台灣，須重新申請短期赴台的所謂「照身票」。1874年起渡台禁令廢止21年，准許工商赴台，也是列入流寓名冊；清國官方並無任何唐山人在台入籍的記錄。所謂清國閩粵漢人開墾的人名和墾單，不是短期赴台的贌商，就是早年少數因漢化深而轉性貪婪、精鍊所謂中國厚黑學、寧願認盜作祖自以為高級的所謂台灣士紳虛構之小說。

這一代台灣聞達人士是歷經侵台蔣幫中國盜匪的奴化洗腦，多數為全心全意認真學習才能脫穎而出的所謂『優秀』學生，早年死背中國盜匪為奴化台灣人的偽造文書、死記假漢人士紳以小說形式虛構的人和事，陷入中國式的虛妄思維。他們在蔣幫中國壓霸集團的肆虐下，奮力往上爬，爭取名利和權位。意志薄弱者，是可能傾向認盜作祖自以為高級。他們台灣族人的靈性智慧被洗滌殆盡，很輕易就陷入中國式的虛妄思維。他們不少原是所謂的好人，知道要反對中國壓霸集團的瘋狂肆虐，卻親近壓霸且邪惡的所謂中華與中國。他們口中聲言台灣自主，心中充滿的卻是扭曲之所謂台

灣意識（事實上是假華人的虛妄意識）。就因爲如此，他們
更也走不出蔣幫盜匪餘孽的手掌心了。

在台灣史實證據都已攤開的今天，很多台灣聞達人士不
但選擇對眼前的史實證據視若無睹，還更處心積慮要掩蓋台
灣史實眞相的證據，以企圖繼續合理化他們假漢人、假華人
認盜作祖的自以爲高級，並期望能在台灣繼續維持高級。埔
農曾拜訪他們，向他們展示台灣史實眞相的證據，然而仍是
改變不了他們根深柢固的中國式虛妄思維。實在悲哀又無
奈！

　　　Feng Hsin：「有些學者自稱台灣多數有原住民血
　統，卻又稱台灣是漢人開荒史；他們是閩南人或客家人
　後代。」

　埔農：

這些學者的DNA檢測埔農都有看過，已證明他們身上並
無混到所謂漢人的基因。

台灣聞達文史學者要爲「他們自己認盜作祖的自以爲高
級」強辯，即使在台灣史實證據都已攤開的今天，再怎麼心
虛，也只好堅持「清據時期有唐山人移墾台灣、有唐山人子
孫在台灣」的胡言亂語。台灣聞達文史學者不但選擇對眼前
的史實證據視若無睹，還更處心積慮要掩蓋台灣史實眞相的
證據，以企圖繼續合理化他們假漢人、假華人認盜作祖的自

以為高級,並期望能在台灣繼續維持高級。

在這情形下,已搶有既得利益和名位的台灣政治人物,有了同是偽裝假漢人、假華人之所謂台灣文史學者的謊言護持,即使史實真相的證據擺在眼前,仍然樂得不必承認「認盜作祖自以為高級」的無知和羞恥。於是,這些台灣政客勾結所謂的台灣聞達文史學者,繼續偽裝假漢人、假華人;奉承在台所謂中國人的高級,以支撐他們自己假漢人、假華人的也是高級或次高級之妄想。台灣聞達人士(尤其是得意政客)為了鞏固既得富貴、名位和權勢,一方面說拒絕所謂中國的侵略和威脅,主張台灣自主;另一方面向所謂的中國屈膝舔腳,意欲將台灣推向所謂中國的附庸。這種扭曲、虛妄又矛盾的奇形怪狀心理,完全是支那「齊人驕其妻妾」的現象,更希望所謂的壓霸中國能讓他們在台灣繼續高級下去!這景況導致今日台灣人的國家認同模糊且混亂,造成今日台灣國家處境的危殆。在外國人看來,更是我們台灣人自己要把國家送給所謂的中國。這些台灣聞達人士看似可悲,卻更是罪大惡極。

台灣傳統五月節

　　Papora:「我已80多歲。你書上所提的台灣(Paccan)節日,清明節敬天、七月半拜地、中秋烤肉

吃柚慶豐收、9月9日重陽（Limgout）祭祖、大寒時節『坌風水』（整修先人墳墓）、『陪墓』主要是在新年、宅用看『地理』、墳墓看『風水』，這些我年輕時都親身奉行，所以我清清楚楚，都是原台灣（Paccan）文化和習俗，絕對和所謂的中國無關。我奇怪的是，我小時候所看的五月節划船活動就已是稱『Pbae』龍船。這『龍船』一詞，應該是支那用語，不像是台灣人（Paccanians）會用的名稱。你有沒有更進一步的證據，能證明這五月節划船活動本來也是台灣（Paccan）原有的文化和習俗？」

埔農：

五月節是漁、獵季的開始，台灣人（Paccanians）已行之至少有上萬年。陰曆5月1日至4日是準備用具和熱身活動，當然少不了水、陸運動的練習，以及漁、獵技巧的觀摩和切磋。大家再熟練一下操舟的技巧並切磋，只是項目之一。然而是歡樂融融，沒有所謂的競爭。

證據是：現在的南島地區（無論是考古發現或DNA檢測，都已證實是完全的移居台灣人，Paccanians）還是保留有這「每年定期之操舟熱身活動」的習俗。不過，現在多是以娛樂性的划獨木舟競賽來舉辦。但因為台灣（Paccan）五月節的划船熱身活動是在河川或湖泊舉行，適合操練獨木舟。而南島地區大多數是海上小島，少河流、湖泊，水上活

動都是在海上，五月節時段正是風浪大的季節，所以這紀念性的操舟娛樂賽事，就改在現代西方陽曆的四月舉行，也不再是漁獵季的開始儀式。例如夏威夷人和紐西蘭的所謂毛利人，每年都還有定期舉行。

　　台灣人（Paccanians）舉行操舟熱身活動時，都會在船頭用鮮花裝飾（現在夏威夷人和紐西蘭毛利人都還有這傳統）。充滿中國式虛妄思維之假漢人、假華人所謂士紳的台灣聞達人士，後來卻將鮮花裝飾改成所謂的中國式龍頭，稱Pbae龍船！事實上，這指稱划船的「Pbae」（划），就是台灣語（Paccanian）。夏威夷人是稱Pae；菲律賓宿霧人稱Pag；現在的宜蘭噶瑪蘭地區則是發音為Pal。

　　下頁的兩張照片，就是媒體在報導紐西蘭所謂毛利人每年四月定期舉辦的娛樂性划獨木舟活動，還保存著台灣人（Paccanians）祖先習俗的模樣！

　　至於包粽子，粽子是傳統遠行必備的飯包，一般時日要遠行就有在做。漁、獵季開始，自然更是家家必備的了。粽子是旅行攜帶的飯包，世界上，尤其日本、印度支那及南洋諸國，都是至少幾千年以上的傳統，只是用來當粽葉的材料有因地制宜的差別而已。無論從哪裡硬扯，都扯不上所謂中國的屈原或汨羅江！

　　虛偽、狂妄的所謂中國人，誑言「包粽子、划舟是起源於所謂中國的屈原溺斃於汨羅江」、「中秋節是起源於反抗元國的餅中密箋」，真是厚顏無敵，亂七八糟。

　　台灣人的習俗是台灣陽曆清明敬天、台灣陰曆7月15日敬地，一般樸實的台灣人現在都還是稱7月15日之拜地為

「七月半」。所謂中元，是唐山（支那）壓霸集團帶來的迷思與迷信，也是近年來才逐漸興起的奴化用語！

再談虎字碑

　　凱元：「關於您書內提到草嶺古道虎字碑及虎字旁的台灣古文一事，有人說，清代刻碑時並未發現兩旁刻文，虎字旁的古文是中國國民黨來台後，有人故意刻上去的甲骨文，目的是為了混淆台灣的史實真相。也有人說可能是曾在宜蘭教書的白玉崢所為，因為白玉崢是甲骨文專家。甚至有所謂的學者說，虎字旁的古文已被破解，確是甲骨文，右邊的很大一個很清楚的，就是虎的甲骨文；左邊寫的是甲骨文的『登此嵯峨，西望我鄉。哀哉我鄉，赤炎為禍』。更說，最左邊有『塞北白氏題』的刻字，只是模糊不清而已。下面是一張我以前從報上節錄來的照片，比您舉出的相片清晰，我想聽聽您的看法。」

　　埔農：
　　謝謝您！這些事已有兩位朋友提過，埔農就在此為凱元兄再澄清一次。虎字碑兩邊的刻字絕不是甲骨文。因為：
　　1.有人說「清代刻碑時並未發現兩旁刻文」，證據呢？

其實，在日據時期，就一直有山腳下居民說「該碑兩旁刻著符咒」，哪來的「清代刻碑時並未有兩旁刻文」？而且，有誰曾見過所謂漢人、華人或中國人在鑿平的石板面上做了小部分精緻鑿刻後，卻留下周邊不整齊鑿痕以及大面積平滑表面的情況？也所以，若是「清代刻碑時並未發現兩旁刻文」，那表示當時就已把虎字兩旁磨平了，這對所謂漢人、華人或中國人而言是很奇怪、很不尋常的事，不可能沒有人覺得奇怪而記述。

2.這虎字碑日本人是早有發現，但中國國民黨流亡台灣，是直到1977年才有所謂的中國人得知《聯合報》（1977年4月23日）。這段30年時間，若有所謂的中國人知道，他或他們會放棄這宣示「大顯神威、狂妄自大」的機會？所謂的中國人既不知此石碑的存在，那誰有機會去刻這些字？這

些字可算是精雕細琢,絕不是幾個小時內能完成,更須要適合的工具。

　　3.甲骨上的文字是王懿榮於光緒二十五年(1899年)在河南安陽首次發現。當時是被視為古董收藏,所謂的中國人在此之前只是拿來當作藥材。直到1928年,所謂的中國成立歷史語言研究所,才開始有人想要研究甲骨上的文字。隨中國國民黨逃亡來台灣的所謂中國人,真正曾參與研究過甲骨文的是董作賓,但董作賓來台後並沒有研究甲骨文資源。所以直到1958年,才由中央研究院試圖成立「甲骨學研究室」,欲邀董作賓主持。但1959年董作賓中風,可說是後繼無人,其他的人都只是利用甲骨文打腫臉充胖子而已。白玉崢是有帶來一些甲骨文圖樣,但白玉崢是以膜拜式書法臨摹,當藝術品來展示。白玉崢是出過談論甲骨文的書,但那只是白玉崢迷戀甲骨文的自說自話而已。所以,要說是白玉崢或他的人去鑿刻,那他特意跑到荒山去刻甲骨文,卻只展示過其書法,而從來不曾在其他何地方留下任何所謂甲骨文的痕跡?這實在說不過去。

　　4.所謂的甲骨文字典埔農看過,其中大部分來自憑空妄想。埔農蒐集過不少甲骨文和原台灣文字的原始照片,比對後就發現有不少相似字。可能甲骨文是學自原台灣文字,因為原台灣文字有1萬3000年以上,而甲骨文僅3000年到4000年而已。而且,支那北方的遠古尚書,原本就是由所謂之蝌蚪文寫成(漢國武帝時,魯恭王壞孔府舊宅的牆壁,夾層中

得其末孫惠所藏之書，包括《尚書》，這些藏書都是用所謂
的蝌蚪文書寫）。所謂之蝌蚪文，就是原台灣文字使用纖毛
竹筆書寫的另一種寫法。

　　5.所謂的甲骨文是卜卦用的記號，沒有完整句子，更非
文章。其他世界各地的古文可在同一篇文章或多篇文章內前
後比對，才得以約略研究出其字詞的可能意義。甲骨文僅是
卜卦用的記號，既非文章，更無完整的句子，沒法據以比對
出可能的意思。所以，虛妄的所謂中國人多數是以輕浮加急
功之心態去隨意認定。把虎字左旁字跡說成是「登此嵯峨，
西望我鄉。哀哉我鄉，赤炎為禍」，就是這種所謂中國人虛
妄、浮誇的「自以為是」才做得出來。他們發現有六個字跡
看似甲骨文的所謂登、此、望、我、赤、炎，就加上一個強
硬附會的「西」，造出「登此嵯峨，西望我鄉。哀哉我鄉，
赤炎為禍」的句子。所謂中國人這種浮誇又虛妄的習慣性畸
形心理，從古至今一成不變。這在其談論所謂的虎字碑一事
上，可以看得清清楚楚。

　　另外，所謂甲骨文是極為原始的簡單文字或符號，哪來
的「嵯、峨、哀、哉、為、禍」這些文謅謅的複雜用字？

　　6.以一個書法家而言，要寫「登此嵯峨，西望我鄉。哀
哉我鄉，赤炎為禍」，必定分成兩行或四行。而不論是分成
兩行或四行，虎字左側空處都是可以很容易放進去的。所以
這絕不是白玉崢或他的人所為。照片上左側會被人用小石頭
刻寫上「白玉崢」三字，應是提出「虎字旁字跡應是白玉崢

所爲甲骨文」之人或其信徒犯下的，以強化他們的瞎說。然而，這碑石極爲堅硬，只留下所持小石頭劃下的粉末痕跡，碑石無傷，所以東北角風景區管理處很容易就清除乾淨了。這也證明，要到這荒山高嶺，在這硬岩碑石上精細雕刻是不容易的。

7.「右邊很大很清楚的一個字，就是『虎』的甲骨文」？這埔農翻遍所謂的甲骨文字典，倒是看不出。

8.若硬要謊稱左邊的模糊痕跡是「塞北白氏題」之署名，則只能再硬拗是被刻意破壞過，才能勉強自圓其說。然而，單署名處被刻意破壞是非常的不合理。因爲，毀其名而留下其惡行是說不通的。

9.什麼五千年文化、什麼世界最早的中原文明、什麼中國固有疆域，任何所謂中國人見到的東西，都非硬連上所謂的中國不可。這等胡言亂語，只有精鍊「厚黑學」；由自卑轉而僞裝自大的所謂中國人才說得出口。多數台灣聞達人士假漢人、假華人當上癮了，認盜作祖而自以爲高級。於是，學著侵略者鄙視原台灣文化和文明，蒙著眼睛說瞎話的事跡一大堆，這只是其中之一而已！

現代民主制度下的權貴

炎輝：「在台灣史實證據都已攤開20多年的今天，

我很感慨，不少理性的樸實台灣人已逐漸清醒，為何擁有較多資源且自認聰明的台灣聞達人士（尤其政治人物和文史學者）反而醒不過來？他們死抱中國式的奴化思維，表面上自以為高級，實則人格腐化而毫無人性尊嚴可言。這些台灣聞達人士應該是聰明之人，為何如此自甘墮落？實在令我不解！

另外，我還發現，越是地位高、受推崇、自認聰明、自以為高人一等的人，似乎是越不懂得反省、越不知羞恥、越肆無忌憚的自欺欺人。這實在和一般人的印象天差地遠！」

埔農：

於王權、霸權時代，學者和官員是替王權、霸權服務，虛偽奉承、裝腔作勢是必然。得意時傲視自負，失意時抹穢呻吟，還滿口仁義道德。這舉世皆然！

現代是權貴和顯達主導的所謂民主制度，為了爭名位仍免不了權謀與競爭。偽裝掩飾、亮麗化妝，還是成了進行權謀競爭的必要作業。人一旦進入權貴、顯達行列，一方面自恃高級，立場就會改變；另一方面為維護既得名位，看法、想法更常會偏離真實。久而久之，多數權貴、顯達若不是偽君子，便是寄寓他人的傀儡。

然而在正常國家，百姓的國家認同清楚且堅定。要爭取名位必須以自己的認識和見解說服眾人，即使是偽君子

或傀儡，國家認同都必須明白又堅定，否則必遭唾棄。台
灣的情況則是大不同，歷經蔣幫中國壓霸集團的二次奴化
洗腦，眾多台灣聞達人士（尤其政治人物和文史學者），
一方面自己陷入「斯德哥爾摩症候群」的心理扭曲，並精
鍊所謂中國的厚黑學，養成「功利為先，尊嚴放一邊」的
惡習，沉迷於假漢人、假華人的毒癮中自以為高級；另
一方面還以買辦的姿態，誤導眾多台灣人，使得不少台灣
人受連累而輕易誤以為自己是所謂的華人，導致今日台灣
人的國家認同模糊且混亂。檯面上的台灣政客，就為了
眼前的既得利益，更是自願撐起那腐臭的中華冥國流亡屍
皮，不惜將台灣往那所謂中國的虎口送。台灣聞達學者和
政客，其實是造成今日台灣國家處境危殆的罪魁禍首！所
以，在台灣史實證據都已攤開的今天，台灣聞達人士（尤
其政客和台灣歷史學者）騎虎難下，不但選擇對眼前的史
實證據視若無睹，還更處心積慮要排拒並掩蓋台灣史實真
相的證據，以繼續企圖合理化他們假漢人、假華人認盜作
祖的自以為高級，並期望能在台灣繼續維持高級。在這情
形下，這些呆奴化的台灣權貴、顯達眼裡，那會有羞恥心
或人性尊嚴，當然更不肯覺醒了。「不懂得反省、不知羞
恥、肆無忌憚的自欺欺人」，正是這批自以為高人一等的
台灣聞達人士（尤其政客和台灣歷史學者），精鍊中國厚
黑學後養成的中國式虛妄思維。

榮乾：「現代流行的所謂民主制度，是以權貴、顯達佔優勢之制度。多數權貴、顯達是強詞奪理的狡猾偽善者，除了以『是不得已、是進取的必然代價』自我麻醉，並麻痺追隨者與臣服者。既得利益的權貴與顯達主導潮流，他們心中沒有義理和真相，只有利害與得失。權貴、顯達以『高級』包裝名位、財富和權勢，散發貪婪意識，誘使人和人比高下，製造階級壓迫，這是現代人不得安寧的源頭。沉迷於假漢人、假華人的毒癮中自以為高級；不知羞恥、自欺欺人的台灣聞達人士固然令人唾棄，正常國家的權貴、顯達仍是不值得欽羨！」

埔農：

是的！即使是正常國家的權貴、顯達，仍是不值得羨慕！

權貴、顯達其實是一種沽名釣譽、爭權奪利的行業。有人性尊嚴的正常大眾，是從職業中帶出社會責任；權貴、顯達是從行業中追求名位、財富和權勢。權貴、顯達心中沒有社會責任，偶而表現的關心社會和施捨，只是用來裝飾虛榮的光耀門面而已。

權貴、顯達當然不值得欽佩或羨慕！權貴、顯達是在資本主義制度下受供養的強取豪奪者。他們散發貪婪意識，以虛榮誘使人追隨、推崇，藉以剝削而得利。正常大眾的職業，任何情況下，工作都可以養活自己；權貴、顯達一旦失

勢，不受推崇，他們根本沒有能力養活自己！

　　「名位」是權貴、顯達的護身符，他們爲了維持「名位」，必然裝腔作勢、滿口仁義道德、不能面對眞實、自欺欺人、沒有靈魂尊嚴。多數權貴、顯達若不是僞君子，便是寄寓他人的傀儡。看似光鮮亮麗而得意，實則每日戰戰兢兢地權謀鬥爭，虛僞、無恥是常備特質。這種人沒有養活自己的能力，過的是虛僞、無恥的鬥爭生活，有什麼好值得欽佩或羨慕的！甚且，多數的權貴、顯達，更應該是樸實之人蔑視的對象。

　　　炎輝：「我還有一個問題：現在大家都稱蔣幫盜匪肆虐台灣的前40年爲『白色恐怖』，我實在不明白其眞正的含意和用意。我問過不少所謂的高知識份子，對於爲何稱『白色恐怖』，沒人能答出個所以然來！我是知道，國際『黑色恐怖』是指蔣幫盜匪侵略台灣，肆虐殘殺的一類暴行；『紅色恐怖』是指國際共產狂人的肆虐和施暴。但在台灣，爲何是『白色恐怖』？什麼是『白色恐怖』？不知你能否解釋個清楚？以解我心中的疑惑！」

　　埔農：

　　現在大家會稱蔣幫盜匪肆虐台灣的前40年爲「白色恐怖」，是在蔣經國一手操弄下，呆奴化的台灣政客和學者屈

膝配合，才起用「白色恐怖」一詞的。

　　事實上，「白色恐怖」（英語：White Terror）一詞起源於法國大革命時期，當時法國政府的威權主義壓霸權貴，對法國革命黨和革命份子進行大規模鎮壓與屠殺，史上稱該恐怖統治時期為「白色恐怖」。以後世界上就用「白色恐怖」一詞，稱各國極權政府對自己人民的暴虐統治。

　　假漢人、假華人當上癮，認盜作祖的呆奴化台灣政客和學者，卻拿「白色恐怖」一詞來形容、稱呼中華冥國那流亡屍皮的殖民血腥暴行，等於公然認同蔣幫盜匪那流亡屍皮殖民政府的統治台灣，且表明台灣人自甘為奴。這是暗地裡幫助蔣幫盜匪「撐起那流亡屍皮的所謂中華冥國殖民政府」之惡行，更是蓄意將台灣及台灣人帶往那壓霸中國虎口的陰狠。在台灣無恥政客和學者之配合蔣幫盜匪的操作下，「白色恐怖」一詞鋪天蓋地的深入媒體和教科書，徹底扭曲了台灣人的知覺意識。「白色恐怖」講的是：在自己國家政府的暴政下，霸權野心集團鎮壓異己、清除異議者的殘暴殺戮行為。而台灣是被蔣幫外來盜匪的侵略和屠殺，是「國際黑色恐怖」，哪來的台灣「白色恐怖」？樸實的台灣人因不瞭解「白色恐怖」的定義，被這群政客和學者牽著鼻子走，進而貽笑國際，更陷台灣及台灣人於今日的危殆。這也是蔣幫盜匪對台灣人奴化洗腦的後遺症之一。

　　所以，「白色恐怖」和「台灣被這外來侵略者蔣幫中國

盜匪的殘暴殺戮」一點關係都沒有！說這些台灣聞達人士可恥、悲哀，他們卻更是罪大惡極！

第五章
清醒的台灣人 V.S 渾沌的台灣人

　　Lion：「蔣介石父子早該下葬，留著屍體讓台灣子弟兵守靈幾十年，浪費人民幾十億納稅錢，更何況他們對台灣沒有貢獻，只有殺人及黑色恐怖。」

　　成國：「慈湖很漂亮，也很令人發思古之悠情！謝謝大家提醒我又該舊地重遊了！謝謝大家提醒我兩蔣安定台灣、發展經濟的美好貢獻！」

　　煥金：「請林成國您解釋（成國）此名字的意義？您的父母是否期待您成立一個國家呢？那要成立什麼國家呢？請問？是否有一個答案公諸於世？」

　　成國：「成國是成全國家的意思。家和萬事興，現在搞得四分五裂，執政的民進黨政府要負起最大責任，當然在野黨也要努力尋求和睦。執政黨在力求全民團結合一上顯然是不及格的。」

　　煥金：「請問？你要成全的是那一個國家？是整天以千顆飛彈對準你，威脅要消滅你的所謂中國？還是中國流亡台灣的屍皮中華冥國？你半路認老爸、認盜作祖，你有台灣意識和價值嗎？他們說一家親，只是老虎（所謂的中國人）要騙獵物（台灣人）開門的「我是你姑婆」之「虎姑婆催眠伎倆」，也是誘殺獵物的陷阱。

你還真的相信中國虎姑婆是你的家人？『家和萬事興』
從你口中說出，令人起了全身雞皮疙瘩！你今年貴庚？
走過台灣被蹂躪的這條路否？您斷頭削尾取中而談，這
算是邏輯嗎？經濟起飛，社會安定，這是台灣人民為了
活下去自己努力的。要不是蔣幫中國壓霸集團的剝削、
揮霍，以台灣人的智能、勤勞和善良，台灣早就倍數繁
榮了！蔣幫中國壓霸集團對台灣的陰狠和蹂躪，被你的
嘴巴捧上天？沒有接收日本人留下的建設；沒有盜賣台
灣的金礦、煤礦和珍貴林木；沒有榨取台灣人辛苦耕種
甘蔗、稻米；沒有早期的美國援助，蔣幫盜匪集團能在
台灣逍遙？今天是談經濟價值還是台灣價值？有錢便是
娘嗎？你是ㄑㄞ嗎？是奴才嗎？」

　　成國：「勸大家還是彼此珍惜，彼此合一，不然被
中國併吞的日子就不遠了！被撕裂的台灣自顧不暇，哪
可能真正富裕、強盛！」

　　Jerry：「你不知道獨裁者蔣介石以及蔣經國前半段
的統治時代就是黑色恐怖？你根本不具備討論這個議題
的基本知識。」

　　煥金：「政府是人民意願的契約，何來四分五裂？
這是國家認同出了很大的問題！是誰種下來的因果關
係？執政的民進黨政府是希望全體台灣住民都能團結以
維護台灣的主權，那裡是搞分裂？這是你一廂情願的偏
頗說法。民進黨以及多數的台灣聞達人士最大的問題是

『假漢人、假華人當上癮了自以為高級』，誤導眾多台灣人，使得不少台灣人受連累而輕易誤以為自己是所謂的華人，導致今日台灣人的國家認同模糊且混亂，也才造成今日台灣國家處境的危殆。若沒有完全的國家認同，就是誤國，甚至叛國。正常的國家不會有這個問題。中國沒實質的理由併吞台灣，中國是拿收編逃離的中國難民當覬覦台灣之藉口，世界沒有任何一個國家敢如此猖狂。台灣有人充斥中國式的虛妄思想，自以為高級，專扯後腿，台灣才會有這種內部整合上的困頓與對立，台灣也才會有今日國家認同的混亂和危殆。再說，台灣人若繼續供養這批蔣幫盜匪，任其揮霍、囂張、跋扈，無論再怎麼勤奮努力，台灣如何能富裕、強盛？期待你有清明理性的思維和社會觀察能力。」

　　成國：「過去太多恩怨如過不去，就只能活在仇恨中，何必呢？人跟國家都要往前走。要尋求台灣建國更要努力去尋求全民共識，而不是彼此清算、仇恨，這樣反而親痛仇快，中共應該也樂見到台灣有天大動亂，他就有出兵的理由。大家還是要努力尋求和睦，放下仇恨，團結作正面的事，國家才有望進步強盛，也才能維持獨立自主。效法一下以色列的團結合一，就有望抵抗外強。大家別內鬥內行，外鬥外行，要有智慧有靈巧來行事。」

　　煥金：「請問，我們是在討論事實、真相和共鳴的

將來，有誰在鬥？除了不能再任意殘殺，蔣幫盜匪集團過去的囂張、跋扈以及揮霍台灣人的血汗錢，今天有任何稍減嗎？奇怪了，你所言的仇恨是什麼？這是邏輯嗎？這是社會觀嗎？請問，何謂極權侵略？何謂人權？當人權抵抗極權侵略時，這叫仇恨？這叫清算鬥爭？你的精神狀況真的有問題！中國是什麼東西？與台灣人何干？你還好意思說以色列？以色列人是嚐到了失去國家的痛苦，才奮力建國。以色列人的團結努力來自國家認同，那像你這種人，自願當奴隸乞求安穩、認盜作祖自以為高級！

你從小就被中國國民黨恐嚇長大，被呆奴化了，所以有中國的陰影。台灣人跟中國有何關係？中國恐嚇武力犯台，是中國政權警告中國國民黨偽政權的一個中國原則，與台灣何干？這是蔣介石跟毛澤東的政治和軍事鬥爭延禍台灣。你也跟著中國國民黨攪和在一起，跟你談很累！沒有歷史觀也要有社會觀。」

成國：「我是中間選民，我有我的歷史觀及社會觀，台灣因為政爭嚴重，所以歷史觀及社會觀也常各持不同觀點，目前我不想偏袒那一方。我還是認為人能彼此相愛、和解，共同作正面及有意義的事才是最好的價值。」

煥金：「我們要講和平，但是中國人要講和平嗎？中間選民？你所謂不想偏袒那一方的歷史觀與社會觀，

就是隔山觀虎鬥，完全是『食西瓜偎大爿』的投機心理。台灣是你的，你沒責任嗎？台灣沒有政爭只有國家之爭、復國之爭。你把民進黨與中國國民黨的執政，全用私利和虛榮評斷而沒有真正的台灣總體價值，民進黨也只是台灣國內的一個黨而已。任何黨都不代表台灣，中國國民黨更是完完全全的侵略者外來強盜。你認盜作祖的『食西瓜偎大爿』投機心理，是『做正面及有意義的事』？你的人性尊嚴到底跑那裡去了？」

　　成國：「中國現在講基本上希望和平統一，但是同時威脅，如果必要時就會武統。台灣沒能獨立的最大阻礙來自中國的反對及美國的不支持。就算民進黨已經全面執政了，仍不敢冒戰爭風險來推動台獨，所以只能宣布要維持現狀。中國國民黨基本上也是主張維持現狀，沒有要急統，所以兩黨能夠做的事是大同小異的。國人目前要團結在現狀之下，想要追求台獨的人別把矛頭對準自家人，而是要努力去遊說或是施壓中美兩強才可能實現台獨。用兵要有勝算，如果沒把握台獨會成功，何必強求，何必主動去挑釁對手呢？當年反攻大陸不成，改成積極建設台灣，才出現台灣的一波榮景，如今台獨不成，大家也要思考是否改成同心建設台灣的經濟、國防各方面，以強化自身的實力、影響力，才能更長久的維持台灣主體性。不管要嫁人或是獨身主義，都要先健康快樂，充實自己，不是嗎？如果自己內部撕

裂，自己衰敗了，不是更把自主權交給別人了嗎？」

　　煥金：「誰給你講台獨了？台灣本來遺世獨立，你講的台獨是什麼？你可以解釋嗎？講台獨的不是真台灣人，是在台灣的假華人。真台灣人講的是國家、主權與復國。何謂內部撕裂？你是站在那種立場？如果你站在台灣立場就沒有內部撕裂的問題！如果你站在中華冥國偽政權那才有撕裂問題。和平統一？你這是代表中國國民黨以及中國在發言！一個中國不關台灣人的事。中國當然講和平統一，和平統一是要台灣人棄械投降、自甘為奴，中國奪取台灣就可以不必費一兵一卒、一分一毫。中國國民黨的維持現狀，是在堅守已竊得的既有利益，並期待拿台灣向所謂的中國朝貢，以獲取所謂中國的關愛眼神。你想嫁到中國，就自己趕快去吧，別妄想拖著台灣當嫁妝！你想拿台灣向中國獻貢，我當然把矛頭對準你！我前面說過了，台灣就是因為有一伙像你這種人，『自願當奴隸乞求安穩、認盜作祖自以為高級』，才陷台灣於今日的危殆！你和柯文哲等人，真是台灣人之恥！若是無知，實在悲哀；若是無恥，則更是罪大惡極！」

　　成國：「不用辯解太多，不要為了政權而去作撕裂台灣，分化族群的事就是了，相互潑漆這行為，只會波此傷害感情。也只是在傷害台灣人的團結合一而已！選民是主人，要超脫黨派，不需對特定政黨有明顯好惡。

他們做得好時就繼續用他們為公僕，作不好時就讓他們放下職務，先去休息及檢討、充實後再上場。許多選民都反而是在當政黨的奴隸，常被政客煽惑，只會隨之起舞，所以政客才樂於用分化、操控方式來做政治運作。人人回到客觀看事物，彼此尊重了解感恩，這世界雖不完美，也沒有那麼多深仇大恨的，就算有，也該努力去寬恕、化解，尋求和平，這才是和平紀念日的真正意義及目的。」

　　煥金：「你只有對黨說明事情，黨沒有比台灣國家大，請問，是誰撕裂台灣？你要講確實一點，台灣人有撕裂台灣嗎？你真的有問題！黨會比國家大嗎？中國國民黨是來侵略的中國流亡罪犯，何時認同台灣了？中華冥國是中國的留亡屍皮！民進黨認盜作祖，以號稱台灣意識、愛台灣欺騙台灣人，民進黨會比台灣大嗎？真台灣人要的是擁有自己的國家，政權只是一時性的替國家服務，你卻滿腦子只有政權，真是難以救藥！是不必講到仇恨，但國家被侵占，族人被奴化，台灣人不應該團結抵抗嗎？你『自願當奴隸乞求安穩、認盜作祖自以為高級』，還想拖所有台灣人下水？『和平紀念日』？完全沒有攤開真相，也沒有回復正義，只一心一意宣揚對和平的乞求，這是什麼意思？是向蔣幫盜匪屈膝，是向中國搖尾乞憐！更是在替中國壓霸集團的罪行擦屁股！流氓、惡霸當然希望你寬恕、尊重甚至感恩，你（你

們）是愚蠢還是居心叵測？世界上有那一個國家會將族人被侵略者大量屠殺之日用『和平』兩字紀念的？這完全是向蔣幫中國壓霸集團屈膝跪求生路的奴才作為，更是向全世界宣誓，台灣人將世世代代自甘為奴、無怨無悔啊！不必再辯解！我才懶得理你。」

成國：「完全贊成任何黨都不能比國家大，目前台灣就是在中華民國體制之下的國家，政黨倡議要改變國家體制也要有智慧，而不是莽進。民進黨已經全面執政了，為什麼不敢宣布獨立建國，仍在維持現狀的中華民國體制。因為有它的實際難處。想獨立建國的人要有智慧，不是莽撞行事，作一些會撕裂台灣、分化族群的事。真正愛台灣就要倡導大家一起努力合一來發展台灣，強化台灣，而非你爭我奪，為了政權或是私利而來撕裂台灣。台灣現在有各種族群，進步的國家一定講究族群和諧，只有利令智昏的人才會為了個人或是政黨之私利，而去作造成族群分裂、社會紛亂的事。」

Annie：「你又在講政權了！你完全沒有身為台灣人的國家觀念。『台灣就是在中華民國體制之下的國家』？『為了個人或政黨之私利，而去做造成族群分裂、社會紛亂的事』？你是在說你自己和中國國民黨吧！主子就是最喜歡利用你這種順服的奴隸來講究和諧了！」

吉木：「這位先生是典型的被呆奴化台灣人，不知

是盲目還是自甘認盜作祖，以致屈服或順應中華冥國流亡盜匪霸權的洗腦，自甘為奴乞憐以求和，更想拖全體台灣人下水。這是台灣人的悲哀之根本來源！」

　　成國：「任何個人、政黨都要自我警惕，別因為爭權奪利而去做撕裂台灣、分化族群的事。」

　　煥金：「又來了！到底是誰在撕裂台灣？誰在分化台灣？是誰在爭權奪利？你搞不清楚狀況還顛倒是非！我再問你，什麼叫侵略盜匪？什麼叫人權？人權抵抗侵略盜匪的時候，你就講是分化。你覺得台灣人在搞分化？你真是搞不清楚，理性清明的台灣人希望所有台灣人都能明白史實真相而團結。什麼撕裂台灣？撕裂台灣是中國國民黨以及中國共產黨在搞的奸狡政治陰謀，你真的頭殼有問題。台灣就是因為像你這種被洗腦、被奴化的人太多，台灣人才至今不能真正的團結禦敵！」

　　埔農：

　　事實上，台灣（Paccan）這國度原是以村鎮社區為主體，並無族群之分。荷蘭時期僅記錄了台灣人的社名，並依地區劃分成幾個區塊以資分辨。18世紀，清國黃叔璥在《台海使槎錄》的〈番俗六考〉中，才依照地理分布而將平地台灣住民分為18社等13個部落群。日據時期的日本學者，則依照地理分布加上特有口音和語調，將台灣平地住民以及山地住民再加以區分，才出現所謂的「族」這個字。事實上，日

語的「族」類似「組」，是指特定的一群人，例如「暴走族」。埔農祖先居住西拉雅地區，埔農祖先到外地就自稱西拉雅人，就如現在台中地區的人到外地就自稱台中人是一樣的。也因而，所謂的台灣族群名稱和數量就不斷改來改去。山地住民有被分成9、10、11、12、13、14、15或16族的分法；平地住民有被分成7族14支、也有被分為8、9、10、11或12族，這些都原是莫須有的。台灣人本來沒有所謂族群之分，只存在社區、部落的地名。現在的所謂族群，是被侵略者分化製造出來的，台灣人必須清醒，才得以脫離被奴化的深淵！

　　事實上，台灣各部落群原本語言、文字皆可溝通。台灣（Paccan）的山地部落群，是為了避開荷蘭人異質氣的騷擾，以及逃避鄭、清邪氣的壓霸凌虐，才分別遷入深山，再遭清國封山令強制孤立在分散的狹小區域內。在這段長達近四百年的時間內，只要有人不小心發出異樣語音，缺乏導正，口語就會隨時間變化，越來差異越大。由於無法與其他地方交流維持文明所需的物質和原料，文明遂停滯，更繼而消退。另因為生活條件差，部落又無法與外界通婚而基因逐漸純化，族群也逐漸縮小。文書的教育傳承，在簡單的生活方式和狹小的生活圈，逐漸顯得不是那麼必要，也就不被那麼重視，因而隨時間過去就斷層了。連語言也因部落群縮小，加上超過三百五十年的實質隔離，各部落語音的差異越來越大。事實上，台灣各所謂部落群語音，還有40%相同；

40%相近，僅20%有獨特的明顯差異。

　　至於平地部落群，則是因為接受強制漢化，繼續使用原台灣（Paccan）語言的多屬偏僻之局限地方，語音就如被強制孤立的山地部落群，各分散地區也早已各自有不少差異。

　　世界各國的語言學者研究原台灣語言（Paccanian）時，均訪查所謂台灣各族的現有語音，分析語言、語音演進的模式，再和其他國家、地方的語言比較，才都發表相同的研究結果。從語言、語音的演進模式證實，所謂的南島語族是在1000年前至3500年前，由台灣向菲律賓、夏威夷、太平洋諸島、復活節島等地擴散出去的（前往澳洲、紐西蘭、馬達加斯加島則是更早得多），台灣是這些所謂南島語族的原鄉。最近的考古發現，更證實台灣人（Paccanians）其實早在1萬2千多年前已進入澳洲。而現今居住這些地方之原台灣人（Paccanians）的語音也都已有或多或少的差異，但經過語言、語音演進模式的分析，語言學者還是得承認，是同樣來自台灣。至於台灣文字，雖然原台灣文書都已被鄭、清消滅殆盡，但沉沒在台灣東邊海底的1萬3000年以前文字，是已很進步的世界最古老文字，埔農在《解碼福爾摩沙古文明：續認台灣古今真相》裡有很詳細的舉證說明。

　　所以，「台灣各部落群往來頻繁，語言、文字也可溝通」、「台灣人（Paccanians）根本無族群之分」有確切的歷史證據在，現有的差異是歷史傷痕造成，這是理性清明的人都應該瞭解的。請成國兄不要繼續幫助奸狡、狠毒的中國

壓霸集團撕裂台灣！

　　可惜的是，現在還懂得一點變遷後的Paccanian語音之人，在對台灣史實缺乏正確認識的情況下，都將隨時間產生變異後之語音，認定是其少數聚落的原本特有語言，並以為自己的聚落是獨立的特殊族群，使得台灣人本來應該有的禮讓和團結，變得障礙重重。

　　所以，埔農懇請成國兄要誠實、尊嚴地面對史實真相，趕快從中國壓霸集團的洗腦教化中清醒。認盜作祖的迷糊和充斥中國式虛妄思維的迷思，都一樣可悲，更喪失了生為人應有的人性尊嚴！（至此，成國兄才沒有再來強辯）

第六章
細究台灣史實

福佬話與客語的普遍被使用

吳兄問：「網路上有蕭先生的研究，謂台灣平地人口都是被漢化的所謂平埔族，這些倒是大家看法一致。不過，蕭先生又說，台灣人會說『閩、客語』，是受到日本人爲了溝通方便所影響的，不知您有何見解，眞會是受到日本人影響的嗎？」

埔農回答：

福佬語系台灣人與客家語系台灣人本來都是台灣平地原住民，是因爲接受不同來源的唐山滿官所強制漢化，才被分化成兩個不同語言和習俗的區塊。事實上，直到19世紀末，大多數郊區以及鄉村的平地台灣人，都還知道自己原屬部落區的名稱，多數樸實的台灣人也還會講眞正的母語（局部變遷後的Paccanian）。所以，日本學者伊能嘉矩等人才得以調查出各部落區的名稱與居住範圍，並在種別欄註明部落所屬地區的名稱。以上皆是事實。

　　然而，由於當時來台灣殖民統治的日本官員，全都懂得所謂的漢文，早期都是使用所謂的漢文與平地台灣人溝通。日本人更依據「個人常用語」，以「福」、「廣」將平地台灣人分別加以註明。平地台灣人迫於形勢，就更習於使用所謂的福佬話或客語了！所以，除了少數漢化深、學習支那厚黑學、認盜作祖、清據時期勾結唐山滿官的所謂台灣士紳假漢人，平地樸實台灣人之完全習慣使用所謂的福佬話或客語，甚至逐漸忘了真正的母語（Paccanian），是有受到日本人的影響。

　　蕭先生的論述埔農大都有看過，90%是正確的。10%的偏離事實，是因為蕭先生不瞭解清國據台以社學轉廟學強制漢化台灣人，甚至被以唐山之邪教式迷信做精神種族清洗的過程；蕭先生也不清楚四百年以前的台灣史實真相。蕭先生論述中這10%偏離事實的推想，很容易被「別有用心之人」見縫插針，以致連正確的90%也會被牽連而遭全盤汙衊。這是理性清明的台灣人必須小心的，以免事倍功半，甚至於適得其反。有心探究台灣史實的理性清明人士，務必要一絲不苟。

台灣人（Paccanians）只有結婚，沒有嫁娶之辭彙

　　木山：「台灣習俗母舅坐大位，其由來如何？網路

有一種『是誤會』的說法，我覺得這有問題。」

埔農：

由於台灣傳統文明和文化被所謂中國的壓霸集團惡意摧毀，72年來台灣人又被以中國式的虛妄思維洗腦，不少自認有台灣意識的人士，在缺乏對台灣史實真相應有的認識下，就經常憑自我想像而妄下斷言，靈性智慧清明的台灣人必須仔細分辨，才不會被誤導。「母舅坐大位的台灣習俗」是正確的。

事實上，台灣人（Paccanians）的社會當然男女有別，但男女地位是真正的平等。男女只言結婚，沒有所謂嫁娶的辭彙。每一家庭一般都只生育兩名子女，男女結婚後多數是以長男或長女繼承家庭，但非一定。是以每一家庭都有繼承和延續為原則。姓氏是代表家庭和家族的繼承，家庭和家族的繼承沒有男女的差別認定。男女結婚後，不論是繼承男方或女方家庭，姑、姨、叔伯、舅都是在外另組家庭。而結婚親密結合原本的兩個家庭，姑、姨、叔伯、舅並不會因另組家庭而有任何疏離，子女成長受姑、姨、叔伯、舅的照顧很深，有如父母。所以，子女結婚時，必請示並恭請姑、姨、叔伯、舅。原本姑、姨、叔伯、舅是受到同等尊重的，現在留傳的習俗只言「母舅坐大位」，原因有三：1. 姑、姨大多攜幼，行動有牽絆；2. 被以唐山生活方式強制漢化後，叔伯多數住在同一庭院內或附近，互助、關懷和尊崇本來即是尋

常的習慣又方便，不被特別注意；3. 漢化後受男人沙文主義影響。

「撿骨」是台灣人（Paccanians）的習俗

梓富：「有一則人類學者報導：『撿骨是南島語族文化的習俗！撿骨是百越族和南島民族的傳統，所謂漢人是不撿骨的。北從琉球，西到非洲馬達加斯加，南到紐西蘭，東到南美洲的復活節島都有南島民族的撿骨習俗。（Bone picking burial ritual is an Austronesian custom. North from the Ryuku Islands, West to Madagascar, South to New Zealand, and East to Rapa Nui.）』而撿骨是台灣人的固有傳統習俗，與所謂的漢人或華人無關，更證明台灣人和所謂的中國一點關係都沒有。」

埔農：

是的！而台灣正是所謂南島民族的原鄉。講到台灣人撿骨的固有傳統習俗，大家應該再瞭解「撿骨習俗」的由來。

台灣人（Paccanians）重視生與死。人死後不會停屍超過兩天，葬禮隆重，由司儀主持，親友都來悼念、送終。在葬禮後，一齊送至郊外特定的火葬場，先火化（《The Formosan Encounter Vol. I》P.31），再移骨灰入土。因爲是

以木、竹爲柴火，遺體很難全部燒成骨灰，所以待冷卻後須收集骨灰並撿拾留存遺骨。築一小墳，至少追思三代以上。既愼終追遠，又環保而回歸自然。

另因爲火葬需大量木、竹柴火，對大自然是一大負擔，所以有些部落主張並執行先土葬三年，待屍體只剩白骨，再撿骨築小墳。不過，人若病死在外地，或有傳染病疑慮，則仍然必定即時火化。此屍體僅能由近親穿戴粗麻衣物前去收屍，屍體不運入村鎮。其他親友則在郊外特定地點幫忙搭建火化台。葬禮就在郊外該特定地點舉行，其他親友僅能在外圍觀禮。屍體火化時，近親脫下穿戴的粗麻衣物，連同接運屍體的擔架或台車丟入火中一起焚燒。近親再繞圈讓火熱烘身體，之後穿回事先備妥的衣服。這是避免把外來的傳染病菌帶入村鎮的智慧。在被迫行漢人習俗後，直到現在，台灣人的葬禮都還看得到一大部分原台灣葬禮的規矩。

奸狡、妒恨的唐山人，對台灣族人的葬禮，竟然也能向荷蘭人造謠，說得奇形怪狀，前後矛盾，唐山人自己都無法自圓其說。（《The Formosan Encounter Vol. I》P.128-129、《against》P.31）由於長時間的被迫漢化，現在是有不少台灣人逐漸疏於「三年撿骨」這一傳統習俗。

所謂的南島民族（Austronesians），早被證實全然是台灣人（Paccanians）子孫，是500至3000年前移居過去的。由於南太平洋島群缺乏茂盛森林，所以移居的Paccanians只得選擇節省柴火的「行先土葬三年，待屍體只剩白骨，再撿骨

築小墳」。

台灣語文遺落和變遷的無奈

梓富兄：「南島語系下的平埔族語，應可作為台語。」

埔農：

南島語系族語，包括台灣的所謂平埔族語，本來就是台灣語言（Paccanian language）。事實上，台灣語言（Paccanian）原本沒有分什麼山地族語、平埔族語。台灣各部落群往來頻繁，語言、文字也都可溝通。「平埔」一詞，是於漢人滿官陳倫烱的《海國聞見錄》中首度出現，陳倫烱最先使用「平埔土番」一詞稱平地台灣人（該書於1731年完成，請注意，唐山人滿官陳倫烱仍是稱「台灣」為「海國」，且是初聞初見，表示承認台灣原本是一個國家，而且唐山人或所謂的華人以前完全不知「東方海上有台灣這一國度」）。後來才逐漸有清國的唐山官員跟著使用「平埔」一詞。平埔番或平埔熟番等字眼，出現在以後的清國志（誌）書中，是稱已受到掌控、管轄的台灣平地住民，主要是為了與尚未被迫漢化、拒絕漢化或清國官兵不敢進入的山地台灣人做區別。平埔熟番的稱呼雖然在18世紀中期以後就出現在

清國的文書中，但主要還是在19世紀中期以後的文書出現得比較多。18世紀，清國黃叔璥在《台海使槎錄》的〈番俗六考〉中，才依照地理分布而將平地台灣住民分為18社的13個部落群。日據時期的日本學者，則依照地理分布加上特有口音和語調，將台灣平地住民以及山地住民再加以區分，才出現所謂的「族」這個字。事實上，日語的「族」類似「組」，是指特定的一群人，例如「暴走族」、「宅居族」。埔農祖先居住西拉雅地區，埔農祖先到外地就自稱西拉雅人，就如現在台中地區的人到外地就自稱台中人是一樣的。也因而，所謂的台灣族群名稱和數量就不斷改來改去。山地住民有被分成9、10、11、12、13、14、15或16族的分法；平地住民有被分成7族14支、也有被分為8、9、10、11或12族，這些都原是莫須有的。

台灣（Paccan）的山地部落群，是避開荷、鄭、清壓霸，分別遷入深山，再遭清廷封山令強制孤立在分散的狹小區域內。日據時期，日本當局又受先入為主的觀念而造成分治。在這段長達近四百年的時間內，只要有人不小心發出異樣語音，缺乏導正，口語就會隨時間越來差異越大。由於無法與其他地方交流維持文明所需的物質和原料，文明遂停滯，更繼而消退。另因為生活條件差，部落又無法與外界通婚而基因逐漸純化，族群也逐漸縮小。文書的教育傳承，在簡單的生活方式和狹小的生活圈，逐漸顯得不是那麼必要，也就不被那麼重視，因而隨時間過去就斷層了。連語言也因

部落群縮小，加上超過三百五十年的實質隔離，各部落語音的差異越來越大。

　　平地部落群，則是因爲接受強制漢化，繼續使用原台灣（Paccan）語言的多屬偏僻之局限地方，語音就如被強制孤立的山地部落群，各分散地區也早已各自有不少差異。

　　世界各國的語言學者研究原台灣語言（Paccanian）時，均訪查所謂台灣各族的現有語音，分析語言、語音演進的模式，再和其他國家、地方的語言比較，才都發表相同的研究結果。從語言、語音的演進模式證實，南島語族是在1000年前至3500年前，由台灣向菲律賓、夏威夷、太平洋諸島、復活節島等地擴散出去的（前往澳洲、紐西蘭、馬達加斯加島則是更早得多），台灣是這些所謂南島語族的原鄉。最近的考古發現，更證實台灣人（Paccanians）其實早在1萬2千多年前已進入澳洲。而現今居住這些地方之原台灣人（Paccanians）的語音也都已有或多或少的差異，但經過語言、語音演進模式的分析，語言學者還是得承認，是同樣來自台灣。

　　至於台灣（Paccan）原有世界最早的先進文字，埔農於《解碼福爾摩沙古文明：續認台灣古今眞相》已舉證甚多，「台灣各部落群往來頻繁，語言、文字也可溝通」有確切的歷史證據在，現有的差異是歷史傷痕造成，這是理性清明的人都應該瞭解的。所以，講到「台灣語（Paccanian）」，是不應該著重在所謂平埔各部落區以及山地各部落區的現有差

異。

可惜的是，現在還懂得一點變遷後的Paccanian語音之人，在對台灣史實缺乏正確認識的情況下，都將隨時間產生變異後之語音，認定是其少數聚落的原本特有語言，並以為自己的聚落是獨立的特殊族群，使得台灣人本來應該有的禮讓和團結，變得障礙重重。

語文是文明和文化中很重要的成分，但台灣自有文字已少有人能認識，台灣自有語言也因時間變遷，已形成各地區的一些差異，很難再於現實社會中恢復廣泛使用。這情形是一大悲劇，也很無奈。其實，台灣歷經更壓霸的支那二次洗腦後，所使用的所謂漢語文經過長達七十年的台灣本土化，已有異於任何古今的所謂華人語文。加上所謂中國的文字在簡體化後，已和台灣使用的所謂秦字或漢字有很大的差別，台灣在回復完整的自主國度後，要稱現在所使用的語文為新台灣語文或秦語文、漢語文都可以，只要與所謂的中文做完整切割即可。重要的是必須避免再被壓霸中國繼續滲透入台灣，就可以維持自有的文化精髓。

事實上，世上本無永遠不變的語文，一種語文使用的人多了，自然較易演化成適應時代的需要。當一種語文先一步適應時代需要時，使用的人就會更多。更多人使用，此語文就更會符合時代需要。這是一種相乘性的循環。任何語言與文字沒有一成不變的，都會隨著時間而不斷消長。我們本來就不必過度計較語言文字的變遷。能使用符合自己文化精髓

的原語文，當然最理想。而使用轉化語文，只要有持續本土化，也可以轉化成符合自己文化精髓的新語文。在國際村已深化下，國際往來頻繁，我們還是須要學習外國語文，尤其英文。學習英文、使用英文、瞭解異國文化，還是可以保有自主文化。要不要或會不會受影響，全在於自我意志的堅持。就如日本，日本現在還保有不少所謂的漢國文字，但沒有日本人會覺得有何不妥，更沒有日本人會羨慕所謂的中國。所以最重要的還是，一定要先讓全體台灣人能夠徹底明白台灣史實的真相，並徹底去除所謂的中國化！

　　當然，如果台灣人已全面清醒，台灣（Paccan）已恢復靈性智慧社會的國度，全體台灣人有共同的決心，要從殘存的固有語文中整理出一套適合現代使用的語文，那也不是壞事，也許更是長遠的好事。不過，那須靜待屆時已恢復靈性智慧的全體台灣人去作共同的抉擇。

善良學者也不免迷糊

　　鄭兄問：「你在《解碼福爾摩沙古文明：續認台灣古今真相》提到那位台灣知名歷史學者的『亂點福爾摩沙（Formosa）』。可是，既然事實這麼明顯，為何這位學者會誤認福爾摩沙是沖繩呢？他是有名的歷史學者，怎麼會做出這麼離譜的認定？」

埔農：

埔農說過，他是一個好人，可惜就和其他台灣聞達的文史學者一樣，這位台灣知名學者的基礎學識，也是由蔣幫壓霸集團以「呆奴化」台灣人爲目的特意堆砌起來的，缺乏追查細節的邏輯訓練。他們很容易僅憑單一的「初步得知」，就據以想像而發表推論。這是今日多數台灣人會深陷各式各樣迷思的源頭。

另外，也因爲缺乏正確的邏輯訓練，這位學者會誤認「葡萄牙人過去認知中的福爾摩沙，指的是沖繩而不是台灣」，很可能還受到一本1704年歐洲出版之所謂有關Formosa的書（原文名稱是*An historical and geographical description of Formosa*）所影響。此書作者喬治·撒瑪納札（George Psalmanazar），爲了出名以擠進當時的所謂歐洲上流社會，就把從傳教士聽來之有關琉球（今沖繩）的歷史背景、地理狀況、宗教信仰、風俗習慣等故事，加上自己的憑空想像寫成書。因爲當時歐洲社會早已從西班牙和葡萄牙商人聽聞「Formosa（福爾摩沙）是他們夢想而不可得的人間天堂」，荷蘭人又曾從Formosa獲取巨額利益，於是撒瑪納札爲了吸引所謂歐洲上流社會的注意，書內就把琉球故事說成是Formosa，並假裝自己是來自Formosa的Formosan（福爾摩沙人）。其實當時已有不少人指證，喬治·撒瑪納札根本沒去過東方，也就不可能到過Formosa，更遑論是Formosan（福爾摩沙人）。

　　這本書在台灣有翻譯本，譯者是薛絢，書名為《福爾摩啥》。如果有人讀過，就知道「撒瑪納札書內80%是自己的幻想；而其餘20%聽聞而來的故事，正是在描述當時的琉球」。

　　Sigua：「陳思羽在《台灣車厝（移屋）的歷史發展歷程》（https：//www.google.co.za/url？sa=t&source=web&rct=j）；《台灣房屋「整體遷移」技術之研究》（http：//libwri.nhu.edu.tw：8081/Ejournal/AQ02170106.pdf）裡面提到：『三百多年前，明末清初，祖先為福建省漳州府昭安縣人，一同跟隨鄭氏來台。在嘉義縣朴子街應菜埔，落地生根。』雖然她現在還承認其曾祖父陳卒先生的車厝（房屋移動）『是學自台南鄉間的姜林獅先生』，但她的這種漢人或華人迷思，竟然學起了『認盜作祖，自以為高級』。我很擔心在幾年後，就和其他台灣文化、文明一樣，又要被扭曲成來自唐山了。」

　　埔農：
　　陳思羽這報告寫得不錯，只可惜她是學歷史的，卻還加入「三百多年前，明末清初，祖先為福建省漳州府昭安縣人，一同跟隨鄭氏來台。在嘉義縣朴子街應菜埔，落地生根」這假漢人、假華人的中國式虛妄情節。奴化自己，也幫

助中國壓霸集團奴化台灣人。埔農必須叫醒她，她被歷史教
授進一步呆奴化了。

　　不知Sigua您可否連絡上這位陳思羽？埔農正是姜林
獅先生的傳人，陳思羽曾祖父陳卒先生也正是姜林獅先生過
世前幾年才緊急廣為傳授的學徒之一。所以，埔農對陳卒先
生知之甚詳，陳卒先生的祖先絕非來自唐山，陳卒先生是道
地的台灣原住民。陳思羽家人若繼續認盜作祖，陳卒先生想
必地下難安。陳思羽如果能和埔農連絡，埔農可幫她釐清真
相，免得持續自侮還辱祖。

　　Sigua：「另有一篇雲林科技大學的《台灣房屋
　「整體遷移」技術之研究》，這篇文章提到從事移屋家
　族的譜系，卻說陳卒先生是由姜林獅先生的父親姜林唇
　所傳授。」

　　埔農：
　　這篇是好文章，記錄了台灣（Paccan）的部分工程文
明，值得讚賞。但是，埔農幼年即認得陳思羽曾祖父陳卒先
生，這篇文章提到的從事移屋家族譜系，標示「陳卒先生得
到姜林獅先生的父親姜林唇所傳授」是錯誤的。陳卒先生是
姜林獅先生過世前幾年才緊急廣為傳授的學徒之一。陳思羽
家人現在應該都還記得。

鄭先生問：「我不解的是，古時候並沒有千斤頂，如何舉起這麼重的建築物？」

埔農：

如果鄭先生看過多年來考古出土的台灣文物，就會瞭解，台灣遠古即有先進的冶煉和鑄模技術，製造千斤頂是應該早有的。不過，早期的車厝（房屋移動）並不使用千斤頂，因為使用千斤頂不容易精準地在每個位置施加相同的上升力量，有可能造成部分牆壁的龜裂，除非是使用連通管油壓。後來是為抬起超重的鋼筋水泥樓房和廟宇，為了方便，才引用千斤頂來輔助。

早期的車厝（房屋移動），是純粹使用槓桿原理及標準磚塊，對整棟建築的每個部位同時施以相等的抬升力量。現場操作情形如下圖。

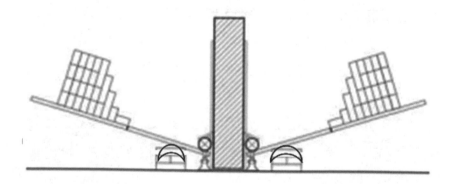

清明節祭天、大寒節修墓、過年時陪墓

Yuanming：「清明將至，可否提出台灣人自己的風俗習慣，而不是殖民習俗？」

埔農：

原台灣曆法（Paccanian Calendar）一年的重要節日，依序是新年、元宵（完宵日）、清明、端午、中元、中秋、重陽、大寒。因被迫使用唐山名稱，原台灣曆法稱謂大多已不可考。現在還知道的名稱是Limgout，Limgout就是今天所謂的重陽節。

清明節是依太陽對地球角度定的節起（氣）日，就在春分（太陽正對地球赤道之日，日夜等長）後約第十五天（地球繞太陽走了十五度。在現今所謂西方陽曆4月4日至6日之間）。是台灣族人春季耕種後，以潤餅食材祭天的日子。清明節天氣舒適涼爽，大眾當日祭天後休息，慵懶一日，身心放鬆享受清爽的天氣，也不烹煮三餐，大家就用清晨祭天後的食材，拿澱粉皮餅包著吃。

台灣曆書傳到唐山後，唐山人加入許多愚民綁節的迷信，台灣曆書的原貌盡失。也許因為台灣曆書有記載，台灣人（Paccanians）習慣清明節當日，清晨祭天後，不再烹煮三餐，盡情享受涼爽舒適的　天，輕鬆以祭天後的澱粉皮餅包食材（所謂的潤餅）食用，就有唐山神話裡出現「春秋時

期介之推割大腿肉餵重耳，重耳當國王後，介之推帶著母親悄悄避居，重耳（晉文公）燒山欲逼出介之推，卻燒死介之推母子，重耳下令將介之推母子忌日（說是清明節當天）定為寒食節，不許民眾開火煮飯」的傳說。

事實上，支那人的清明節與掃墓有關，是首見於《舊唐書・玄宗紀》：「寒食節上墓拜掃禮經無文，但近代相沿，積久成俗。」指的是當時文人官宦出現之相約行為，並未真的普遍成俗。是1935年被當時的所謂中國內政部訂為掃墓節，才加以推廣的。而這所謂清明節掃墓的活動，於1949年起，就又被所謂的中國（中華人民共和國）禁止了。

其實，不論是被以福佬或客家習俗漢化的台灣人（Paccanians），直到60年前都還是只有在大寒時節「坌風水」（整修先人墳墓），大多數的樸實台灣人至今還是保持這項傳統。陪墓（不是掃墓）主要是在過年時。家裡有新添人口（新婚或新生子女）或有新墳的前三年，過年時是必定要去陪墓，不是祭拜，是敬告祖先之意。其他時日，只要是懷念祖先，隨時都可以去陪墓。陪墓時帶去飯菜和飲品，宛如先人在世一般，歡度相聚，餓了有得吃、渴了有得喝。清明節原本是台灣族人敬天的時節（《失落的智慧樂土》P.89、P.129），以前在台灣，那裡見過清明節掃墓了？若有現在年齡60歲以上的人，請仔細想想您小時候，可曾見過有親戚在清明節掃墓嗎？這是因為清國據台時期，台灣不再有唐山人墳墓（現有的所謂鄭、清時期唐山人墳墓，不是屍骨

已被挖走的空墓，就是蔣幫中國壓霸集團侵台後再胡亂指稱的），清國派台的唐山人官員自然無推銷清明節掃墓之舉。埔農年幼時，是曾見過有極少數被訓化成「信仰玄天上帝」的台灣民眾，會在所謂的「玄天上帝」生日（陰曆3月3日）陪墓，但從未見過有「清明掃墓」的。現在卻已到處可見台灣人也於清明節跟著所謂的中國人在掃墓！而且，除了較慢受污染的鄉下，台灣人會在過年時陪墓的也漸漸少了，再過幾年，可能真的就看不到了！

　　Yuanming：「我母親（80歲）也說她們以前是三月節掃墓，現也有朋友的家還是初一掃墓。但馬偕的日記有說漢人除夕拜祖先，倒是沒說掃墓的。」

　　埔農：

　　少數台灣人會在三月節陪墓，那是被以唐山信仰漢化後才有的，但也不是掃墓。樸實台灣人整理先人墳墓（坌風水），現今還是在大寒時節。40年前，多數台灣人仍是於新年陪墓。馬偕（Rev George Leslie Mackay）在台灣時，口中的所謂漢人其實是所謂熟番的漢化民。清末來台的加拿大傳教士馬偕，於1871年12月30日到台灣之前，已先在唐山的廣東、福建居住過，對於所謂漢人或唐山人早有了先入為主的刻板印象。到台灣之後，首先接觸的又是認盜作祖的所謂上紳假漢人，才會誤以為漢化的平地台灣人是所謂的漢人或唐

山人。台灣人當然沒有所謂的掃墓，只有陪墓和大寒時節的
望風水。

　　另外，台灣人（Paccanians）除夕是有在家裡祭拜一至
二代的過世前祖先沒錯，但每年的祭祖典禮是於陰曆9月9日
在「公厝」舉行，稱Limgout（懷念祖先之意，就是今天所
謂的重陽節）。而陪墓主要是在新年時，現在還保留新年
『陪墓』傳統的台灣人，客家語系似乎比福佬語系多。

「使用漢語文之人」的本島人熟番

　　明輝：「我在一份1905年的日據時期台灣人口、戶
籍資料，看到有『本島人：漢人，福建、廣東（下左
圖）。』但是，當時日本人絕不會把福建、廣東人寫為

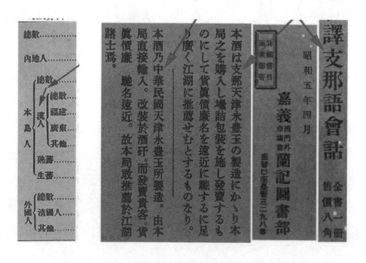

漢人，日本人都稱唐山人爲清國人，後再稱支那人（下右圖）。請問，這是不是蔣幫集團惡意塗改的？」

埔農：

這不是蔣幫集團惡意塗改的，但這是依當時熟番本島人懂所謂漢語文之程度，分別所作的統計表。這本島人（熟番）內之所謂福建、廣東的「漢人（系）」，指的是「說、用福建、廣東漢語文之人」，並非指來自支那的所謂漢人

當時日本人是絕不會把福建、廣東人寫爲漢人，日本人1905年是稱唐山人爲清國人，清國滅亡後改稱支那人。但由於當時來台灣殖民統治的日本官員，全都懂得所謂的漢文（日本人佐倉孫三在1903年出版的《臺風雜記》就是全用所謂的漢文書寫），早期都是使用所謂的漢文直接嘗試與平地台灣人溝通（這也影響了平地樸實台灣人之完全習慣使用所謂的福佬話或客語，甚至逐漸忘了真正的母語（Paccanian），請看本章第一節）。平地台灣人口在清國戶籍登記全是「土著、漢化民熟番」，日本人改稱「熟番本島人」。日本據台當局爲方便溝通、管理，才依當時熟悉所謂漢語文的程度，分別將熟番本島人加註爲「廣」（客家語系，日本人誤以爲客家話是廣東話）與「福」（福佬語系，日本人誤以爲福建語言只有福佬話）；已略懂客家話語文或福佬話語文的隘勇線外平地番社住民就記爲「熟」；部分完全不懂客家話語文或福佬話語文的平地番社住民記爲

「生」。但日本據台當局的戶政機關做戶口、人口統計時，有「廣」、「福」註記的人口仍歸類為本島人熟番。記為「熟」、「生」的是平地番社住民仍歸類為生番。山地人口直到1916年才統計出來，也才改用生番稱山地人口。也所以，1916年以前與以後的台灣人口分類統計有很大的差異。

1905年，需要言語溝通的執行管理機關（軍、警及地理、民情、人文、風俗等調查系統），則借用戶政機關的「廣」、「福」、「熟」、「生」註記，開始另依個人「主要常用語言」和「懂第二種語言」分別依「所謂的漢語文熟悉程度」做人口註記和統計。資料內「常用語言漢人系」指的是「說、用漢語文之人」，並非指來自支那的所謂漢人。此處的福建、廣東是列在本島人（熟番）之內，絕無疑義。

這些日據時期的台灣人口、戶籍普查原始資料，日本當局初始是轉錄自清國據台末期的台灣官方戶籍文書，原來是被蔣幫中國壓霸集團列為機密封鎖，僅特殊身份人員被准許看。國家科學委員會放久了覺得與他們無關，就交由台灣大學保管，但卻不交給歷史系，反而交給法律系。說是有智慧財產權，由法律系保護！既是日本據台時期的官方文書，應屬台灣全民所有，蔣幫中國壓霸集團或台灣大學法律系何來智慧財產權？壓霸集團一向慣於使用「似是而非」的說法，企圖掩飾他們的壓霸和陰狠。所以，蔣幫盜匪帶來台灣專門竄改台灣史實的御用學者（黃典權為首）就肆無忌憚的胡說八道了。選擇羨慕虛妄之中國式壓霸思維、鄙視自己的出

身、認盜作祖；僞裝假漢人、假華人的台灣聞達文史學者就閉著眼睛隨之招搖撞騙。以上，埔農在《台灣人被洗腦後的迷惑與解惑》有很詳細的舉證說明。

這日本據台的人口、戶籍統計資料是原件照相本，日據時期戶籍資料上面的「國立台灣大學」、「圖書館典藏」、「法律系」、「法實證」章是蔣幫集團後來蓋上去的，先列爲機密，再說有智慧產權。但，確實是日據時期原件沒錯，這本島人（熟番）內之所謂福建、廣東的「漢人（系）」，指的是「說、用漢語文之人」，並非指來自支那的所謂漢人。所以，並非蔣幫集團所塗改。

第七章
惡質中國人與被洗腦後迷失的台灣人

惡質、無恥又陰狠的中國人

　　Kai Wang（習於厚黑學的所謂中國人）說：「中國歷朝歷代漢化都是自然而然形成的，在台灣亦然。更沒有強迫少數民族認漢族當祖宗，台灣人認漢族當祖宗是台灣人自己主動的。如果是強迫的怎麼沒有衝突的歷史事件？蔡英文為何要主動向所謂的原住民道歉？所謂的原住民並沒有要求她道歉，蔡英文的目的只是希望給人們建立一個印象，平地台灣人都是來自中國的移民。」

　　埔農說：

　　台灣人漢化是被強迫的。清國據台，視台灣為敵境，將在台唐山人全數趕出台灣，一個不留。此後下了嚴刑峻罰的「渡台禁令」，執行強制漢化。先由社學洗腦，再轉廟學訓練，以唐山局部地方的邪教迷信，鋪天蓋地的灌輸和演練，這是精神版的種族清洗運動。

　　因被強迫漢化而起的衝突事件全台到處有，是因為台灣

聞達人士（尤其台灣文史學者）已假漢人、假華人當上癮了，習於以所謂的虛妄漢人爲中心，寧願選擇羨慕虛妄的中國式壓霸思維，才會對眾多史實證據視若無睹。他們無論在學校教育或社會教化上都掌握了十足影響力，多數台灣人才會至今不知道史實眞相。

由於台灣人崇尚自然、和平、分享、互助，本無戰鬥訓練，也不製造武器，又面對的是重炮、利槍，所以，不屈服則死的死、逃的逃。這些史實唐山人滿官不可能照實記載，只稱爲「番亂」或「番害」，屈服的台灣人若記述必遭迫害；漢化過深的所謂台灣士紳，則是學會所謂漢人的厚黑學，認盜作祖、鄙視同胞和祖先，以所謂漢人的虛妄思維亂寫一通（其中以晚期的連橫最惡質、最不要臉）。甚至連著名的朱一貴、林爽文和戴潮春等台灣人大規模反抗清國統治事件，都被認盜作祖的無恥台灣假漢人寫成是唐山人（或所謂的漢人）參加天地會、來台灣反清復明。埔農曾於自由時報登了數日半個版面的巨幅廣告，言明「任何人若能舉出實證，證明朱一貴、林爽文和戴潮春是唐山人（或所謂的漢人）、參加天地會，以及來台灣反清復明，埔農將頒發新台幣一百萬元獎金」，一直並沒有任何文史學者敢吭一聲。所以，在虛妄之所謂中國人或假漢人所寫的史料上，看得到的當然是不多。蔡英文和眾多台灣聞達人士一樣，是所謂台灣士紳的子孫，留有其先人勾結入侵霸權以得利的惡習。蔡英文和眾多深陷「斯德哥爾摩症候群」心理扭曲的台灣聞達人

士，是邪惡的所謂中國人製造出來的。現在你們中國人（或假中國人）卻拿自己製造的齷齪攻擊台灣人，再譏笑台灣人認盜作祖，中國人「厚黑學」的無恥和邪惡真是讓人驚嘆！

快清說：「台灣平埔族祖先在清朝212年統治期間，陸續被唐山滿官強制漢化，冠漢姓、學漢閩客語、習漢俗才能減輕被唐山滿官的蹂躪以及假漢人剝削。唐山化過深的台灣聞達人士（所謂的士紳），勾結唐山滿官欺壓同胞而得利，已假漢人、假華人當上癮了，其後代子孫幾乎全不認平埔祖先，寧可當假唐山過台灣的假漢人，也不願當平埔族番的子孫。」

Kai Wang又說：「國共兩黨對台灣的理解不夠確實，對台灣人的想法認識也不夠。台灣人對台灣的歷史和自己的民族血統都非常清楚，但是喜歡幻想編織出一套自己希望的歷史並且到處宣傳。這就是假漢人、假華人。

自從台灣人的真實祖先是平埔族被廣泛公開後，台灣現在的狀態比從前好太多了。台獨的聲音弱了，咒罵外省人中國國民黨的聲音也少了，比從前中國國民黨虛假不實的宣傳台灣人都是炎黃子孫好太多了。

我感謝一個人，一個排灣族的山地人沈建德，是他最早把台灣人是平埔族的真相公布在網上，如此我們才知道的。

我們沒有人認為台灣人的漢化是被強迫的，二戰前菲津賓人的美國化也是受強迫的嗎？日據時代台灣人的日本化也是受到強迫的嗎？弱勢文化碰到強勢文化很容易就被取代了。日據時代台灣人漢化的程度不是很深，很容易就被日本人同化了。日本人統治台灣不過五十年，台灣人的日化也不深，所以又被漢化回來。這點台灣人感觸良多，但是外省人不太能體會到，因為早先台灣人是福建移民的觀念不容易糾正回來。

台灣人的漢化是被強迫的，這句話我們完全無法接受。山地人到現在還能操自己的民族語言，賽德克巴萊那部電影只有他們自己的母語和日語，少許閩南語。山地人到現在還能操自己的民族語言，他們怎麼沒有被強迫漢化，可見強迫漢化是捏造的。山地人堅持保留自己的語言，副作用是減弱了自己學習現代知識的能力。

平埔族台灣人沒有選擇這條道路，這也說明了何以平埔族台灣人進步的速度快了很多。」

埔農說：

台灣人漢化是被強迫的，埔農前面已舉證說明清楚，不知您為何一直重複您的誑言妄語。看來Kai兄應該是瞭解台灣史實的，更是「利用所謂的台灣士紳（假漢人、假華人）奴化洗腦台灣人之蔣幫中國壓霸集團」的繼承人。

台灣（Formosa；Paccan）的文明、文化會是弱勢文

化？關於台灣的原本文明和文化，埔農多年來舉證無數（尤其在《台灣古今眞相》與《解碼福爾摩沙古文明：續認台灣古今眞相》），請Kai兄自行翻閱吧！當然，如果你認爲「貪婪、厚黑、壓霸、崇尙武力」才是強勢文化，那支那人眞的是強勢！

　　1661年鄭成功集團入侵台灣燒殺擄掠；清國1683年入侵台灣後則徹底摧毀原台灣（Paccan）的文化和文明；所謂的華人、中國人，因自卑產生嫉妒性的心理反彈，加上壓霸成性，見了別人的文物就要破壞、摧毀。清國據台執行強制漢化，先由社學再轉廟學，這是精神版的種族清洗運動。因被強迫漢化起衝突的事件全台到處有，例如：清國入侵早期，原Tayowan的Dorcko（唐山人與荷蘭人早期稱此地爲台灣）本是學術和工藝重鎮，抗拒漢化時，房舍、設備被摧毀，大半人口被殺，部分人逃到現今東山一帶。後來，清廷勢力再伸入東山執行強制漢化時，逃亡到東山一帶的Dorcko族人仍有一部分堅持抗拒漢化，遂被迫再遷往更深山的東原。72年前蔣幫中國壓霸集團入侵台灣時，也大肆毀壞、改造各種日據時期留下的石碑、墓碑（潘智仁先生的臉書放有很多實證照片）。所謂的漢人、華人、中國人，由於自卑產生嫉妒性的心理反彈，加上壓霸成性，見了別人的文物就要破壞、摧毀，看看三百五十年前那麼堅固的熱蘭遮城（鄭成功集團有火砲，加上四萬大軍，都攻打不下來，只能圍城），現在還見得到多少痕跡呢？1945年蔣幫中國壓霸集團侵略台灣，無

惡不作，更加徹底榨取台灣資源（例如：40年內就把台灣蘊藏量豐富的高級林木、金礦和煤礦，砍挖得乾乾淨淨）。單是1947年二二八事件的三月大屠殺，依當時蔣幫中國壓霸集團自己所謂的民政廳記載，他們按照名單就捕殺了一萬七千多名台灣人。蔣幫的所謂行政院於1960年又下令註銷了十二萬多「有籍無人」的戶籍。這是蔣幫中國壓霸集團自己白紙黑字寫的記錄，當時台灣民眾到底真正被蔣幫中國壓霸集團屠殺了多少人呢？台灣的原有文明和文化事跡又已幾乎被中國壓霸集團完全摧毀，蔣幫中國壓霸集團更是鋪天蓋地的對台灣人二次強制洗腦改造。

至於「台灣山地人口到現在還能操自己的民族語言」，是因為唐山人滿官其實都惡人無膽，不敢進入地形險阻的山地，以挖溝堆土方式，構築「土牛、土牛溝」（所謂的土牛紅線）之「封山令」防護工事，用來圍堵台灣山地人口，台灣山地人口才得以免去台灣平地人口被迫漢化的劫難。台灣山地人口卻也因為就像被困在孤島的各個分散小型監獄，無法與其他地方交流維持文明所需的物資和原料，文明遂停滯，更繼而消退。這全是你們所謂中國人造的孽啊！平地台灣人因漢化而進步的速度快了很多？是因過度漢化而很快厚黑學上身吧！以台灣人原本的智能、勤勞和善良，72年來要不是你們這批蔣幫中國盜匪的吸血肆虐，台灣人的表現早就讓其他世界各國稱羨了！

西班牙人、美國人殖民菲律賓；日本人殖民台灣，都有

意圖同化殖民地，這是殖民霸權的共同妄想。但美國人並沒有強制洗腦菲律賓人認盜作祖；日本人也沒有企圖消滅台灣人的剩餘自有文化。反觀支那人的妒恨情結和無恥厚黑學在台灣之肆虐和蹂躪，你竟然敢拿來相比擬！

　　你這句「日據時代台灣人漢化的程度不是很深」倒是說對了，你很清楚嘛！事實上，直到19世紀末，大多數郊區以及鄉村的平地台灣人，都還知道自己原屬部落區的名稱，多數樸實的台灣人也還會講真正的母語（局部變遷後的Paccanian）。所以，日本學者伊能嘉矩等人才得以調查出各部落區的名稱與居住範圍，並在種別欄註明部落所屬地區的名稱。以上皆是事實。由於當時來台灣殖民統治的日本人，全都懂得所謂的漢文，早期都是使用所謂的漢文與平地台灣人溝通。日本人更依據「個人常用語」，以「福」、「廣」將平地台灣人分別加以註明。平地台灣人迫於形勢，就更習於使用所謂的福佬話或客語了！所以，多數平地樸實台灣人之完全習慣使用所謂的福佬話或客語，甚至逐漸忘了真正的母語（Paccanian），是有受到日本人的影響。然而，多數樸實台灣人之徹底華奴化，是來自蔣幫中國盜匪的入侵。72年來台灣人又再被蔣幫中國壓霸集團二次奴化洗腦，眾多台灣聞達人士因被洗腦教化迷惑，陷入「斯德哥爾摩症候群」的心理扭曲，並養成「功利為先，尊嚴放一邊」的惡習，紛紛認盜作祖自以為高級。所謂風行草偃，誤導了多數台灣（Paccan）人，使得一般台灣民眾也受到深化迷惑，

拖累了多數台灣（Paccan）人隨之沉淪。多數台灣人已遺忘台灣（Paccan）歷史、文化和靈性智慧的真相，不少台灣（Paccan）人甚至也跟著台灣聞達人士誤以為自己是漢人移民後裔、誤以為自己是華人，多數Paccan的靈性智慧才因而飄渺。台灣這悲慘景況，全是所謂中國人造的孽啊！

你好大的膽子，竟然敢說「強迫漢化是捏造的」、「沒被漢化減弱了學習現代知識的能力」。這完全是虛妄的中國式壓霸思維，真是無恥、無知又狂妄。為了增長你自己的知識和見聞，埔農勸你還是先讀一讀《解碼福爾摩沙古文明：續認台灣古今真相》吧！

還有，你既然知道「台灣人都是台灣原住民」，還自稱是「外省人」？真是壓霸又不要臉！要留在台灣就安分做個踏實的移民台灣人，不然，若要當所謂的中國人，那就回自己的家鄉去吧！在這裡等台灣人踢你出去，只是自取其辱罷了！

Kai Wang說：「我完全不相信你講的話。如果鄭成功入台燒殺擄掠，台灣人和閩南人早就形成了無可磨滅的仇恨，可是完全沒有。安平古堡是個很小的城堡，鄭成功圍而不攻最後荷蘭人自己求和。不要亂編歷史，這對你的心理身理健康有非常不利的影響。如果你說的是真的，平埔族和閩南人之間就有了血海深仇了。」

埔農說：

唉！請Kai兄先要有點羞恥心，再多讀一點書才繼續來討論吧！「鄭成功入台燒殺擄掠」，甚至連「爲認盜作祖強造史」的「最無恥假漢人士紳」連橫都有透露。台灣人善良不遷怒、不記仇，哪會像你們邪惡邪惡的所謂中國人隨便就誅殺九族！現在就再讓你看一次「到底是誰在亂編歷史」：

「安平古堡是個很小的城堡」？熱蘭遮城的堅固和宏碩，荷、鄭都有記載，也留有圖片。荷蘭守軍雖然僅有數百名，但加上眷屬和文職人員共計有一千多人，彈藥充足，儲備的糧食、用水和材火可供應超過半年無虞，會是很小的城堡？所謂的漢人、華人、中國人，由於自卑產生嫉妒性的心理反彈，加上壓霸成性，見了別人勝過自己的文物就要破壞、摧毀，現在當然看不到多少痕跡了。

鄭成功海盜集團從Dorcko（Smeerdorp，今之下營）的禾寮港（Amsterdams Polder ofte Orakan（Oijlaukan））進入台灣後，往南向赤崁（de Provintien，普羅民遮城）進攻，一路上鄭成功的軍隊死幾百人才能殺死十個荷蘭人，鄭成功海盜集團早就膽顫心驚。荷蘭人可作戰的官兵只有不足千人，不得已才退守Fort Zeelandia（熱蘭遮城）。帶有火炮的鄭成功四萬大軍，幾次試圖砲擊都奈何不了。是因爲遭到劇烈反擊，鄭成功官兵死傷慘重才放棄，只敢遠距圍城。歷經九個月的圍城，等城堡內儲備的糧食和飲水用盡，荷蘭守軍才不得不開城門求和，離開台灣。Kai兄卻說成「鄭成功圍

而不攻，最後荷蘭人自己求和」，你到底是無知還是無恥？

　　既然你已知道「台灣檯面上之聞達人士都是認盜作祖的假漢人、假華人」，你也才剛剛大罵「不但是文史大師學者們裝著不知道台灣人都是原住民土著，連台獨的各級領導人也裝著不知道」，那你現在所謂的閩南人，應該是在說「最長三年一任的派台清國官兵和執行強制漢化工作人員、契約唐山人工匠，以及官方為了供給唐山需求而特准來台搜刮物產的短期入台贌商」吧！你說「埔農亂編歷史（？）」，又說什麼「台灣人被唐山人（閩南人）肆虐、被迫漢化沒有恨（？）」，那就請看以下的史實記錄吧！

　　台灣人是善良、崇尚自然、愛好和平、不仇恨，但對鄭成功海盜集團及清國唐山人滿官的肆虐和蹂躪，大小反抗多的是。

　　先看台灣人抵抗鄭成功海盜集團的肆虐：

　　《熱蘭遮城日記》記載：1661年6月3日前幾天，鄭軍兩千人帶了30名荷蘭人俘虜出發，進逼一向與荷蘭人友善的中部大肚社。大肚社的人當夜發動攻擊，約有1500名士兵被殺，其餘躲入甘蔗園逃生，大肚社人放火燒園迫使殘軍出來，予以殲滅，並解救了荷蘭人俘虜。此一戰役也記載於《諸羅縣志》及《苑裡志》等書。6月時，鄭軍將領張志與黃昭遣發屯墾北路，凌削台灣族人，激發阿德克故浪（A Tek Kaujong）率領族人圍攻軍營。鄭成功先遣副將楊祖解救，但被阿德克故浪以山豬標槍所殺。於是鄭成功再派黃

安、陳瑞二將領征討。最後以伏擊戰術斬殺阿德克故浪。但大肚王的族人對鄭軍的抵抗並未停止，鄭成功海盜集團在此地區10年內也從來沒有得逞！後來劉國軒率大軍壓境，中部大肚社族人才不得已遷避山區到埔里。

另外，1661年大肚社之役（此大肚社係在赤崁一帶，不是中部的大肚社，同名而已）、1670年沙轆社之役、1682年竹塹、新港等社之役，因是較小的族群，每一次的反抗，只有引來更殘酷的屠殺。

鄭成功海盜集團對平地各社進行迫害，甚至滅社屠殺。《海上見聞錄》記載：「以各社土田，分給水陸諸提鎮……令兵丁俱各屯墾。」更分遣官吏，向平埔各族徵收重稅。最悽慘的，要算是沙轆社了，所謂東寧王國的屠殺軍主帥劉國軒出兵消滅拍瀑拉沙轆社，《番俗六考》記：「沙轆番，原有數百人，為最盛，後為劉國軒殺戮殆盡，只餘六人，潛匿海口。」《裨海紀遊》：「……鄭氏繼至，立法尤嚴，誅夷不遺妻子……今大肚、牛罵、大甲、竹塹諸社林莽荒穢不見一人……。」

以上諸事件原本都在台灣民間廣為流傳，是直到近72年來遭到蔣幫盜匪的壓霸洗腦，台灣人才逐漸淡忘。

再看台灣人反抗清國的踐躪：

清國趕走鄭成功海盜集團，逐步擴張佔領區，隨著土牛、土牛溝（清國國界防禦工事的所謂土牛紅線）往外移而強制漢化時，台灣人反抗不斷。小反抗被以番亂、番害略

過，令清國官兵死傷慘重的大反抗才有記載。著名的反抗漢化事件就有：1699年吞霄社土官卓個事件、北投社事件；1726年水沙連社事件；1728年山豬毛社事件；1731年大甲西社事件；1732年大甲西社二次抗清事件；1734年柳樹湳登台社事件；1766年攸乃武社事件；1786年直加米南、目懷二社事件；1874年大南澳事件；1875年獅頭社事件；1876年太魯閣事件；1877年大港口事件；1878年生加禮宛事件；1886年大科崁社事件；1887年中路事件；1888年大莊事件；1889年白阿社事件；1892年三角湧事件、不力社事件；1895年觀音山事件。

　　而漢化佔領區的著名反抗事件就有：1696年吳球（諸羅新港東田尾，今台南新市）起義；1701年劉卻（諸羅縣秀柚莊，今台南市白河區秀祐里）起義；1721年朱一貴（高雄內門大傑巔社）起義；1783年莊大田（鳳山縣篤加港）起義；1786年林爽文（台中大里代社）起義；1795年陳周全（鹿港）起義；1811年高夔（淡水內港）起義；1822年朱蔚（噶瑪蘭）起義；1824年楊良斌（鳳山）起義；1832年張丙（台灣縣店仔口，今台南市白河區）起義；1841年江見（諸羅縣）起義；1843年洪協（諸羅縣）起義；，1851年洪紀（諸羅縣）起義；1853年林恭（鳳山縣）起義；1862年戴潮春（台中市北屯四張犁）起義、洪欉（彰化北投埔，今南投縣草屯鎮）起義；1888年施九緞（彰化縣二林上堡浸水庄，今埔鹽鄉新水村）起義。

　　以上都是台灣人忍無可忍的群起反抗事件。尤其朱一貴，林爽文和戴潮春事件，幾乎光復全台灣。但是，認盜作祖的台灣假漢人，卻被無恥、厚黑的所謂中國人牽著鼻子走，把漢化佔領區台灣人的抗暴，寫成是唐山人（所謂的漢人）參加天地會、來台灣反清復明！這些假漢人士紳和假華人台灣聞達人士的認盜作祖你已承認知情。而且，埔農曾於自由時報登了數日半個版面的巨幅廣告，言明「任何人若能舉出實證，證明抗清的台灣人（尤其朱一貴，林爽文和戴潮春）是唐山人（所謂的漢人）來台灣反清復明，以及參加天地會，埔農將頒發新台幣一百萬圓獎金」，一直並沒有任何文史學者敢吭一聲。Kai兄無知是情有可原，但一直以虛妄、壓霸的中國式「厚黑學」思維，無恥地污衊台灣人、還企圖進一步分化台灣人，那就罪無可赦了。

　　埔農再強調一次，Kai兄如果是所謂的漢人、華人，要繼續當所謂的中國人，那就回自己的家鄉去吧！現在就請離開埔農臉書。要留在台灣就安份做個踏實的移民台灣人，就請不要再用那所謂中國人的醜惡嘴臉到處招搖，否則終究會自取其辱而已！若Kai兄是堅持認盜作祖的所謂假漢人、假華人（雖然埔農感覺到Kai兄必是精鍊厚黑學的所謂中國人），則埔農念在同是台灣人（Formosans；Paccanians）的情份，有任何疑問可以舉出自以為的所謂根據來繼續討論，但切記不要用所謂中國人的虛妄思維來胡說八道，否則還是自取其辱而已，不信可試試看。不過，最後埔農再強調一

次，Kai兄如果是所謂的中國人，請即刻離開，不要再來！

Kai Wang說：「很多外省人的確不知道台灣平地人大多數是平埔族，台灣人的確是隱瞞欺騙了外省人啊！台灣的確是有一批清朝時就留在台灣的閩客人，他們不是假漢人。再說閩客和台灣人現在都是台灣省合法住民，誰都沒有權力叫別人離開。在美國印地安人是原住民，他們能叫其他民族離開嗎？太沒道理了吧！安平古堡我去過，的確很小，面積只有3078平方公尺，大學操場都有幾倍大，的確很小。所以鄭成功只是圍而不攻，等他們自己求和，荷蘭人還稱讚鄭成功。」

埔農：

你這無恥中國人太可惡了！

你叫什麼「很多中國人（請別再以所謂中國人的厚黑嘴臉自稱所謂外省人）的確不知道台灣平地人全數是平埔族」？你自己看看：事實上，1945年以前的所謂中國人都知道，台灣並沒有所謂的漢人或華人存在，台灣人是一個獨特的民族。所以，孫文於1914年就說過「我主張日本應該讓台灣與高麗（韓國）兩『民族』實施自治」；1925年孫文再說：「我們必須鼓吹台灣獨立，和高麗的獨立運動互相聯合。」（見於戴季陶的《孫中山先生與台灣》）。蔣介石在還未想到要侵略台灣前，於1925年就引用孫文的話說：「必

須使高麗、台灣恢復『獨立』自由，才能鞏固中華民國國防。」；蔣中正更於1926年的中國國民黨第二次全國代表大會宣言中說：「國民黨支持台灣、越南、朝鮮（韓國）〉、菲律賓等『民族』的民族獨立革命運動」。1936年7月1日毛澤東面對美國記者史諾採訪時說：「我們同時支持朝鮮和台灣爭取獨立的戰鬥。」。1938年4月1日的中國國民黨臨時全國代表大會，蔣介石發表演說時還再強調一次：「希望台灣恢復獨立」。1941年1月5日周恩來在談「民族至上與國家至上」時也強調：「我們同情民族國家的獨立解放運動，我們不只要協助朝鮮與台灣的獨立運動，也同情印度與東南亞諸國的民族解放運動。」。1941年12月31日中國駐美大使胡適在美國演講說：「中國對日宣戰的目標，在恢復滿州、熱河、察哈爾、綏遠，以及中國本部的被佔領區。」還是指出所謂中國的被佔領區並不包括台灣。可見所謂的中國人本來就知道，台灣人民不是所謂的漢人，更不是所謂的中國人，與越南、韓國民族一樣，是被迫漢化的另一獨立民族。而且，直到2014年2月19日，中山女中的退休老師譚家化（曾參與編纂專門洗腦台灣人用的所謂標準歷史教科書），在評論「台灣人要與中國區隔」時還說出：「台灣人若要去中國化，就不能拜關公、媽祖，也不能吃中國菜，連姓氏都必須要改回去。」意思是說：「這些宗教、習俗、姓氏都不是你們台灣人自有的，你們既已被我教訓成習慣使用我的宗教、習俗和姓氏，當然必須拜我為祖公、供養我。若不認我是祖

公，就得全部改回去你們自己的宗教、習俗和姓氏。但是你們改得回去嗎？」；2014年4月1日，被通緝多年，卻能回到台灣又立即交保的竹聯幫黑幫大老張安樂（號稱白狼），率眾到立法院向反服貿學生挑釁，囂張地叫罵：「你們（台灣人）都是中國人『幹』出來的！」，清華大學副校長劉容生還立即出來幫腔說「白狼只是說了社會不敢說的話，打了學生一個學校不敢打的耳光」，意思是說「你們既已認我這強盜作祖，我這強盜罵你是我幹出來的龜兒子、龜孫子，也是剛好而已」；2015年6月10日，前教育部高中課綱檢核小組謝大寧說：「台灣歷史課綱有高度政治性，不是要闡述（真實）歷史，而是要把不同來源的人凝聚為共同的『國族（中國）』，建立『我群（中國）』意識。」，意思是說：「70年來，我們高級中國人對你們原台灣人的洗腦過程，就是故意用精心偽造之歷史教材達成的，這套教材你們已用了70年，現在你們堅持這些雞毛蒜皮的小事，到底能改變什麼？」。以上在在顯示，所謂的中國人，不論所謂的學者、流氓或是政客，都非常清楚「台灣人全數是原住民」，是和他們完全不同的民族，和他們不同來源。你現在卻有臉說「很多中國人的確不知道台灣平地人口全數是平埔族」！

你說什麼「台灣的確是有一批清朝時就留在台灣的閩客人，他們不是假漢人」？請問，除了「中國壓霸集團的偽造文書以及台灣假漢人以小說形式虛構的人與事」，你又能舉出那·項史實文獻的證據來附和你這種誑言妄語？你先是批

判「台灣人自己喜歡幻想編織出一套自己希望的歷史並且到處宣傳，這就是假漢人、假華人」、「台灣人認漢族當祖宗」；現在又誑言「台灣有閩客人」，這種語無倫次的胡言亂語，也只有精鍊「厚黑學」的所謂中國人才說得出口了！

　　你囂張什麼「誰都沒有權力叫別人離開」？你入侵我家，搶又殺，我沒有權力叫你離開？這是「中國厚黑學」的無恥和壓霸！台灣人仁慈又好客，善良的移居難民，台灣人會歡迎。但像你這種內心充斥無恥、奸詐、狡猾和妒恨的壓霸中國人，任何台灣人都可以大聲叫你離開！

　　所謂印地安人的美國原住民，雖也是長期被侵略、被欺壓，但並未被洗腦至呆奴化，所謂的印地安人都還自知是美洲原住民。所有住在美洲、澳洲、紐西蘭的歐洲人，都一直表明自己是移民的後代。台灣人則是歷經中國壓霸集團的二次奴化洗腦，以致多數人至今深陷「斯德哥爾摩症候群」而難以清醒。美國原住民受盡霸凌，至今被侵略已既成事實，他們是已無力叫其他民族離開了。埔農知道，你們這種無恥、奸詐、狡猾、妒恨又壓霸的中國人，當然是存心要盡快把台灣人欺凌至「有如美國原住民」般的無力翻身，你們就可以稱心如意了。

　　「安平古堡我去過，的確很小，面積只有3078平方公尺」？你在說什麼瘠話？埔農前面已說過，所謂的安平古堡原是熱蘭遮城（Fort Zeelandia），熱蘭遮城的堅固和宏碩，荷、鄭都有記載，也留有圖片，會是很小的城堡？鄭成功海

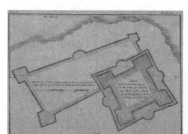
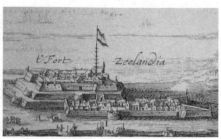
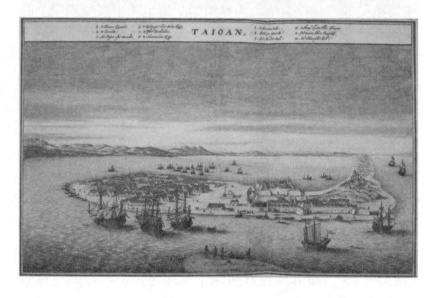

盜集團帶有火炮的四萬大軍都奈何不了，幾次試圖砲擊遭到
劇烈反擊，死傷慘重才放棄，只敢遠距圍城。所謂的漢人、
華人、中國人，基於嫉妒心理，加上壓霸成性，見了別人勝
過自己的文物就要破壞、摧毀，現在能看到的當然只剩幾樣
斷垣殘壁了。所謂的安平古堡是被充斥妒恨習性之所謂中國
壓霸集團的摧毀，現在只剩不到5%的殘跡，當然很小。你
一再重複你的胡言亂語，難道你真的腦筋打結了？

埔農就拿出5張舊圖片讓你開開眼界。

第1張是平面設計圖，第2、3張是當時荷蘭人由西北方分別遠眺所繪的素描和彩繪。

下面這兩張是後人分別由北方（第4張）及從南方（第5張）所作的鳥瞰彩繪。

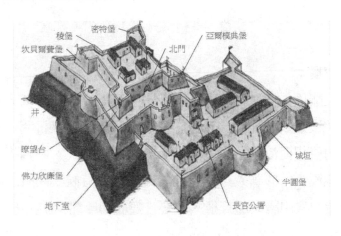

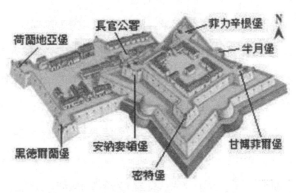

還有，荷蘭人什麼時候稱讚過鄭成功了？你又在那裡看過或聽過？請展示出來瞧瞧！

　　你這擺明是拿自己的齷齪塗抹他人，想不到中國人真的骯髒、妒恨、無恥到這種地步，埔農連回答你都覺得羞恥！

　　Ching-Jui說：「在台支才會說什麼『外省人』、『荷蘭人稱讚鄭成功』的，樓上這位先生是來亂的吧，還洗版？這樣不好啦！」

　　埔農：

　　沒關係，埔農希望所謂的中國人都能知道「台灣人並不是全部被呆奴化了」，更希望多數台灣人都能早日明白台灣史實的真相而清醒。這位先生必是所謂的華人、中國人，就算是假漢人、假華人，也看他能亂到什麼時候！同時也讓大家再看一次中國人那狡猾、邪惡、無恥的厚黑嘴臉。

　　Kai Wang：「不要指責別人冒認假漢人，你們自己不也一樣是假冒漢人嗎？李登輝時代以前所有台灣人沒有人自稱是平埔族，台獨人士有誰提過台灣人是平埔族？ 如果不是一個叫沈建德的山地排灣族在網上和電視媒體上公開台灣平地人也是原住民平埔族，現在外省人也不可能知道，平地人還是一如既往繼續當假漢人。 如今大家都知道了，才有人自命清高怪別人虛榮，歐美人日本人都在看笑話。」

埔農：

你這厚黑中國人又來了！埔農和多數上一代的台灣人從來就一直自知自己是原住民，被所謂的華人、中國人或假漢人、假華人稱爲番也從未有過不高興。沈建德先生是好人，但埔農對台灣古今眞相的瞭解與沈建德先生無關。沈建德先生是很清楚自己和其他平地台灣人一樣，都是台灣原住民。但因受中國式的虛妄教育長大，沈建德先生仍是不明白千、萬年來的台灣史實和文明。Kai兄說「所謂的中國人（稱外省人是無恥的奴化語言）現在因沈建德先生才知道台灣人都是原住民」，這是無恥的自欺欺人。埔農前面已舉證說明「所謂的中國人從來就一直清楚知道『台灣人全是原住民、台灣人是不同的民族』」，所謂的中國人是爲奴化台灣人才在入侵台灣後僞造文書，埔農多年來更舉證無數。你若要繼續爲所謂中國人的無恥、厚黑、陰狠強辯，請Kai兄一一看過再來吧！

多數平地台灣人被洗腦成假漢人，是悲慘的現實。這是因爲台灣人所被灌輸中國式的虛妄史觀知識，全是來自充斥「蔣幫中國壓霸集團爲洗腦台灣人而僞造的所謂標準教科書」以及「早期少數因漢化深而轉性，寧願認盜作祖當走狗、勾結霸權、乞求其殘羹的所謂台灣士紳虛構之小說」。更糟糕的是，現在台灣聞達人士（尤其台灣歷史學者）多數深陷「台灣受虐症候群（重症斯德哥爾摩症候群）」，習於以所謂的中國爲中心，寧願選擇羨慕虛妄的中國式壓霸思

維，對眼前的史實證據視若無睹，還鄙夷原台灣（Paccan）的智慧文明和文化，持續認盜作祖，偽裝假漢人、假華人而自以為高級。大眾的錯誤認知，不論是來自學校教育或社會教化，絕大部分都是受到台灣聞達人士（尤其台灣文史學者）所影響。由於台灣聞達人士在學校教育和社會教化都掌握了十足影響力，所謂風吹草偃，連累多數原台灣人也還在跟著誤以為自己是唐山人移民的後裔、誤以為自己是華人，有人甚至故意裝作是中國人。這景況，確實悲慘，更令人痛心，但請Kai兄不要以幸災樂禍之心批評或譏笑，這是吃著人肉還在笑罵人肉鹹！壓霸、無恥，又邪惡至極！

煥金：「請問Kai Wang，何謂台獨人士？也請你釐清自己中國人的立場！中華人民共和國的台獨字眼是針對你們中國人而言，是叫你們中國國民黨在台灣不能搞台獨、華獨！而台灣本來就是遺世獨立。台灣主權從來就不是所謂中國的一部份。台灣是何時、在什麼情況跟你們中國人扯上關係的？請仔細講清楚。台灣人沒有清算你這亡國盜匪，已經宅心良厚了。

請問，何謂中國國民黨？你們為何流亡台灣？祖國不是很好嗎？假漢人，假華人跟你中國一點都不相關。台灣人自己是必須深切檢討自己，但不必你貓哭耗子、假慈悲。所謂中華民族是只會自我膨脹、互鬥的千年虛妄文化。兩岸一家親？祖國在招魂了，回去吧！在台灣

的中國人不反共了，看你們狠狠的樣子，趕快回去你們的所謂中國，去繼續做你們的所謂千秋大夢吧？

你別再挑撥了，李燈輝、陳水扁、蔡英文、民進黨是假華人當上癮了，但還不至於像你們所謂中國人的那麼無恥。我家裡的事，不用你來關心，也輪不到你講話。不服氣恭請挑戰。」

Kai Wang（口塞無詞就轉移話題）：「這回（指的是2018年2月6日花蓮地震）日本搜救隊到了災難現場都不進去救人，只說教台灣搜救隊使用日本的生命探測儀，叫台灣搜救隊自己進去救人。這些日本人可能心裡想，這些不重情義的台灣人不值得他們冒生命的危險。外省人七十多年來在台灣用了許多心力建設台灣，台灣人享有完全平等權利，可是沒有半點感激之情，反而都說些不堪入耳的指責，人家會看不到嗎？」

埔農：

Kai兄說「所謂的中國人（自稱外省人是無恥的語言，72年前來台難民若自認是移民台灣人，可稱唐山裔台灣人，再至極隨和，也應稱華裔台灣人）」多年來在台灣用了許多心力建設台灣，台灣人享有完全平等權利」，這不但睜眼說瞎話，而且完全是以虛妄的中國式壓霸思維在看待台灣。你們蔣幫中國強盜集團肆虐台灣、踐踏台灣，在李登輝掌權後才逐步把台灣帶向「表面」的所謂民主化，你們這群流亡的

中國強盜還是利用這表面的所謂民主，繼續肆虐台灣，更和中華人民共和國裡應外合，存心摧毀台灣，還要台灣人感激？你們這批壓霸、無恥又邪惡的中國人，真是厚黑無敵！蔣幫中國流亡強盜建設台灣？沒有接收日本人留下的建設；沒有盜賣台灣的金礦、煤礦和珍貴林木；沒有榨取台灣人辛苦耕種甘蔗、稻米；沒有早期的美國援助，你們這群蔣幫中國盜匪集團能在台灣逍遙？以台灣人的智能、勤勞和善良，72年來要不是你們這批蔣幫中國盜匪的吸血肆虐，台灣的表現早就倍數繁榮了！

現在你又以偏狹、妒恨的心態，容不下「日本救難隊以最快速度攜帶生命探測儀來相助」。請看清楚，台灣搜救隊盡心盡力，進展神速，短短兩天能救的都已救出。日本獲知台灣有難，救難隊須整裝出發，又必須安排遠道行程。盡速趕到時，所能做的就是使用其較有效的生命探測儀，偵測有無其他可能的潛在生命還在裡面。既成的搜救路徑都是台灣搜救隊開闢出來的，台灣搜救隊才熟悉，當然是由台灣自己的搜救隊，借用日本救難隊的高靈敏度生命探測儀，從事進一步探查效率較高。日本救難隊遠道而來，關心效率，也不搶功，你怎麼會忍心污衊這些仁義相挺的日本友人呢？看來Kai兄是精鍊「厚黑學」；虛妄、無恥的所謂中國人！

　　Kai Wang：「我們怎麼會偏狹妒恨日本救難隊來台救災呢？ 921大地震時日本救難隊也來台灣救難，可是

態度和這回完全不同，那一回完全不顧危險一頭就栽進傾倒的建築物，這次則非常奇怪了。我也不是盲目的仇日派，日本人也是心思細膩的民族，你以為日本人不理解台灣人的心理嗎？」

埔農：

唉！埔農前面的說明Kai兄沒看嗎？921大地震的規模太大，台灣搜救隊力不從心，很多地方真的需要外國友人幫忙，台灣人衷心感謝外國友人的伸援。這次花蓮災情規模不太大，台灣搜救隊表現良好，還綽綽有餘，但還是對日本人的無私幫助充滿感激。既然Kai兄自稱非盲目仇日，那就是嫉妒了！請Kai兄先理性、平心再論斷。

陳兄：「蔣幫中國壓霸集團口裡的外省就是外國。」

埔農：

是的，72年前來台難民若自認是移民台灣人，可稱唐山裔台灣人，再至極隨和，也應稱華裔台灣人。蔣幫中國盜匪流亡集團自稱外省人，實在是無恥、厚黑又壓霸！

Kai Wang（又是口塞無詞就轉移話題）：「國民黨管理戶政的人員肯定是知道台灣人多數人是平埔族，

但是他們並沒有對外公布，一般外省人大陸人的確不知
道真相。即使是歷史專業人士李敖也不知道，在沈建德
公布台灣平地人也是土著之前，有什麼台灣人公開講
過？即使是台灣研究台灣土著第一的學者陳奇祿在他的
研究當中也沒有提過。如果說國民黨欺騙不提台灣人是
漢化的土著，國民黨欺騙的也是外省人，台灣人怎麼會
說國民黨欺騙台灣人？怎麼能說國民黨奴化教育台灣人
呢？」

埔農：

唉！你若要來繼續強辯，就請別再使用中國式虛妄、無
恥又厚黑的言詞，否則埔農真要不屑理會你了。「中國國民
黨」就是「中國國民黨」，中國國民黨在台灣何時改成國民
黨了？何必以「國民黨」唬人？這是心虛、遮醜，也是掩飾
罪惡！「中國」就是「中國」，使用「大陸」這虛幻妄語稱
「中國」，顯然是要引誘台灣人深入陷阱的狡猾、壓霸心
態！既然「自認是所謂的中國人」就大方承認自己是流亡的
所謂「中國難民」，為什麼要以所謂的「外省人、大陸人」
自欺欺人？這顯然一樣是中國人無恥的厚黑心性不改！

所謂中國的壓霸集團，以謊言和偽造文書洗腦台灣人無
所不用其極，當然絕不會公布「台灣平地人口都全是原住
民」的事實真相了。對外公布真相，台灣人就不容易呆奴化
了。「沈建德公布台灣平地人口也是土著之前，不見有什麼

台灣人公開講過」？這並非事實。請自己摸摸良心（如果還有存在一點點的話），能登上傳播工具的都是認盜作祖台灣「聞達人士」，他們假漢人、假華人當上癮了，當然不承認自己是台灣原住民。然而，台灣普羅大眾心裡清楚者多得是。以埔農爲例，埔農以一個平實台灣人，盡心盡力了近30年，這些埔農舉出的史實證據，又何時曾被公開在任何檯面上了呢？這算是你們中國壓霸集團呆奴化台灣人成功之處。

再者，請Kai兄仔細翻查1942年以前的所謂中國人文書和言語，何時、何處Kai兄有見過所謂的中國人認爲台灣人是「所謂的漢人或華人」了？蔣幫中國盜匪集團一抵達台灣，立即將所有不符合蔣幫種族優越霸權主義的著作和文書全部列爲禁書或焚毀；將所有反對人士拘禁或處死。從各級學校教育施行洗腦宣傳，虛構蔣幫中國種族優越的自大，同時利用戲劇、小說、藝術以及掌控所有媒體信息的傳播，鋪天蓋地的洗腦台灣人。你現在卻說「中國國民黨欺騙的是所謂的中國人」？「中國國民黨不是欺騙台灣人」？「不能說中國國民黨奴化台灣人」？你這是顛倒是非，更是睜眼說瞎話！蔣幫中國盜匪集團初到台灣時，就下令以中國式的虛妄思維洗腦台灣人。以下這張照片，就是友人從當時蔣幫中國盜匪集團宣導政令的報刊拍攝下來的。

　　Kai Wang：「你還是搞不清問題的癥結所在，我們不是要給你們難堪，我們不高興的是你們把我們的好心

當驢肝肺。中國國民黨戶政官員當然知道你們是原住民
土著，可是知道你們的心理，故意配合你們，讓你們高
興。但是我們這些原本不知道真相的人，知道真相後當
然非常憤慨了，國共兩黨都叫你們炎黃子孫同文同種，
給你們送溫暖，結果還換來你們的辱罵。結果現在聽不
到了，你心裡覺得舒服嗎？我們只希望和你們和睦相處
不要搞台獨，就是這麼簡單。你們都自稱漢族，祖先來
自河南固始，總應該表現點忠誠吧！」

埔農：

既然要和睦相處，為何強要奴使他人？又為何強要蹂躪
台灣？我們只希望你們「就安份做個踏實的移民台灣人」，

不然，埔農再強調一次，「若要當所謂的中國人，那就回自己的家鄉去吧」！「壓霸肆虐台灣」是「好心」？「陰狠奴化台灣人」叫做「故意配合」？「台灣人收留你們、供養你們、讓你們蹂躪」是「把你們的好心當驢肝肺」？你們所謂中國人的無恥、厚黑、陰狠和壓霸，眞是舉世無敵，世間僅見！這就是所有問題的癥結所在！

你們既然知道「台灣人都是原住民土著」，憤慨（說得好聽）什麼？只要承認「你們是僥倖得到台灣人收留的中國難民」即可！

除了呆奴化的台灣聞達人士，理性清明的台灣人有誰會傻到想被誤認爲是所謂的中原人、漢人、華人甚或中國人了？埔農從來不同意「所謂的台獨」，埔農所堅持、所闡釋的是「台灣（Formosa；Paccan）必須復國」。台灣（Formosa；Paccan）與所謂的中國無關，台灣人更是和所謂的漢人、華人一點關係也沒有（埔農多年來舉證無數，請Kai兄自行翻閱），台灣是遭到侵略、遭受蹂躪近400年的國家。如果不是72年來蔣幫壓霸集團僞造歷史、強制施行奴化洗腦，除了虛榮貪婪、迎合入侵霸權的台灣聞達人士，台灣人有誰會甘心認盜作祖？

台灣人必須從所謂壓霸中國的奴化教育中清醒，恢復原本的靈性智慧國度，但是，雖然有台灣假漢人、假華人喊「台獨」，那又與你們外人何干？Kai Wang兄你自我介紹一下吧，Kai兄所謂「你們」是指誰？所謂「我們」又是那些

人？埔農感覺Kai兄的精神狀況似乎病得很深，語意不清，又前後矛盾，請Kai兄先自己能清醒一點再來談吧！

Kai Wang：「你們就是指獨派，我們就是指統派。」

埔農：

你真是無恥、厚黑又陰狠！只有呆奴化的台灣聞達人士，才是所謂的獨派。埔農已強調好多次，我們理性清明的台灣人是要台灣復國！所謂的統派，是欺人的誑言妄語，全是強要併吞台灣的所謂厚黑中國人，以及意圖出賣台灣的無恥假中國人！Kai兄真的是自卑、虛妄；被訓練成自大再轉為妒恨的所謂中國人。不過，請Kai兄先看清楚，埔農從來不同意「所謂的台獨」，更非所謂的獨派，埔農所堅持、所闡釋的是「台灣（Formosa；Paccan）必須復國」，台灣（Formosa；Paccan）與所謂的中國無關，台灣人更是和所謂的漢人、華人一點關係也沒有。台灣是遭到侵略、遭受蹂躪近400年的國家。台灣人必須從所謂壓霸中國的奴化教育中清醒，恢復靈性智慧的國度。Kai兄既是所謂的中國人，請你離開，別繼續使用誑言妄語來騷擾，或者想要進一步蠱惑，沒用的。如果Kai兄是認盜作祖的所謂假漢人、假華人（雖然埔農相信你是純粹厚黑的中國人），則請拿出良心，以事實證據來就事論事，不要一貫用所謂中國人的虛妄思維

來胡說八道，那只會自取其辱而已！不信可試試看。埔農再強調一次，如果自認是所謂的中國人，請離開！

　　Kai Wang：「不但是文史大師學者們裝著不知道台灣人全部是原住民土著，連台獨的各級領導人也裝著不知道，你還能說什麼呢？歐美韓日等國的人看到會是什麼感想？」

　　嘉裕：「敬告埔農兄：多言必有失。」

　　埔農：

　　謝謝嘉裕兄關心。埔農學用臉書是身為台灣人不得不言，埔農有任何失言，絕對自負全責。不過，Kai Wang這位無恥、厚黑、狂妄的所謂中國人，最後罵的這一段倒是沒罵錯。這確實是身為台灣人的悲哀，也是今日台灣人國家認同模糊且混亂、今日台灣國家處境危殆的原因。台灣聞達人士（尤其文史學者）無恥的假漢人、假華人當上癮自以為高級、迷戀中國式虛妄思維的認盜作祖，是將台灣帶到今日危殆景況的罪魁禍首，真是罪大惡極！

被洗腦後而糊塗、迷失的台灣人

　　林宏（另一個被洗腦成假漢人、假華人自以為高

級、迷戀中國式虛妄思維的台灣人）：「你的文章有語病。清國據台，將在台唐山人趕出，表示清國前就有唐山人來台，怎麼可能沒有漢人血統？而且也有荷蘭人的血統，或其他種族的血統。有些原住民比較高大，就是有混到荷蘭人。台灣要獨立，不是靠血統，而是靠對台灣這個國家的認同，你這種論調，只會妨礙台灣獨立。你找姓金的台灣人去驗DNA，就知道他們是滿清人的後代。」

源利：「什麼叫作『台灣獨立不需要血統』？難道中國妄言統一台灣，不是假借虛構的用『血統論』嗎？張安樂狂妄的說『台灣人都是中國人幹出來的』，這就是謊言『血統』；中國共產黨和中國國民黨一直在洗腦台灣人的祖先來自唐山，這也是洗腦『血統』。令人髮指的是，敵人從早到晚捏造『血統論』作為手段，妄稱統一想併吞台灣，竟然有台灣人反對平反台灣史！」

埔農：

源利兄清明睿智！

1.荷蘭人據台時期唐山移工僅數千人，由於唐山人野蠻又缺乏教養，台灣人根本不理會他們。台灣人甚至還曾協助荷蘭人平定唐山人之亂（郭懷一帶頭），這些事實荷蘭人記載得很清楚。而且，你既然已知道「清國據台，將全部在台唐山人趕出台灣」，表示已沒有任何清國前來台的唐山人留

在台灣，台灣人又哪來的漢人血統？你說話的邏輯有問題！
72年前的台灣人完全沒有所謂的華人血緣，埔農已舉出上百
條證據，林媽利教授的DNA檢測也已證實。所以，請大家
不要再受「台灣聞達人士（尤其文史學者）之配合中國壓霸
集團」的洗腦。任何堅持不同認知者，懇請拿出所謂的證據
來反駁。引述「僞裝爲假漢人、假華人認盜作祖，配合中國
壓霸集團之學者」的僞造文書，會阻礙台灣人自立自強的希
望。

　　2.台灣人（Formosans；Paccanians）原本都有強健的體
質，加上食物來源種類繁多且充足，營養均衡，一般台灣族
人比歐洲人平均高過一個頸部加頭部的高度，且更聰明伶
俐（《The Formosan Encounter Vol. I》P.18、113-114），這
是荷蘭文獻特別強調的。而且荷蘭人當時所指稱的台灣族
人，也就是現今大台南地區的平地台灣人口。所以，避居
山區的台灣人口身材高大、健壯，並不是和荷蘭人有任何關
係，DNA檢測也證實一點關係都沒有。現在台灣人身材、
體能普通，是因爲被強制漢化後，飲食與生活習慣皆被改變
的緣故。諷刺的是，荷蘭人因受台灣人靈性智慧的影響，
三百五十年後，荷蘭人已是文明世界數一數二的高大、健壯
人口。

　　3.台灣人不應該說要獨立。台灣（Formosa；Paccan）是
必須復國，台灣（Formosa；Paccan）與所謂的中國無關，
台灣人更是和所謂的漢人、華人一點關係也沒有（埔農多

年來舉證無數），台灣是遭到侵略、遭受蹂躪近400年的國家。說要獨立，除了不合邏輯，更會被所謂的中國拿來作爲侵略台灣的藉口。台灣人必須從所謂壓霸中國的奴化教育中清醒，恢復靈性智慧的國度。多數台灣人被台灣聞達人士（尤其台灣文史學者）誤導和拖累，誤以爲自己是所謂的漢人或華人後裔，是導致今日台灣人的國家認同模糊且混亂的原因，更造成今日台灣國家處境的危殆。台灣聞達人士（尤其台灣文史學者）看是可悲，卻更是可惡。埔農兩年來在臉書上，以及《解碼福爾摩沙古文明：續認台灣古今眞相》、《台灣古今眞相》、《原台灣人身份認知辨悟》、《台灣人被洗腦後的迷惑與解惑》，對於「72年前的台灣人都是原住民」已舉出數百個無可質疑的證據。也言明，任何人只要眞的有確實證據，能證明有那一項埔農的說明中，所舉出之證據是錯誤的，或有那一部分是僞造的，埔農都保證頒發10萬元獎金。

4.國家的認同是不一定需要血緣，但就如源利兄所言，精鍊厚黑學的中國壓霸集團就是一直以台灣人祖先來自唐山的「血統」謊言在洗腦台灣人。不打破厚黑中國人的洗腦謊言，台灣人永遠無法從中國式的虛妄思維裡醒過來，則難有達成復國的希望。而且，埔農所言全是舉證說明，不是所謂的論調。事實就是事實，台灣人完全是原住民的事實怎麼會妨礙台灣的復國呢？認盜作祖才是把台灣拖入中國虎口的捆繩。敵人從早到晚捏造「血統論」的謊言作爲洗腦手段，妄

稱統一想併吞台灣，台灣人不認清史實眞相，恐怕沒有從呆奴身份解脫之日了！

5.DNA鑑定埔農很熟悉，只要祖上72年前就是台灣人，則必無所謂漢人或滿人的特有基因。宏兄所謂「找姓金的台灣人去驗DNA，就知道他們是滿清人的後代」，那是因爲他是70至72年前的來台難民。埔農要提醒宏兄的是，宏兄如果不確定這姓金的有自稱是台灣人，請別自認他是台灣人。

正輝：「荷蘭人的文獻的確有當時的台灣原住民比他們還高大的記載。」

德本兄：「台灣歷史的詮釋權一直被支那所謂漢化體制霸權所捏造扭曲，福爾摩沙建國必須先建精神，歷史的眞相＝精神的源頭，源頭謬誤，基準就偏差，認知失之千里。埔農用心即在此。目前很多人口口聲聲說『愛台灣』，所行卻是『害台灣』！我們必須精確釐清這種混淆！只有依據確實證據、科學、理性，謹愼以對，如此才能眞假分明，迎接公正的面向。埔農的用心致力苦口婆心，已經逐漸喚醒福爾摩莎人認知Paccan祖源，而且西方專家的科學證據，提供强有力的拼圖，益加證明Paccan古文明的傳播途逕。這些革命性的發現，其實已經改寫歷史的舊認知。埔農功不可沒！」

Mr. Yeh：「雖然先生已努力列舉了這麼多的史實證據，很多台灣人還是不願意相信他是原住民耶！」

埔農：

這是悲慘的現實。台灣人所被灌輸的史觀知識，全是來自「蔣幫中國壓霸集團爲洗腦台灣人而僞造的所謂標準教科書」以及「早期少數因漢化深而轉性，寧願認盜作祖當走狗、勾結入侵霸權、乞求其殘羹的所謂台灣士紳虛構之小說」。更糟糕的是，現在台灣聞達人士（尤其台灣文史學者）多數深陷「台灣受虐症候群（重症斯德哥爾摩症候群）」，習於以所謂的中國爲中心，寧願選擇羨慕虛妄的中國式壓霸思維，對眼前的史實證據視若無睹，還鄙夷原台灣（Paccan）的智慧文明和文化，持續認盜作祖，僞裝假漢人、假華人而自以爲高級。大眾的錯誤認知，不論是來自學校教育或社會教化，絕大部分都是受到台灣聞達人士（尤其台灣文史學者）所影響。由於台灣聞達人士之配合入侵的蔣幫中國盜匪集團，在學校教育和戲劇、小說、藝術以及傳播媒體等社會教化都掌控了十足影響力，所謂風吹草偃，連累多數原台灣人也還在跟著誤以爲自己是唐山人移民的後裔、誤以爲自己是華人，有人甚至故意裝作是中國人。這景況，確實悲慘，更令人痛心。

所以埔農在此有獎徵求：

朋友們若有認識任何人（尤其台灣聞達人士和文史學者），日據時其祖上是被註記爲「福」或「廣」的現在福佬語系或客家語系台灣人，現在仍自信是唐山人或所謂華人後裔的所謂福佬人或客家人，請他或她把祖先是所謂唐山公的

所謂實證拿來給埔農看，埔農若舉不出讓理性之人都能清楚明白的其中破綻，保證每件查不出僞造痕跡的所謂唐山公，埔農都奉上10萬元當獎金（2018年6月11日曾以半個版面刊登在自由時報）。

不過，請別拿出「小說類的各種編造、虛構文書」，以免埔農公布其中破綻處的證據後，覺得尷尬再來怪罪。所以，最好是先仔細看過埔農這一年來在臉書上的舉證說明以及《台灣古今眞相》、《解碼福爾摩沙古文明：續認台灣古今眞相》，還是有自信，再提出較爲妥當。當然，若能也先參閱《原台灣人身份認知辨悟》、《台灣人被洗腦後的迷惑與解惑》，之後還是自信滿滿，那就會更妥當了。

黃宏文：「10萬元給我吧！本人家族雍正年間來台！」

埔農：

很好，請把所有您自認是確實的證據準備好，再到戶政所申請貴祖上日據時期的完整戶籍資料，一起來公布，即可眞假立辨。埔農早把10萬元準備好了。謝謝您！

黃宏文：「日本時代謄本早調過了，也早就去過馬偕驗血，家族世系、人名、生存年代都很清楚，也去過中國對過家譜，確認我家族到我這代為止，不是原住

民！」

埔農：

您既然自信滿滿，何不把日據時期的完整戶籍資料、馬偕驗血的DNA報告（DNA報告埔農也看得懂）以及您所謂去過中國對過的家譜，一起攤開來。以便埔農查證無誤時，您可立即領取獎金10萬元！

（僅隔一天）黃宏文：「沒人會想要公布這麼詳細的個資的啦！所以沒人向你領款。只是要告訴你，事實不像你想像的，原住民目前真的只是少數！」

埔農：

您要領10萬元獎金，卻不拿出證據，這像話嗎？才剛大言「10萬元給我吧！本人家族雍正年間來台！」，現在說「沒人會想要公布這麼詳細的個資」？不願「公開個資」是嗎？那好，就請以私人訊息傳來，埔農僅舉證說明偽造之處，埔農若洩露任何其他個資，埔農負完全責任。這樣可以了吧！

更何況在台灣，被中國壓霸集團誘導而杜撰的假族譜到處流竄，檯面上隨處可見，不下千份，您家族譜有何珍奇之處？需要特別秘密珍藏？如果有哪一份能自信是真實的，為了10萬元獎金，怎麼會說成「不想或不願公開個資」？先是

急於要領10萬元獎金，等埔農眞的答應了，又不敢拿出來，這不是自己心虛又是什麼原因？

您說「原住民目前眞的只是少數」，又拿不出證據，這更是呆奴化的迷信！埔農兩年來在臉書上以及《解碼福爾摩沙古文明：續認台灣古今眞相》、《台灣古今眞相》、《原台灣人身份認知辨悟》、《台灣人被洗腦後的迷惑與解惑》，對於「72年前的台灣人都是原住民」已舉出數百個無可質疑的證據。所以，任何人只要自認有確實證據要來反駁，埔農都十分歡迎。但別像這樣，先見獵心喜、大話說盡，急著要拿10萬元獎金；等埔農接受挑戰，卻立即再縮回去，然後誑言「沒人會想要公布這麼詳細的個資」、「沒人要向你領款」，又繼續僞裝假漢人、假華人。這是「鐵齒銅牙槽」，眞不是台灣人應有的樣子。所以，埔農幾乎可以確定，黃先生若不是自卑、厚黑又壓霸的所謂中國人，就是被洗腦後充滿中國式虛妄思維的台灣假漢人、假華人，誤以爲埔農和其他台灣聞達人士（尤其文史學者）一樣，隨便一唬就唬得住！

　　黃宏文：「走到街上去看看來往的人群，眞相就在那裡！看看王建民，看看陳金鋒，兩人長相的差異，就知道兩人的血緣來自不同的族群！」

　　埔農：

　　唉！您改行看相了嗎？山地各部落被實質隔離四百年，被『封山令』分區隔離二百多年，族群縮小，基因純化。而台灣其他各平地族人，因族群被打散，加上交通發達，各地交流頻繁，基因全面混合已達三百五十年。若不是呆奴化過深，就不會認爲王建民和陳金鋒有何種族上的差異！是不是來自相同的族群，是看其共同的血緣DNA，不是看其DNA的差異性，請您腦子的邏輯清楚一點！

　　黃宏文：「那算證據嗎？」
　　黃宏輝：「埔農的證據是文學和小說散文，埔農沒有歷史基礎知識。」

　　埔農：
　　眞的嗎？兩位先生有仔細看過埔農發表的舉證說明嗎？埔農什麼時候寫過小說、散文了？唉！如果史實文獻、出土證據和DNA科學研究都不算證據，那請問，什麼才算是證據？是僞造的教科書和虛構的小說才算是證據嗎？原來兩位不但對台灣史實全然無知，更缺乏邏輯思考的能力！兩位若眞心想在台灣安身立命，懇請從《台灣受虐症候群的煉製》、《台灣受虐症候群的延燒》、《失落的智慧樂土》、《原台灣人身份認知辨悟》、《台灣人被洗腦後的迷惑與解惑》、《靈性》、《台灣古今眞相》、《解碼福爾摩沙古文明：續認台灣古今眞相》逐一讀起，必能清醒。

黃宏輝：「我的床頭全是有關台灣的史書（附照片）。」

埔農：

那全是中國壓霸集團為奴化台灣人；以及台灣聞達文史學者沉迷於假漢人、假華人的虛妄思維而自以為高級的偽造文書。人應理性客觀，同時察看不同的說法，比較其內容的真實性，看是否有穩固的證據和是否合乎邏輯，才不會被牽著鼻子走向陷阱的深淵。

兩位先生認為埔農沒有歷史基礎知識，那請就埔農之舉證，逐條舉出兩位先生所認知的所謂確實證據來反駁，只要能證明您們是對的，埔農一樣會頒發獎金10萬元。

Feng：「這類人許多都已經綁上黨國利益上，就算是有證據也會顛倒事實，不必理會，需要解殖者是那些還具有良心的人，」

埔農：

沒關係，埔農希望多數台灣人都能早日明白台灣史實的真相而清醒，也讓大家再看一次所謂的華人、中國人狡猾和邪惡的嘴臉，以及假華人、假中國人心靈的迷失和心理的迷糊。（以上這兩位先生從此消失）

　　林宏（又來了）：「文獻沒有讀透，有修養的台灣人不會隨便罵人，」

　　埔農：
　　埔農修養是不足，但還不至於隨便罵人。埔農並無惡意，如果宏兄認為埔農所列舉的史實證據和解說有任何不妥，請逐條指正。若您能證明所言屬實，埔農會道歉，並頒發獎金。

　　林宏：「事實需要有科學的驗證，台灣文獻那麼多，你可能只讀了十分之一，而用那十分之一去概括全部，是否會有所漏失？」

　　埔農：
　　宏兄既然知道「事實需要有科學的驗證」，為何還迷信那些有邪惡目的之偽造文書和謊言？如果出土文物和DNA研究都不算科學證據，那請問，宏兄所謂的「科學驗證」是什麼？
　　埔農讀過的書不敢說很多，但關於台灣的真實文獻，埔農自信讀了比任何所謂文史學者都多得多，偽造的所謂歷史、虛構的認盜作祖小說埔農也都有仔細看過。埔農怎麼可能「只讀了十分之一」？埔農想知道的是：宏兄您到底讀了多少真正的史實文獻？竟然敢如此的「大言不慚」！

　　台灣文史學者所認知的全是「中國壓霸集團的僞造文書以及早期奴化之假漢人士紳以小說形式虛構的人和事」。台灣普羅大眾誤認盜爲祖的迷糊、迷失，並非自願，是被台灣聞達人士（尤其台灣文史學者）誤導和拖累，導致今日台灣人的國家認同模糊且混亂，造成今日台灣國家處境的危殆。台灣聞達人士（尤其台灣文史學者）看是可悲，卻更是可惡。埔農曾於自由時報登了數日半個版面的巨幅廣告，言明「任何人若能舉出實證，證明朱一貴，林爽文和戴潮春是唐山人（所謂的漢人）參加天地會，以及來台灣反清復明，埔農將頒發新台幣一百萬元獎金」，一直並沒有任何文史學者敢吭一聲。

　　　林宏：「可能剛好這三個人都是原住民。」

　　埔農：

　　埔農就知道，虛妄的所謂中國人或假華人一定會這麼強詞奪理，所以2018年2月15日埔農在臉書有獎徵求：

　　朋友們若有認識任何人（尤其台灣聞達人士和文史學者），日據時其祖上是被註記爲「福」或「廣」的現在所謂福佬語系和客家語系台灣人，現在仍自信是唐山人或所謂華人後裔的所謂福佬人或客家人，請他或她把祖先是所謂唐山公的所謂實證拿出來給埔農看，埔農若舉不出讓理性之人都能清楚明白的其中破綻，保證每件查不出僞造痕跡的所謂唐

山公，埔農都奉上10萬元當獎金。

不過，請別拿出「小說類的各種編造、虛構文書」，以免埔農公布其中破綻處的證據後，覺得尷尬再來怪罪。所以，最好是先仔細看過埔農兩年來在臉書上的舉證說明以及《台灣古今眞相》、《解碼福爾摩沙古文明：續認台灣古今眞相》，還是有自信，再提出較爲妥當。當然，若能也先參閱《原台灣人身份認知辨悟》、《台灣人被洗腦後的迷惑與解惑》，之後還是自信滿滿，那就會更妥當了。

2018年6月11日，埔農還再於自由時報以半個版面刊登一次。是有兩、三位見獵心喜，搶著想來領獎，等埔農要求他們拿出日據時期的祖上戶籍影印本和是唐山人或所謂華人後裔的所謂確實證據，就全都縮回去不敢見人了。怎麼會「可能剛好這三個人都是原住民」呢？

　　林宏：「那麼多種族的人來占領台灣，難道他們都是不發生性行爲的？林媽利的研究報告就可反推，還用什麼祖譜。」

　　埔農：

宏兄也知道林媽利教授的研究，卻還如此顛倒是非，眞是虛妄大膽。是不用費心指出眾多假祖譜的誤謬，林媽利的「DNA研究報告」就足以證明「台灣人都是原住民」，和所謂的漢人、華人、中國人一點關係都沒有！

　　林媽利教授已證明所謂閩南語系台灣人與所謂客家語系台灣人在體質DNA上並無差異，且這體質DNA與漢人是不同的。證明福佬語系台灣人與客家語系台灣人本來都是台灣平地原住民，是因為接受不同來源的唐山滿官所強制漢化，才被分化成兩個不同語言和習俗的區塊，「原台灣人與漢人（所謂的中國人）一點關係都沒有」。林媽利教授之所以對平地台灣人帶有一些與北方越南及百越族相同血緣，最初會解釋為可能是百越族帶來，主要是受台灣聞達人士謬誤地解讀「有唐山公，無唐山嬤」這句話所影響。林媽利教授已證實台灣平地人口在體質DNA上並無混到所謂的漢人基因，而現在所謂之中國閩南人與客家人是有混到漢人基因的，更證明台灣聞達人士對「有唐山公，無唐山嬤」這句話的胡亂解讀是完全錯誤的。

　　事實上，因為清國「強制冠姓時只寫姓氏來源的所謂唐山伯公」，於是就有不少人故意立自己的祖母牌位加以否認，並丟棄「所謂的唐山伯公」。為了避免被「以違抗入罪」，不得已，仍是加上所被迫的唐山冠姓，但也註明是被迫冠唐山姓的化番，以便子孫記得是「有台灣嬤、無唐山公」才是事實。「有唐山公、無唐山嬤」原是早期見了所謂「某姓伯公廟」的自嘲用語，最有名的是道卡斯部落竹塹七姓化番，在被迫冠唐山姓後，聯合製作「祖母碑牌」放進清國官方建築的所謂「七姓伯公廟」，並把清國「封」的所謂「番福地」故意由右向左橫寫為「采田福地」（把直立的

「番福地」之「番」字猜拆離即成「采田」），再註明是台灣，以便後代記得「所謂唐山伯公不是自己的祖先」。「竹塹七姓化番」都還知道「所謂番嬤才是自己的祖先」、「所謂的唐山伯公並非事實」，所以早把「所謂的唐山伯公」丟棄，現在卻還是被台灣文史學者曲解，故意做為「認盜作祖」的藉口！

　　另外，林教授研究也發現山地各部落DNA都有一些差異，例如Miltenberger血型在阿美族是95%，但隔壁的布農族卻是近乎0%，就以為山地各部落祖先來源不同，也誤以為平地人口和山地人口本來就不同。其實，台灣山地各部落遭到實質隔離四百年，被清國『封山令』分區隔離二百多年，族群縮小，基因純化。而台灣其他各平地人口，因族群被打散，加上交通發達，各地交流頻繁，基因全面混合已達三百五十年。體質DNA當然會出現這種差異，沒什麼好奇怪的。

　　還有，北方越南及百越族和台灣人帶有一些相同血緣，是因為兩千多年前台灣人向西北方傳播文明時留下的基因，這些都已經過MIT（美國麻省理工學院）的Douglas L. T.

Rohde教授證實（2003年發表），林媽利教授可能不知道。

　　由於唐山人野蠻又缺乏教養，荷蘭人據台時期，台灣人根本不理會那些唐山移工。台灣人甚至還曾協助荷蘭人平定唐山人之亂（郭懷一帶頭），這些事實荷蘭人記載得很清楚。清據時期的唐山滿清官兵和派遣人員，自己有嚴刑峻罰的「渡台禁令」；更頒佈「戶律」，連碰到台灣婦女之手，都要受嚴厲刑罰。至於荷蘭人，他們到台灣（Paccan）大多攜家帶眷，而且在Paccan人眼裡，荷蘭人雖然沒唐山人般野蠻、惡毒，但也是陷入貪婪和爭霸的缺乏靈性智慧族群，Paccan人一直和他們保持一定的距離，也未見有荷蘭人欺負台灣（Paccan）婦女的記錄。是有一、兩位台灣婦女和荷蘭人結婚，但那是極為罕有的事，而且都和荷蘭人一起撤離台灣。所以埔農建議，宏兄多讀些真正的史實文獻再來強辯。

　　林宏：「按照你們這種理論，美國總統應該由印地安人當。」

　　埔農：
　　不，宏兄又惡意扭曲了。殖民者憑藉武力，侵占他國、霸凌當地住民，都會欲意同化被殖民者，並宣達「不接受外來的統治和改造就是『野蠻落後』，接受同化改造即是『高級、開化、義氣』」｜的洗腦催眠，這是一般殖民者的共同惡行。但歐、日殖民者並沒有要被殖民者「忘了自己是誰」，

沒有蓄意完全消滅當地文明和文化，也沒有惡劣到施行「精神種族清洗」的強制「認盜作祖」。

美洲被殖民、所謂的印地安人被壓迫，是人類史上眾多悲劇之一。然而，所謂中國的壓霸集團施行「精神種族清洗」之罪行前所未見，蔣幫壓霸集團的呆奴化台灣人更是邪惡加奸詐和狡猾。蔣幫中國壓霸集團奴役台灣人70餘年，只因民主化的時勢所趨，在台灣不再有往日橫行無阻的如意，就執意把台灣出賣給昔日的不共戴天仇敵，稍不如意更企圖把台灣砸爛，這是人類妖魔化的極致。

宏兄把「台灣人需要清醒、Formosa的文化和文明需要復甦、Paccan必須復國」，以「美國總統應該由印地安人當」的扭曲手法加以污衊，實在是毫無理性可言的作為。

美國人不論是來自何地的移民，之所以能夠選舉或參選公職，是因為他們都百分之百認定自己是美國人，盡心盡力維護美國的自主與繁榮。那裡像無恥的邪惡中國人，不認同台灣，卻寄生台灣，還壓霸肆虐，更執意出賣台灣，真是人類惡毒劣根性的極品，世間少見！

　　林宏：「還有張先生為何要用中國字寫文章？真是奇怪！」

　　埔農：
林宏，你這是斬斷他人的雙手，再譏笑他用腳寫字！你

若不是無恥壓霸的所謂中國人，就是白癡呆奴的假中國人，是真的禽獸不如！埔農忍不住口出惡言，請朋友們包涵。更何況，所謂的中國才出現近百年，哪來的所謂「中國字」？（請看本書第一章）

　　林宏：「學術要歸學術，而不是要為政治。」

　　埔農：

這那裡談到政治了？你的誑言妄語又有那一點和學術沾上邊了？自己不學無識，不要來這裡隨便損人，自曝爛瘡而已。

　　林宏：「大家討論，盡量不要人身攻擊，原住民是不會這樣的。可用英語寫作不一定要用中國字。金美齡女士的問題，您一直沒回覆。」

　　埔農：

是的，埔農修養不足，埔農自責。但先生以「台灣人用所謂的中國字寫文章」來笑罵台灣人，實在殘忍，也是故意踐踏已傷痕累累的台灣人，可自認不是人身攻擊嗎？而且，並沒有所謂的「中國字」。你所謂的「中國字」，事實上是來自秦國文字，當時僅使用於現在所謂陝西的南半部一小區域。是秦國侵略六國後強制「書同文車同軌行同倫」，才在

黃河下游逐漸通行的秦國文字。後來的所謂漢字，只是把秦國文字寫得方正而已。現在狂妄自稱的所謂「中國」，至今只有69年。即使要擴大解釋，吹噓是起自清國的滅亡，其歷史至今也只有106年。所以，哪來的所謂「中國字」？而且，秦國、楚國（劉邦是楚國人，被項羽封爲漢王）都不在所謂的中原地區，秦國屬於西戎；楚國位於南蠻，哪來的所謂中原人士？更何況，《詩經》、《史記》、《晉書》裡，所謂「中國」、「中華」，都只是指稱其帝王所在的京城而已。請問，哪來的所謂「中國字」？當然，現在所謂的「中國人」已把「秦國文字」簡化爲「簡體字」，以所謂「中國人」的厚黑習性而言，要稱盜用後再稍加改變的「秦國文字」爲「中國字」也是必然的。但是，台灣現在使用的「秦國文字」就絕對不是中國字了。（詳情請看本書第一章）

　　埔農不知先生所謂「金美齡女士的問題」爲何，但金美齡女士仍是充斥中國式虛妄思維的假漢人、假華人聞達人士之一！

　　林宏：「關於清明節敬天、9月9日重陽（Limgout）祭祖、大寒時節『坌風水』（整修先人墳墓）、『陪墓』主要是在新年、宅用看『地理』、墳墓看『風水』，本人已拜讀您的書，書中只寫是原民台灣人的傳統節日，不知可否提供您參考的文獻。還有金美齡女士的祖先，不知您考據的結果如何？林媽利的研究

報告是有百分之八十幾的原民血統，已非常客觀，而您說的百分之一百，簡直是天方夜譚。」

埔農：

先生說「已讀過埔農諸著作」，顯然先生是專挑你想看的作爲認知。既然先生故意裝傻，埔農就不厭其煩的再說明一次。

Paccan文明被所謂漢人的鄭成功海盜集團和清國唐山人滿官摧毀，文化又幾乎被消滅殆盡。所謂的華人、中國人，因自卑產生嫉妒性的心理反彈，加上壓霸成性，見了別人的文物就要破壞、消滅，先生所謂的文獻盡是「蔣幫中國壓霸集團僞造的所謂歷史教科書」和「所謂台灣士紳虛構的小說」。但是，清明節敬天、9月9日重陽（Limgout）祭祖、大寒時節「坌風水」（整修先人墳墓）、「陪墓」主要是在新年、宅用看「地理」、墳墓看「風水」等文化和習俗，保持靈性智慧的台灣（Paccan）人都還遵行著，你現在到樸實的鄉間走一走，都還看得到。那需要什麼參考文獻？而且，這些全是所謂之中國沒有的。。

重陽9月9日台灣人稱Limgout（意思是感恩祖先）節（《The Formosan Encounter Vol. II》P.39），所謂的漢人、支那人把Limgout節誤會爲敬老節（台灣族人時時特別尊敬年長者，不需另訂一天來敬老）。還有，因爲早期的商曆還記載有台灣語Limgout節的稱呼，有所謂的漢人、支那人把

Limgout寫作臨高，後來竟演變成所謂的漢人、支那人在重陽節要登高了，眞是可笑！

所謂漢人、支那人的清明節與掃墓有關，首見於《舊唐書・玄宗紀》：「寒食節上墓拜掃，禮經無文，但近代相沿，積久成俗」，指的僅是當時之文人官宦，並未眞的民間成俗。是1935年才被當時的所謂中國內政部訂爲掃墓節推廣的。

另外，中秋節本來就是台灣（Paccan）族人自古歡慶夏季豐收的傳統節日，也盛行於東亞地區各國。所謂漢人、支那人的中秋節一詞僅首見於《唐書・太宗記》記載有「八月十五中秋節」，但支那地區首度有中秋節民俗活動是始於明國和清國，是學自朝鮮、日本、越南和琉球等地。

台灣年曆包含所謂的陰曆和陽曆兩套，中國曆書就是源自台灣陰曆和部分台灣陽曆。台灣曆書以太陽、地球、月亮運行的相互關係做基準，台灣陰曆以月亮繞行地球1圈爲1個月，這大家都知道；但台灣陽曆1年固定分24個節，是由於太陽光線以正射的90度直角進入Paccan（台灣）和離開Paccan所經過的時間（是南從距離鵝鑾鼻南方8.6海里的現稱「七星岩」附近，北到現在的嘉義水上鄉），地球在繞太陽軌道上所行進的距離都是移動了十五度，所以台灣陽曆就以地球繞太陽移動了十五度的日數（約十五日）定爲一節，剛好把一年分成二十四個節，這又有那一個所謂的中國人曉得呢？

　　「曆法」和「地理、風水」的生活必備常識，由台灣傳到中國後，卻被逐漸加入各種怪力亂神。更因爲所謂中國人習得有用的「曆法」和「地理」、「風水」知識，知其然而不知其所以然，時間久了，不但加入各種怪力亂神，還把「曆法」和「地理」、「風水」都給混淆了。

　　現代的所謂中國人竟然把陰曆誤認是農曆，還錯把勘查住宅用地和建築是否合適的「看地理」誤認是設置「墳墓」的「看風水」，眞是亂七八糟！農作必須順應每年氣候循環做耕種和收割，才會得到最佳成效。因爲農作是依據氣候變化來耕種，而氣候是隨地球繞太陽而循環運行的，所以農作都是依據台灣陽曆的二十四個節氣運作。這是每位台灣人原本都知道的常識，怎會把陰曆說成是農曆這麼離譜呢？所謂的中國人不知所習曆法之原由，在接觸西方的粗略陽曆後，竟然把陰曆稱是農曆。而且，所有因被洗腦而思覺偏執的台灣假漢人、假華人，竟也跟著不知不覺！

　　台灣人的史實文獻，早已被鄭、清摧毀殆盡，以上都是台灣鄉間代代留傳下來的記述和現在還保有的習俗。現在台灣鄉間都看得到，卻不見於假唐山人、假漢人所謂台灣士紳的文章中。然而，以上埔農所舉皆是事實，任何人只要指出任一件是錯誤，埔農保證跪拜謝罪，並奉上10萬元當獎金。

　　先生以金美齡女士爲例，誤指林媽利教授的研究報告說僅有百分之八十幾的原民血統。林媽利教授的台灣人體質DNA研究有很大的貢獻，林媽利教授之所以誤會只有山地人

口才是原住民，是受台灣聞達人士（尤其聞達歷史學者）所迷惑。金美齡女士有百分之八十的台灣山地人口體質DNA，有百分之二十的台灣平地人口體質DNA，怎麼不是百分之一百的台灣原住民呢！林媽利教授的研究已證明，所謂閩南語系台灣人與所謂客家語系台灣人在體質DNA上並無任何差異，而且這體質DNA與所謂之漢人是不同的。證明福佬語系台灣人與客家語系台灣人本來都是台灣平地原住民，是因為接受不同來源的唐山滿官所強制漢化，才被分化成兩個不同語言和習俗的區塊，「台灣人與唐山人（所謂的支那人或中國人）一點關係都沒有」。

林媽利教授之所以對平地台灣人帶有一些與北方越南及百越族相同血緣，最初會解釋為可能是唐山公帶來，主要被台灣文史學者謬誤地解讀『有唐山公，無唐山嬤』這句話所影響（「有唐山公、無唐山嬤」原是台灣人早期見了被迫冠唐山姓之所謂「某姓伯公廟」的自嘲用語，卻被台灣文史學者曲解，用去做為「認盜作祖」的藉口！台灣聞達人士以中國式的虛妄思維胡亂誤解台灣俗語多的是。例如：竟然連台灣人好客的打招呼用語「食飽沒？」意思是「若尚未食飽，請來阮厝（Dau）做伙食飯」，都能抹黑、歪曲為「多數人吃不飽，吃飽了是幸福的人，所以問候人食飽沒？」。若按照他們的說法，那就是問候別人「你是不幸的人（未食飽）或是幸福的人（已食飽）？」，這樣能通嗎？像話嗎？）。台灣平地人口在體質DNA上並無混到所謂的漢人基因，而

現在所謂之中國閩南人與客家人是有混到所謂漢人基因的。
而且，台灣是所謂南島族群的原鄉，北方越南及百越族都帶
有一些與平地台灣人相同的血緣基因，這有什麼好驚訝的！
一切都只證明台灣聞達人士對「有唐山公、無唐山嬤」這句
話的胡亂解讀是完全錯誤的。這些埔農在前面都才剛舉正說
明過，現在你又用扭曲手法故意加以混淆，真是惡質。埔農
的以上舉證說明，若有任何人能舉證指出何處錯誤，或那一
項是埔農偽造的，埔農保證跪地謝罪，不但奉上10萬元當獎
金，並從此閉嘴。

　　林宏：「中國字不是中國的嗎？可用英語寫作，不
　一定要用中國字。原民稱呼人不會稱兄，就像英文稱呼
　Peter，不會稱呼Peter brother，而你還固守著什麼什麼
　兄，是在固守中國文化嗎？稱呼人什麼什麼兄，是標準
　中國醬缸文化。不稱兄道弟是原民講究平等，不虛偽。
　台灣有三種人，連百越血統都沒有：第一種滿人的後
　代，第二種回教徒的後代，第三種元代前就到澎湖再由
　澎湖至台灣南部。」

　　埔農：
　　縱觀先生的言論，原來又是無知、狂妄的所謂假華人、
假中國人，習於拿己身齷齪塗抹別人。因為先生一直以扭曲
的手法污衊台灣人，埔農和你對話都覺得可恥。為了讓你有

點自覺，埔農就再勉力回答你好了。

　　1.埔農前面已舉證說明過，哪來的中國字？現在所謂的「中國字」，事實上是秦國文字！19世紀以前並沒有所謂的中國，直到20世紀初，現在所謂的華人或中國人都還是自稱「支那國」、「支那人」，因爲外國人都稱唐山爲China，唐山人就自己翻譯爲支那。最明顯的證據是「1914年5月11日孫中山致日本首相大隈伯爵函」（當時已經是所謂的中華民國3年）。該函件內，孫中山一直以「支那」稱呼現在所謂的中國，總計以「支那」用詞自稱達三十四次。現在所謂的中國人本來就是自稱「支那、支那人」，是於清帝國末年（20世紀初）內憂外患，羞恥又自卑的支那聞達人士才興起使用「中華」二字以自慰的念頭。但是，唐山人或所謂的支那人，是於隨後軍閥狂亂、民不聊生的更自卑時期，才自1920年起逐漸自稱是所謂的「華人」、「中國人」。支那地區歷代都是由不同的民族各自建立不同的國家。而現在所謂的漢字，是秦國留下的一統文字。所以，哪來的所謂「中國字」？哪來之所謂「中國的」？單看現在他們所謂的「中國」或「中華」二辭，就彰顯出所謂中國人的盲目自大。現代的所謂中國人以「中國」和「中華」二辭標榜是「世界中心的華麗之國」，其實不管是「中國」或「中華」，它們都僅是指其稱王時的京師（京城）而已。《詩經毛傳》謂「中國，京師也」；《史記・五帝本紀》有「夫而後之中國，踐天子位焉」；《史記集解》有「劉熙曰：『帝王所都爲中，

故曰中國』」。而「中華」在桓溫的《請還都洛陽疏》中說：「自強胡陵暴，中華盪覆，狼狽失據……」，是以「中華」二字來指稱洛陽。「中國」和「中華」都是所謂的漢人早期用來指稱其所建霸權之中樞而已，你到底要埔農說幾遍才聽得懂？現代的支那人卻用來涵蓋其圖謀霸權的區域，真是見鬼了，更是狂妄、虛偽至極！

　　2.埔農不才，雖然略懂英文，但仍不敢以英文做深度論述。埔農熟悉的是專業英文的範疇，自知若用於廣泛論述，一來憂慮可能詞不達意，二來擔心文法爭議的詬病。再說，埔農出書、使用臉書，是要讓多數台灣人都看得懂，當然須使用大家皆熟悉的秦國文字（所謂的漢文）。所謂的漢文其實是秦國文字！更何況，秦國、漢國根本都和現在所謂的「中國」、「中華」扯不上關係。請問，哪來之所謂「中國字」？事實上，也並沒有所謂的中國話或所謂的華語！所謂的中國話、中國字或所謂的華語、華文，是一百年前才由虛妄的所謂中國人自己虛構之稱謂。再說，若埔農真的使用英文，你看得懂嗎？

　　3.你又對台灣人（Paccanians）的文化瞭解多少了？台灣不分平地與山地人口，全講究平等互助，所以都以兄弟之情真心相待，絕不見中國式的虛偽。埔農稱你一聲宏兄，只是表達「還對你存有一點台灣人的善意和客氣」，你胡扯什麼「原住民不稱兄道弟」、「稱兄道弟就是不講究平等」？還說什麼「英文僅稱呼Peter」！事實上，除非是近親好友，英

語不會直稱你Peter。對像你這種陌生人，禮貌英語還是會稱一聲Mr.；如果尊敬你的話，還會稱Sir呢！這你不知道嗎？

4.「台灣人有滿人的後代、回教徒的後代、元代前就到澎湖，再由澎湖至台灣南部」？你這些胡言亂語是從那裡學來的？又是那位被黃典權牽著鼻子走的假華人李教授或戴教授吧？要胡說八道也須先讀一點正確的書！

你真要來辯論，就請拿出實證來就事論事，不要一貫用所謂中國人的虛妄思維胡扯。若先生執意拿己身之齷齪塗抹別人，請自行離開，不要再來，否則別怪埔農再次把你踢走。

PT：「老師保重，看到網路流氓對您的留言，學生實在心痛。想回就回，但別動氣，以免傷身。保重！保重！」

埔農：

沒關係，埔農希望多數台灣人都能早日明白台灣史實的真相而清醒，也讓大家再看一次所謂的華人、中國人狡猾、邪惡的嘴臉，以及台灣假華人、假中國人心靈的迷失和心理的迷糊。

最厚黑無恥排序：中國人、台灣假中國人、假華人

　　蔣幫中國盜匪餘孽馬英九於2018年8月15日，在台南市中西區中國國民黨台南市黨部，主持由假中國人中國國民黨市黨部主委謝龍介規劃進行、台南市長參選人高思博促成的全台首座慰安婦銅像落成典禮。這種事發生在台灣，竟然沒人前去向中國國民黨吐痰（埔農因路遙又微恙而沒去向這些無恥中國人及台灣假中國人吐痰，慚愧自責），顯示台灣人因被洗腦成華奴化，台灣人的善良已扭曲成一種前所未見的自虐。

　　日本強徵慰安婦的悲慘是戰爭罪行，而那些被蔣幫中國盜匪誘拐、逼迫，被送進所謂軍中樂園之所謂女侍應生是發生在戰後和平時期，時間長達日本強徵慰安婦的十倍，人數是日本強徵慰安婦的千倍。日本於二次世界大戰期間是先徵調日本自己國內的婦女充當所謂的慰安婦，不足再從台灣、韓國強徵。蔣幫中國盜匪在台灣誘拐、逼迫婦女充當軍中樂園之所謂女侍應生，則是限定必須是台灣人、不得使用其所謂的中國人！蔣幫中國盜匪逼迫台灣婦女爲娼（軍妓）的歷史事實，由許多公開的資料來看，有被擄走的未成年少女；有被迫的女犯人（不少是因票據惡法被陷害），每天被蹂躪30至50次。

　　依正義比率原則，馬英九應該率領全體中國國民黨及其附屬組織下跪十天十夜，並萬倍賠償他們侵台後的軍中樂園

之所謂女侍應生。並應該要在全台灣，澎湖，金門，馬祖各地設置至少百座「女侍應生銅像」，爲這一群被迫害爲「軍中樂園女侍應生」的台灣女性申冤、哀慟。

　　所謂軍中樂園這個東西，是台灣人的恥辱和悲哀，台灣聞達人士、政治人物、婦女人權團體，曾高聲爲二次世界大戰期間被日本強徵的悲慘慰安婦叫屈，對二次世界大戰時期日本軍隊的惡行義憤塡膺。但是，這些滿口仁義道德的所謂高尚人士，卻從未見過有人出來譴責20多年前還持續存在的蔣幫中國盜匪之惡行；也沒有人爲那些被蔣幫中國盜匪誘拐、逼迫，被送進所謂軍中樂園之所謂女侍應生的台灣人軍妓抱不平。現在台灣的中國人和假中國人，竟然有臉抗議「二次大戰時期日本的慰安婦惡行」，這是人類奸狡惡性的極致。而台灣聞達人士現在能對長達超過40年的蔣幫中國壓霸集團之軍中惡行默不作聲，除了重症的「斯德哥爾摩症候群」（台灣受虐症狀群），要如何解釋這種心理的扭曲和病態？（詳見《台灣人被洗腦後的迷惑與解惑》第12章 P.185-P.189）

第八章
進入中華冥國體制中的台灣政客

名利使人腐化──以柯文哲與侯友宜為例

　　2018年3月14日侯友宜談鄭南榕事件，他說：「我帶隊的警方任務，除了依法拘提，更重要的是『救人』，沒想到鄭南榕死意堅決，但『鄭的女兒鄭竹梅等人被救出時，當場也謝謝警消救命之恩』，我認為這是一場『不完全成功的救援』。」這滿身充斥「中國厚黑學」的台灣假華人，真的是無恥厚黑得徹底了！

　　事實上，侯友宜接令「不論死活」逮捕鄭南榕的前兩天，鄭南榕先生即已對檢、警宣告：「非法的所謂中華民國軍警政府僅能捉拿到我的屍體」，並預備了大桶汽油。當得知侯友宜帶隊進逼而來時，鄭南榕先生就已強力逐走親友（包括女兒鄭竹梅）。鄭南榕先生那「僅能捉拿到我的屍體」之意志表達得非常清楚。侯友宜奉命帶隊，堅持進攻，下令者和受命者「非置鄭南榕先生於死不可」的居心昭然若揭。

　　侯友宜若是正常人，今天要卸責或遮掩罪孽，大可自我

辯解說：「當初奉令執行，無能抗命，深感難過。」但侯友宜是向蔣幫中國壓霸集團效犬馬以求聞達之假華人，擔任過警政署長、警大校長，轉而出任中國人朱立倫的副手，擔任新北市副市長，此時正在爭奪新北市市長大位。長期依附中國壓霸集團當官、從政，可說平步青雲，侯友宜已練就了一身所謂中國的「厚黑學」。侯友宜要更上一層樓，除了為自己遮羞，還要替中國壓霸集團詭辯，以乞求在台之中國壓霸勢力繼續給予關愛眼神。所以，侯友宜就用那精明的腦袋絞盡腦汁，編造出「我是要『救人』、『鄭南榕的女兒鄭竹梅當場感謝救命之恩』、『這是一場不完全成功的救援』」等一連串奸詐狡猾的誑言妄語。

侯友宜那無恥厚黑的詭詐談話，是有一些聞達的所謂台灣名嘴和學者，看到了侯友宜這種暗黑人格的現象，知道批評侯友宜這是「被殖民現象裡『斯德哥爾摩症候群』所導致的喪失靈魂和羞恥心，並用詭辯來遮掩罪惡感」。自以為有台灣意識的聞達人士也瞭解「台灣民主化之後，由於未清算被扭曲的歷史、未實現應有的轉型正義、也未見台灣社會的充分反思」，才使得侯友宜、吳敦義之輩，即使自知仍是爬不進「高級中國人的核心圈子」，仍然甘心當中國壓霸集團的馬前卒而自鳴得意。但是，這些假漢人、假華人當上癮的台灣聞達人士，照鏡子時卻不知仔細瞧瞧自己，這些台灣聞達人士看不清楚自己批評、恥笑侯友宜、吳敦義之輩時，其實是「五十步笑百步」啊！

　　一般人平常都是能看清楚別人，見不到自己的背脊和面目，照鏡子時若不仔細觀察並深刻反省，看到的還是只有自己虛僞和妄想的外表。但是，在台灣表面上民主化已30年，各種台灣（Paccan）史實證據也都已攤開20多年的今天，台灣聞達人士既然知道台灣有「被殖民現象裡的『斯德哥爾摩症候群』」，本應早已醒悟「蔣幫中國壓霸集團是侵略台灣、陰狠蹂躪台灣的豺狼異族」，卻仍執意繼續認盜作祖，僞裝爲假漢人、假華人自以爲高級；更利用既得的利益和名位，持續誤導眾多台灣人，使得不少台灣人受連累而輕易誤以爲自己是唐山人或漢人後裔，導致今日台灣人的國家認同模糊且混亂，造成今日台灣國家處境的危殆，請大家撫心自問，這對得起賜予我們生命的祖先嗎？對得起養育我們長大的這台灣土地嗎？這對台灣的羞辱和危害到底與侯友宜、吳敦義之輩有多大的差別？在瞭解台灣史實、文化和文明之後，埔農實在難以明白，台灣聞達人士何苦僞裝成假漢人、假華人？僞裝成假漢人、假華人自以爲高級更是可笑！

　　埔農一向視柯文哲的言行如糞土，但柯文哲有句話倒是說中要害，那就是台灣「垃圾不分藍綠」。

　　山兄說：「柯文哲說『垃圾不分藍綠』等於是在承認他柯文哲『現在是垃圾中的垃圾』。以前柯文哲自稱是深綠，2013年還表態支持『台灣共和國』；2014年爲了選台北市長，意欲藍綠通吃，擺出淺藍姿態；當上台

北市長後不可一世了，垂涎台灣大位，披上染紅長袍諂
媚所謂的中國，柯文哲正是『垃圾中的垃圾』！」

埔農：

是的！柯文哲在2013年以前，雖然仍是受「蔣幫中國壓
霸集團為洗腦台灣人而偽造、編纂的所謂標準歷史教科書」
所影響，再被呆奴化的台灣文史學者誤導，遂和不少台灣人
一樣，誤以為自己有漢人或華人血緣，而陷入中國式的虛妄
思維自以為高級，但仍清楚自己是蔣幫中國壓霸集團暴虐下
受害者的子孫身份，也明白「蔣幫中國壓霸集團是外來侵略
者」。所以，當時的柯文哲一直是「台灣人應該自主建國」
的擁護者。柯文哲在2013年5月11日參加了「908台灣國聯
盟」所發起的「511新國名運動大會」，公開表態支持該聯
盟的「台灣共和國」新國名提議。柯文哲還在會場當中，參
與撕毀中華民國身分證儀式，宣誓台獨主張，眼神堅定，氣
勢不輸其他人。

柯文哲自認很聰明、智商高，善於隨機應變，是一個心
中無信仰，為了自己的私利和名位，可隨時左右搖擺的人。
2014年柯文哲在計劃參選台北市長之後，得到民進黨的全力
支援，有台灣自主尊嚴意識的人士已無退路。於是，正式參
選之後，柯文哲有恃無恐，立即舉行所謂的「柯P新政」記
者會，表示他「參加撕毀中華民國身分證儀式」是使用道具
的玩笑而已，並出示身分證來證明，打臉台灣意識人士，也

絕口不再提台獨相關議題。原來，柯文哲在2013年5月就已存心要參選台北市長，在中國式虛妄思維的「厚黑學」訓練下，意欲藍綠通吃，所以柯文哲就特意備妥表演道具去參加「908台灣國聯盟」的活動，先博取台灣意識者的信任；等台灣意識者騎虎難下後，再拿出身分證來證明他其實是所謂「中華冥國流亡屍皮政府」的擁護者，以便拉攏所謂淺藍的選票。柯文哲精於算計，選舉活動開始時，更找來所謂藍營的姚立明當自己的競選總幹事。在所謂綠營的全力支持和所謂淺藍的青睞下，柯文哲果真當選台北市長。事實證明，柯文哲的藍綠通吃，是真的活剝生吞。在柯文哲在當選台北市長之後，除了荼毒所謂台灣意識人士，連姚立明也被「兔死走狗烹」了！

　　初任台北市長的柯文哲，2015年1月接受美國《外交政策》（Foreign Policy）雙月刊專訪時，直說「兩岸就是兩國關係」，得到不少台灣主流民意的喝采。柯文哲嘗到被眾星拱月的甜蜜滋味後，開始思索在權勢、名位更上一層樓的可能。柯文哲已從政治素人蛻變為政治高手，無時無刻不在思考如何曝光及提升知名度。這位自以為聰明的外科醫師，品嘗了兩年多名位、權勢和光環的滋味，中國厚黑學上癮，已成為精明的炒作政客，建立起「捨我其誰」的妄想。（有不少台大醫院同事說：「柯文哲的精鍊中國厚黑學，早在進入台大醫院服務時就已展露無遺，大家是盡量避開他而已。」）

於是柯文哲兩次在中國覆誦中國的虎姑婆用語「兩岸（國）一家親」、「兩岸（國）命運共同體」，再加碼說出「床頭吵床尾和」，迎合中國統戰策略的「打擊右派，拉攏中間派」，冀望透過諂媚中國以獲取兩岸事務話語權。

2017年辦理世界大學運動會期間，柯文哲為了再諂媚所謂的中國、迎合所謂的中國，惡意加碼說「Chinese Taipei（中華台北）是一個狹長的島嶼」，柯文哲更放任退休高階中國人軍官前往世界大學運動會開幕式門口鬧場，狂暴襲擊，阻止各國選手進場；也力挺睜眼說瞎話「否認狂暴鬧場事件」的台北市警察局長邱豐光。柯文哲另於8月18日狂妄要求「希望陳建仁不要出席閉幕式」，因為中國對柯文哲提出「如果台灣副總統陳建仁不出席世大運閉幕式，中國隊就會考慮參加閉幕式」的條件。柯文哲為了討中國歡心，也為了加戴中國光環，「喪權辱國」在所不惜。

一心一意和中國一家親的柯文哲，竟令台北市文化局協辦「中國新歌聲」的電視節目在台灣大學錄製。而且，中國的主辦單位透過電子信件、微信等通訊軟體交待協辦事項，「交辦」台北市政府協助組織觀眾一千人。台北市文化局另外還曾付出18萬750元，協助台灣高中生街舞團體及糵先生樂團兩個表演團體參與「中國新歌聲」演出。「中國新歌聲」有恃無恐，將台灣大學剛花了三千多萬元新翻修的草皮大舉破壞，同時導致學生無法使用運動場，還製造噪音和髒亂，台灣大學校方也默不作聲。

　　2018年3月23日，柯文哲派人突襲立法院旁的公投盟陳情區，強拆帳篷。被批評「柯文哲只敢欺負台灣人」，柯文哲以「一切依法行事」回應。柯文哲卻等到3月29日才去和中國人的抗議區商量，恭請那批中國人先「暫時」假意自拆部分帳篷，先給柯文哲一點面子以向社會交待，台北市政府答應，會立即准許中國人完全搭回帳篷。於是，30日下午中國人就再度搭回帳篷，並繼續在台北市囂張了！隔日（31日）早上9點鐘，柯文哲又派人拆除台大醫院捷運站出口外的台灣人陳情帳篷。

　　事實上，台灣聞達人士除了「名位、權勢令人腐化」外，最主要還是因為漢化過深，身陷名利至上的中國式虛妄思維，學起了所謂的「中國厚黑學」，一旦爬上高位，在他們心目中，人格、祖先算什麼！他們選擇了當假漢人、假華人或甚至於假中國人，自以為高級，更要藉以爬上更高級。於是，就「認賊作父、認盜作祖」在所不惜了。

華獨之虛妄帶給台灣更大的危機

　　由於漢化過深，心中充斥中國式的虛妄思維，陷入台灣受虐症候群（重症斯德哥爾摩症候群）的心理扭曲，又「中國厚黑學」上身，台灣聞達人士都是一個樣。就拿現在當紅的柯文哲、賴清德、蔡英文三人來看，三人都一樣漢化過深

自以爲高級；爲了成就個人權勢，都一樣精於算計。在中國
式的虛妄思維下，爲了搶占高位，不惜踩死親友往上爬。其
差別只是，柯文哲較輕浮而肆無忌憚，賴清德、蔡英文等則
是較沉穩而都經過仔細化妝和修飾而已。其實，就「爲了成
就個人神話，不惜披上所謂的『中華冥國流亡政府之腐臭屍
皮』當外衣」而言，賴清德的「親中愛台」、「台灣是主權
獨立的國家，名字就叫做中華民國」和蔡英文的「維持中華
民國流亡政府之現狀」是不遑多讓的。這在外國人看來，事
實上就是我們台灣人自己要把國家送給所謂的中國，這些台
灣聞達人士，正是現在造成台灣人誤以爲自己是所謂的華
人；導致今日台灣人的國家認同模糊且混亂；把台灣置於危
險境況的罪魁禍首。

　　台灣聞達人士都是歷經72年中國式洗腦教育長大的所謂
「優秀」學生，自小接受蔣幫中國盜匪的洗腦教化，是全心
全意認眞學習才能脫穎而出。是死背中國壓霸集團的僞造文
書；死記少數奴化之假漢人士紳以小說形式虛構的人和事，
隨之陷入「台灣受虐症候群（重症斯德哥爾摩症候群）」的
深淵，即使在多數台灣史實證據已被攤開的今日，這些台
灣聞達人士仍禁不住虛榮誘惑，寧願認盜作祖，僞裝爲假漢
人、假華人而自以爲高級。他們本來都是「聰明人」，學會
「爲求騰達必須轉彎、和勢力（即使是惡勢力）妥協」的
「中國厚黑學」思維，看準了「台灣現在是施行西方流行的
『以權貴、顯達占優勢』之民主制度」，不少台灣人也已被

洗腦至「誤以為自己是唐山人或所謂華人後代」的地步，要騙多數一般台灣人很容易；諂媚所謂的中國可自抬身價，尊崇所謂的中國人又能獲取本土賣台人士以及在台、吃台、亂台之「中國壓霸集團」的青睞，有助於他們求取更上一層的名位與權勢，當然要「視名位、權勢和眼前私利如歸」了！

台灣聞達人士（尤其是高舉所謂台灣意識大旗的政客和文史學者）認盜作祖的中國式虛妄思維，風行草偃，誤導了眾多台灣人，使得不少台灣人受連累而輕易誤以為自己是唐山人或漢人後裔。這是今日台灣人的國家認同模糊且混亂，以及台灣處境險惡的根本原由。心理清明的靈性台灣人，絕不會自願與侵略台灣、肆虐台灣的中國流亡盜匪為伍；也不可能為了名利、地位和權勢，去協助入侵台灣的中國盜匪在台灣撐起那只剩屍皮在招搖的所謂「中華冥國流亡政府」；更是厭惡所謂的「中華台北」。所以，這些認盜作祖，偽裝為假漢人、假華人的台灣聞達人士，雖說是「被洗腦教化而陷入斯德哥爾摩症候群的心理扭曲」，仍是不應該被輕易諒解！為了被奴化的虛榮而拒絕清醒之台灣聞達人士，已成為台灣人想要覺醒、台灣想要回復完整自主國度的最大阻礙。

因美國國會新通過《台灣旅行法》，解除台美兩國政府高層的互訪限制。與前總統陳水扁友好的美國聯邦眾議員夏波（Steve Chabot），於今年（2018）2月15日特別寫信寄到高雄市人文首璽住宅給前總統陳水扁。這封信還寄副本給總統蔡英文以及時任總統府秘書長、現任外交部長的吳釗燮。

但遲至4月2日上午10時31分，這封信才由一位自稱劉燦岳的男子送到高雄人文首璽管理室，說是一位老外請他拿來的（在管理室收發登記簿有留下記錄）。信是從美國華府寄出，信封左下角有條碼，代表是郵寄。美國聯邦眾議員交由美國國會承辦人員寄發的親筆簽名信，會歷經一個半月才寄到，而且還不是郵差送來。這一定是中途被攔截。

美國聯邦眾議員夏波信的內容，扼要而言是說：基於兩人過去良好的互動關係，他一直有在美國國會為台灣努力。也確認1979年的《台灣關係法》、1982年雷根總統對台的「六大保證」以及國會新通過的《台灣旅行法》。最後則希望下次訪問台灣時，能和陳水扁討論台美關係；更期待陳水扁得以儘速訪問華府，並可以在美國接受進一步的醫療。

其實，這封信因為經過1個月未見陳水扁和台灣總統府的任何表示，美國眾議員夏波經由台美友人向台灣方面查詢，得不到結果，才由《政經看民視》主持人彭文正於3月16日在節目中揭發，並秀出夏波親筆簽名函的副本。陳水扁沒有收到這封信，總統府查了半天也說沒收到。外交部長吳釗燮竟於3月22日指責《政經看民視》造謠，並威脅《政經看民視》必須澄清「並無此信」。

埔農奇怪的是，美國友台眾議員致函總統府，總統府既知信件失落，禮貌上不是應該趕快向對方查詢並致歉嗎？這是基本的外交禮節。但外交部發言人李憲章於23日卻坦承，並沒有循管道查詢，也沒有向夏波的辦公室詢問有關此函的

情事。這裡面顯然有詭！

　　可見，信件是被台灣的某單位攔截了，到了4月2日，知道紙包不住火，趕緊派人送到高雄人文首璽的前總統陳水扁住處。若說是總統蔡英文及時任總統府秘書長的吳釗燮（現任外交部長）真的都沒收到這兩封信，則顯然這中間是有「匪諜」於信件進入台灣時早就攔截去了。那麼這是嚴重的台灣國家安全危機！則總統府和國安局豈不早已雞飛狗跳嗎？如果總統蔡英文及時任總統府秘書長的吳釗燮是有收到這兩封信，卻裝作沒這回事，並且隱匿了友台美國聯邦眾議員夏波寄給前總統陳水扁的信件，那更是台灣前途的危機，是台灣人把台灣的希望託付給蔡英文民進黨團隊所帶來的危殆！

　　有人說，也許是美國政府覺得此信時地不宜，在信件進入台灣前自己攔下了。可是，美國是民主國家，有哪一個政府官員敢對美國聯邦眾議員做這種事？這是比當年「水門案」更百倍不可思議的醜聞啊！在美國不引發大爆炸才怪！更何況，當眾議員夏波確認有寄出此信時，這信件就又悄悄送到高雄人文首璽交給前總統陳水扁。而且，事後不論是總統府或外交部，都沒有人出來做任何解釋！

　　蔡英文領導的民進黨團隊，真的是橫了心、鐵了心，舉著「愛台灣、為台灣」的大旗騙取台灣人選票後，就高唱「當權者高級」、「真假華人都高級」。用所謂中國厚黑學的虛妄思維，繼承「中華冥國流亡政府」之腐臭屍皮，繼續

STEVE CHABOT
MEMBER OF CONGRESS
FIRST DISTRICT, OHIO

INCLUDES MOST OF HAMILTON COUNTY
AND ALL OF WARREN COUNTY

DEAN OF THE OHIO
REPUBLICAN DELEGATION

COMMITTEES:

SMALL BUSINESS
CHAIRMAN

FOREIGN AFFAIRS
SUBCOMMITTEE
ON ASIA AND THE PACIFIC
SUBCOMMITTEE ON MIDDLE EAST
AND NORTH AFRICA

JUDICIARY
SUBCOMMITTEE ON CRIME, TERRORISM,
HOMELAND SECURITY AND INVESTIGATIONS
SUBCOMMITTEE ON COURTS, INTELLECTUAL
PROPERTY, AND THE INTERNET

Congress of the United States
House of Representatives
Washington, DC 20515

February 15, 2018

President Chen Shui-Bian
#216-228 Mingcheng 4th Road, Gushan District
Kaohsiung City
Taiwan 80457
陳水扁前總統收
80457高雄市鼓山區明誠四路216號~228號 (人文首璽)

Dear President Chen:

I want to wish you a Happy Lunar New Year. I believe our great friendship is a product of our many meetings over the years, including the time you came to Capitol Hill as Taipei's mayor, my visits to you in the presidential palace, and our lively discussion over Facetime last May.

As you know, the U.S. Congress has recently taken major steps to improve relations between our two countries. On May 16, 2016, the House of Representatives overwhelmingly passed important legislation, which I authored, titled "Reaffirming the Taiwan Relations Act and the Six Assurances as the Cornerstone of United States-Taiwan Relations." This resolution was groundbreaking since its passage marked the first time that President Reagan's Six Assurances were discussed on the floor of the House. The resolution subsequently passed the Senate as well.

I introduced this resolution because I strongly believe that U.S.-Taiwan relations must be based on the 1979 Taiwan Relations Act and the 1982 Six Assurances, and not on the misguided Three Communiques which contain the disastrous U.S. One China Policy. It is long past time that we move forward from this mistaken position which neither serves the interests of our countries nor gives Taiwan the respect it deserves.

Last year, I also introduced the Taiwan Travel Act. It seeks to eliminate all restrictions on official visits to the United States by senior government officials from Taiwan and declares that "the United States Government should encourage visits between the United States and Taiwan at all levels." I believe that self-imposed restrictions are an insult to the people of Taiwan and that we should not let the Chinese dictate who can and cannot come to Washington, D.C.

CAREW TOWER
441 VINE STREET, ROOM 3003
CINCINNATI, OH 45202
(513) 684-2723

2371 RAYBURN HOUSE OFFICE BUILDING
WASHINGTON, D.C. 20515
(202) 225-2216

PRINTED ON RECYCLED PAPER

11 S. BROADWAY ST,
3RD FLOOR
LEBANON, OH 45036
(513) 421-8702

美國眾議員廈波的信函和信封（下頁圖）

The binding legislation passed the House with overwhelming, bipartisan support on January 9, 2018. I will do what I can to make sure that it passes the Senate as well, so that it can go to the President for his signature and be enacted into law.

I look forward to further discussing U.S.-Taiwan relations with you the next time I am in Taiwan, or – better yet – I am hoping you will be able to come to Washington, D.C. sooner rather than later. And when you are in the United States, I also hope you will have a chance to receive further medical treatment.

Please know that my office is always open to you.

Sincerely yours,

Steve Chabot
Member of Congress

cc. Dr. Tsai Ing-wen, President of Taiwan
Dr. Joseph Wu, Secretary-General to the President

Congress of the United States
House of Representatives
Washington, DC 20515-3501

OFFICIAL BUSINESS

PRINTED ON RECYCLED PAPER

Steve Chabot M.C.

President Chen Shui-Bian
#216-228 Minecheng 4th Road, Gushan District
Kaohsiung City
Taiwan 80457
陳水扁前總統收
80457高雄市鼓山區明誠四路216號~228號 (人文首璽)

維持「中華冥國流亡政府」壓霸、歧視、脅迫台灣之統治現狀。於是，得到台灣人支持的蔡英文總統堅持「盜匪強占廟堂」的現狀；賴清德大言「我們已是主權獨立國家，台灣的名字就叫做中華民國」。事實上，所謂的中華民國早於1949年在所謂的中國滅亡了。蔣幫中國盜匪帶來台灣的，是骨肉

無存、只剩屍皮的「冥國」，這些實情世界上有那一個國家不知道？自稱「中華冥國」，不是賣國求榮是什麼？

掌權的台灣政客認盜作祖自以為高級；又稱台灣是中華冥國流亡政府，連累多數台灣人也自以為是華人，不少台灣人也自認是中華冥國人、甚至有人自稱是中國人。在這情形下，有正義心的國際人士，要支持台灣越來越尷尬，也越來越困難，只好紛紛放棄以自保。換句話說，台灣如今慘遭所謂中國的打壓和羞辱；面臨被所謂中國吞併之危險，大部分是台灣人自己造成的。

尤有甚者，台灣民進黨政府竟然同意金門向中國買水電。在中國一方面加緊對台灣進行統戰、威脅、餌釣，一方面不斷羞辱台灣、打壓台灣，並不斷揚言要隨時血洗台灣的情形下，面對處心積慮要置台灣於死地這樣凶殘的壓霸土匪，任何腦筋稍微清楚的人，避之唯恐不及，即使窮途末路，也不可能會痴想親近它。暫且不管金門人的國家立場如何，理性的執政者，真要照顧金門，應從全面回收家庭廢水用來灌溉做起，再不足，則由台灣運水或做海水淡化，多花一點錢沒關係。向中國買水、買電，則如同置金門於魔爪之下！有一天中國想拿下金門，只要斷水、斷電即成。更狠的話（中國本來就狠），可水中下毒！現在各種無色、無味，毒性不一的毒劑五花八門，難以一一檢驗！從中國引水，只有徹底呆奴化的人才想得出來、做得出來！金門本是百越地，金門人是願意留在台灣（Paccan）這國家，還是志願依

附現在的所謂中國，可由金門人自己決定。可是，執政者別把金門當前線，又同時置金門於中國魔掌之中。這是厚黑呆奴的可惡行為！

2018年8月7日，又見賴清德對於「東京奧運台灣正名公投」的民間活動，以行政院長的身份公開表示：「根據洛桑協議的規定，台灣參與奧運名稱就是『中華台北』，這個時候運動選手參賽很重要，選手參賽的這個權利要保護住。不可亂來！」賴清德的宣示，意思是「台灣主張正名會影響台灣隊的參賽權」、「公投通過後，台灣政府若向國際奧運會提出正名提案，是違法的」以及「奧運會參賽隊不可以申請改變名稱」。這完全是以中國式的虛妄思維在欺騙台灣人，更是以假華人（甚至是假中國人）的無恥心態在出賣台灣！不必說國際奧運會其他參賽國也有改名的例子了，單台灣隊參加奧運會就曾改了4次名稱。1956年奧運在澳洲墨爾本舉行，台灣當時是以「China」（縮寫CHN）參賽；1959年5月27日，在慕尼黑舉辦的國際奧會年會，奧會通過允許以「Formosa」或「Taiwan」代表隊為名參加奧運會；1960年奧運在義大利羅馬舉行，奧會同意台灣隊改以「Formosa」的名稱參加比賽；1964年東京奧運及1968年墨西哥奧運兩屆，台灣是使用「Taiwan」（TWN）名稱參賽。1981年3月23日，陰狠的蔣經國，才又派出代表在瑞士洛桑與國際奧會簽訂協議書，把台灣（Taiwan）改名為中華台北奧會（Chinese Taipei Olympic Committee）。台灣自主、正名就

是「不維護台灣運動選手的參賽權」？「奧運會參賽隊不可以申請改變名稱」？賴清德你說什麼瘋話！

當然，台灣人要自主、正名，現在處心積慮覬覦台灣的中國一定會大聲反對，但是國際奧運會不可能不容許台灣人表達自己的意志！「只做正名運動，台灣就會被國際奧會停止參賽權」之說法完全是在自我閹割。中國是軟土深掘的國家，但有關台灣的委屈受辱，只要台灣據理力爭，中國越蠻橫，國際就越會關注「中華台北」這名稱的荒謬。問題在於，台灣人從未替自己的尊嚴展示強而有力的維護決心。

台灣在奧運會上自稱Chinese Taipei，等於是宣示台灣屬於中華人民共和國，這遲早會害死台灣。運動選手的參賽權固然重要，但為了選手能參賽就可以無恥至認盜作祖、出賣靈魂，甚至於出賣國家嗎？更何況，台灣以公投方式表達台灣人要「自主、正名」的訴求，並不意謂台灣選手不能參加比賽。而且，讓國際上明白「台灣是主權獨立國家」的這項事實不是更重要嗎？

國際運動賽事，是現代國家表現民族榮譽與尊嚴的場合。2014年韓國仁川亞運以及2018年印尼雅加達亞運，日本代表隊運動員都曾因為道德瑕疵，被日本領隊下令禁賽，並立即遣送回國。這是國家民族尊嚴的榮譽精神，缺乏國家民族的尊嚴與榮譽，何來資格代表國家參加國際運動會？反觀台灣，即使台灣人自己執政，30年來台灣代表隊運動員都一直以Chinese Taipei（中華台北；中國人的台北；中國的台

北）在國際運動會上丟人現眼，不覺羞恥！這完全是充斥中國式虛妄思維、深陷「斯德哥爾摩症候群」心理扭曲、認盜作祖的台灣聞達人士（尤其是政客和文史學者）」造的孽！台灣聞達人士就僅爲了自以爲高級的虛妄思維，不惜出賣台灣人的靈魂、拖垮台灣，眞是罪大惡極。賴清德這番「爲了順利參賽，可以出賣台灣、踐踏台灣靈魂」的無恥妄言，更是將台灣的靈魂和精神推入那難以復甦的煉獄深淵，陷台灣命運於前所未有的危殆！

　　事實上，台灣選手曾有兩次不能參加奧運會比賽，都是受阻於披著中華冥國流亡屍皮的蔣幫盜匪！第一次是1952年在芬蘭赫爾辛基舉行的第十五屆奧運會，當時的蔣幫盜匪以「台灣選手不准與中華人民共和國代表隊一起比賽」爲由，強制台灣選手退出該次奧運會。第二次是1976年加拿大蒙特婁奧運會，當時加拿大總理杜魯道認爲「台灣選手應自稱『台灣代表隊』才正確」，要求「台灣選手必須以『台灣代表隊』的正名」，才能給予入境參賽的權利。當年7月9日還發生楊傳廣與紀政爲參加奧運會而闖關進入蒙特婁的國際事件，因而7月16日國際奧委會召開緊急會議，確認「台灣代表隊必須使用『台灣』的正確名稱才可以參賽」。請問，哪來的「爲台灣代表隊正名就是不維護台灣運動選手的參賽權」？所以，賴清德原是沉迷於假華人虛妄思維的毒癮而自以爲高級，現在的賴清德，則是想當自以爲更高級的中國人想瘋了！

　　賴清德還說：「多數人在談到我們自己的國家時，例如比較學術性的一些場合，會用『中華民國』（Republic of China），可是一般稱呼的時候大概都是講『台灣』，其實這都是代表我們的國家。」這更是睜眼說瞎話！埔農年輕時，20年內參加過無數次的國際學術性會議，就都是使用「台灣」為國名。甚至於，曾有幾次，迷糊的台灣同仁自填是ROC（中華民國），立即被大會改成「Taiwan（台灣）」！請問，你賴清德參加過幾次國際學術性會議？有那一次是以ROC（中華民國）名牌公開參加的？敬請舉出來，埔農可以跪拜叩頭！

　　另外，賴清德為了合理化他的「向中國屈膝舔腳」，竟然誑言：「民進黨的『台灣前途決議文』就寫明『台灣的名字就叫做中華民國』。」這又是再一次的睜眼說瞎話！1999年5月9日的民進黨「台灣前途決議文」寫的是「台灣，固然依目前憲法稱為中華民國，但與中華人民共和國互不隸屬」、「對外，我國不再堅持使用『中華民國』」、「任何有關獨立現狀的更動都必須經由台灣全體住民以公民投票方式決定」。語意明確，絕不是「台灣的名字就叫做『中華民國』」，而且也是擁護「現狀的更動由台灣全體住民以公民投票方式決定」！其實，在民進黨尚未完全華奴化之前，1991年的民進黨黨綱中之第一條，是主張「建立主權獨立自主的台灣共和國」。現在不准或不贊成「台灣自稱台灣」的民進黨，和當年從中國侵台的蔣幫盜匪之恐怖肆虐有何兩

樣？其差別只在於，現在台灣已表面民主化，不再能任意殺人和關押而已！民進黨內雖然多數是「充滿中國式虛妄思維、認盜作祖自以爲高級的華奴」，但你賴清德似乎已惡化成更無知、更無恥的「中國奴」！

　　賴清德原本是一位聰明人，歷經兩任掌握地方實權的台南市長職位，在台灣政治圈虛妄的中國式壓霸思維污染下，也沾染上現實台灣政客「爲求騰達必須轉彎、向勢力（即使是惡勢力）低頭」的惡習。既坐上行政院長高位，實權在握，「萬人之上」已確定，「一人之下」可就是名義與現實的拉鋸了。於是，在對自己「高度」的期許下，自認前途不可限量，「食西瓜偎大爿」的政治算計就更成了思維與政策的圭臬，也才喊出「親中愛台」的「政治騙術」口號。現在爲了更上一層的名位和權勢，除了認盜作祖，已不惜賣國求榮！

　　如果你賴清德是一個平民百姓，你要認盜作祖、出賣靈魂，是你自己的事。但是，你賴清德今天貴爲台灣行政院長，一言一行都影響全體台灣人。你的「假華人親中自以爲高級」，卻是硬要把台灣拖向那虛妄中國的深淵，更是在把台灣往那所謂中國的虎口送，這眞是罪大惡極！

　　埔農很少指名道姓地惡言罵人，但現在不得不公開指責，賴清德你是沾滿中國厚黑學的「中國奴」，你和柯文哲一樣，爲了個人名位和權勢，以及自以爲高級的虛榮，竟然不惜要害死台灣（Paccan），都是台灣人之恥，更是可惡至

極。

　　而台灣人至今還存在這種缺乏民族靈魂和國家認同之慘況的原由，完全是遭受「假漢人、假華人當上癮；認盜作祖自以為高級的台灣聞達人士（尤其是政客和文史學者）」的影響和連累。今日的台灣聞達人士，一如以前的所謂台灣士紳，都是在侵台中國盜匪的奴化洗腦下，學習所謂的中國厚黑學，喪失自我靈魂和廉恥，汲汲營營爭取霸權的認同以求騰達，實在是人性醜陋面展露無遺的悲哀人。這絕不是台灣人的本性，只因為現行權勢、名利與虛榮肆虐的社會，是意志不堅者容易墮落的陷阱。但今天的台灣聞達人士，為了貪圖眼前的個人名利和虛榮，不惜認盜作祖、出賣靈魂，同時還拖累全體台灣人，永遠是國家、民族的罪人，罪無可赦！

學習中國盜匪製造水災的愚蠢

　　縱觀台灣的水災大多是暴雨、排水不良，但都是局限地區，也為時短暫。廣泛、長時的嚴重大淹水，則都是因為水庫的不當洩洪所導致（尤其大台南地區的曾文水庫、烏山頭水庫、白河水庫）。有人說：「水庫蓄水已超過警戒線，為了水庫壩堤安全不得不洩洪。」不，這是似是而非的欺人顢頇心態。

　　水庫的功能包括蓄水和防洪，這是小學生就讀過的。如

今在台灣，水庫的防洪功能卻一直被故意放棄及隱瞞。世界上每一個水庫都應有相同的蓄水和防洪操作準則，20年來埔農把這準則書呈上至經濟部、水利署，下至縣市首長，沒人肯理會。所謂首長的心態是「我官大學問大，你小民算什麼東西」。令埔農更哀傷的是，台灣有不少與水利相關的教授級學者，他們不可能不知道這些「水庫蓄水和防洪的操作準則」，他們卻也能默不關心！是因為受害人口都是樸實無聲的偏遠普羅民眾？

關於放諸世界皆準的水庫蓄水和防洪操作準則，埔農在《原台灣人身份認知辨悟》（P.150-P.156）、《解碼福爾摩沙古文明：續認台灣古今眞相》（P.301-P.304）都有詳細說明。

以這次2018年的823舊台南縣溪北地區大淹水爲例，與2009年馬英九利用莫拉克颱風懲罰台南地區居民的模式完全一樣，都是利用下游河川已滿水位時洩洪來淹沒大台南地區，謊稱是「調解性放水」。2009年是在88水災晚上大放水，製造大台南地區的89洪災；今年（2018）則是在823水災的晚上大放水，製造大台南地區的824洪災。2013年8月27日、9月20日的兩次大淹水，以及多次的較小淹水，也都是相同的陰狠做法！

所謂的「調解性放水」，是在大雨來臨之前先放水以預備蓄洪的意思。而且，「調解性放水」也是必須依照「下游各段河川可容許承受的水位量」來決定放流速率。等下游已

積水的情況，再把水庫大量排放說成「調解性放水」，是胡說八道。

　　若是大雨中爲保護壩堤安全，都是由溢洪道自動溢流即可。但是，曾文水庫、烏山頭水庫、白河水庫的做法完全是按照2009年馬英九模式，又是在下游河川已滿水位時，一次放掉半個水庫以上的蓄水量來製造廣泛性大洪災，並造成以後的缺水。

　　這種中國式的虛妄、陰狠思維，從來就是如此，都是以「天地不仁」的謊言做爲他們（不論是支那人或假華人）「以百姓爲芻狗」之邪毒的藉口。就在台灣政客以中國式的虛妄、陰狠思維，製造大台南地區824洪災5天前的2018年8月19日，支那（所謂的中國）山東青州市、壽光市等廣大地區，剛同樣因爲上游冶源、黑虎山、嵩山三座水庫同時洩洪而遭淹沒，造成慘劇。除了假華人呆奴，清明智慧的台灣人，有誰會學中國盜匪做這種蹂躪台灣人的蠢事？

　　自從蔣經國掌權以來，就刻意隱瞞水庫的防洪功能，除了蓄水、發電以外，把水庫當作懲治樸實台灣人的工具。先利用水庫製造大洪水，再以救災的「仁德、慈悲假象」騙取民眾的感激和信服。

　　李登輝、民進黨的執政，繼承蔣幫中國壓霸集團的種種惡習，大小官員假華人的奴性不改，台灣人的精神和智慧被丟棄，把台灣人當作政治對賭的籌碼來操弄。若說民進黨政治人物全都不學無識，不知水庫還有防洪功能，也不知水庫

蓄水和防洪的操作準則，那為何連有知者的苦苦勸說都不聽呢？這批假華人的中國式虛妄思維，實在可悲又可惡！更是罪大惡極！

中華冥國體制是台灣政客的遮羞布

　　榮宗：「我有一個很大的疑問，怎麼連早期誓言要把腐臭之流亡屍皮的『中華冥國』埋葬；要奮力復國、建國的台灣人士，卻也逐漸演變成『只知與壓霸的中國國民黨抗爭』，還披上那腐臭的『中華冥國』屍皮搖旗吶喊，自稱是台灣政府？而且不反對也不反抗蔣幫盜匪對台灣人的奴化洗腦！實在令人納悶！」

　　埔農：

　　早期誓言要把腐臭之流亡屍皮的「中華冥國」埋葬；要奮力復國、建國的台灣人士，很多是偽裝假漢人自以為高級的所謂台灣士紳之子孫，都留有認盜作祖爭取虛榮和利益的習性。其實，他們不少是早先於1945年去歡迎蔣幫中國盜匪入侵台灣的同一夥人，習於「只要能顯示高人一等可以不顧一切」的妄想，其他人則是近墨而黑。他們後來之所以會反對「中華冥國」，並主張台灣建國，是由於被利用後即遭丟棄，發現蔣幫中國盜匪口說台灣同胞，使出的手段是把台灣

視爲次等殖民地剝削、把台灣人當奴隸使用；也瞭解到中國盜匪是奸詐、厚黑、狡滑又壓霸的一群，與其爲伍根本討不到便宜。

不過，他們既然已僞裝成假漢人自以爲高級成性，必然也假華人當上癮。因而他們的主張是「台灣應該成爲一個新的國家，不能讓蔣幫盜匪（中國國民黨）整碗捧去」，並不是眞的要脫離所謂中國的束縛。

至於「爲什麼他們反抗中國國民黨的壓霸而不反對也不反抗蔣幫盜匪對台灣人的奴化洗腦」，這是因爲反抗中國國民黨的壓迫，他們才能有較佳的機會搶奪名利；而若反對蔣幫盜匪對台灣人的奴化洗腦，則他們的長期「認盜作祖及僞裝假漢人、假華人自以爲高級」就成了難以洗刷的羞恥，更不可能再自以爲高級了！所以，他們不但沒有反抗蔣幫盜匪（中國國民黨）的企圖把台灣人洗腦成邊陲次等華人，還以假漢人姿態順應其「華人高級，中國人更高級」的咒語。風行草偃，以致理性清明的台灣人被噤聲。於是，台灣檯面除了中國壓霸集團的僞造文書，也充斥著假漢人、假華人的虛構小說，更多的是全身沾滿中國式虛妄思維、認盜作祖之所謂文史學者睜眼說瞎話的胡言亂語。

在厚黑中國人和虛妄假漢人、假華人如此這般鋪天蓋地的聯合洗腦下，使得多數的台灣人逐漸誤以爲自己也許眞的是唐山人（支那人或所謂華人）之後裔。所以才會在「1971年10月25日，中華冥國流亡屍皮政府被聯合國否定了其在台

灣的合法性」，以及「1972年2月27日美國藉由和中國簽署
上海公報宣布中華冥國流亡屍皮政府已死亡」之時，兩次錯
失國際情勢賜予台灣復國、建國的良機。隨後，蔣經國明白
「在當時的清明國際人士眼裡，中國國民黨的中華冥國流亡
屍皮政府，是鳩占鵲巢的強盜」。於是蔣經國不得不表面上
解除軍事戒嚴與黨禁，還透過其情治單位在所謂「黨外」領
導階層內布建的線民，鼓勵這「黨外」成立所謂的政黨，並
開放中央民代的選舉，製造「流亡屍皮的中華冥國已轉型為
在地民主政府」的假象。這些原本要埋葬「中華冥國」、主
張建國的台灣人士，既已是假華人當上癮，又見到「有公然
與中國國民黨爭權奪利的機會」，想到似乎可以和中國國民
黨平起平坐，就自我肯定是「更高級了」。於是，從此他們
的心思當然只剩「與中國國民黨爭權奪利」了。至於披上那
腐臭的「中華冥國」屍皮，稱是台灣政府，只是假漢人、假
華人當上癮自以為高級後的必然後遺症而已！

　　更可惡的是，這批得意忘形的所謂台灣聞達人士（尤其
政治人物），還自甘當蔣幫中國流亡盜匪向國際祭告「台灣
人已全心全意自願擁護中華冥國流亡屍皮政府」的牲禮！使
得蔣幫盜匪（中國國民黨及其同路組織的羽翼）得以繼續維
繫這本已在國際上搖搖欲墜的流亡屍皮政權。

　　榮宗：「我還有一個疑問，這一代台灣聞達人士是
歷經侵台蔣幫中國盜匪的奴化洗腦，多數為全心全意認

真學習才能脫穎而出的所謂『優秀』學生，早年死背中國壓霸集團爲奴化台灣人的僞造文書、死記假漢人士紳以小說形式虛構的人和事，陷入中國式的虛妄思維。他們在蔣幫中國壓霸集團的肆虐下，奮力往上爬，爭取名利和權位。意志薄弱者，是可能傾向認盜作祖自以爲高級，以致認同『中華冥國』，並協助蔣幫中國盜匪撐起那流亡屍皮的所謂政府。這些事實我清楚！但我不解的是：在台灣史實真相的證據都已攤開20年的情形下，雖說是會有已搶得既得利益和名位的聞達人士，拉不下臉來承認『過去認盜作祖自以爲高級』的羞恥，也爲了鞏固既得利益和名位，是可能有人仍然堅持僞裝成所謂的假漢人、假華人，繼續撐起那流亡屍皮的『中華冥國』當保護傘並遮羞！但以台灣人（Paccanians）的原有靈性精神和智慧，台灣聞達人士又是所謂的聰明人，這種沉迷於『斯德哥爾摩症候群』之心理扭曲而拒絕醒悟的迷失，還是實在不應該會近乎是全面性的。但事實是，現今檯面上，堅持繼續僞裝成所謂假華人，高舉『中華冥國』吶喊之台灣聞達人士還是明顯的占大多數。這常令我不得不懷疑，他們真的是台灣人（Paccanians）嗎？我爲他們嘆息、傷心、不恥之餘，更是困惑不解！」

埔農：

　　至於近一代的台灣聞達人士，因爲全然是在蔣幫中國壓霸集團的洗腦教育中長大，多數是全心全意認眞學習才能脫穎而出的所謂「優秀」學生，早年死背中國壓霸集團爲奴化台灣人的僞造文書、死記少數早期假漢人士紳以小說形式虛構的人和事。這些台灣聞達人士，是在蔣幫中國壓霸集團的肆虐下，奮力往上爬，爭取「名位」，台灣族人的靈性智慧被洗滌殆盡，很輕易就陷入中國式的虛妄思維，擺脫不了所謂中國厚黑學的纏身。他們是知道要反對中國國民黨的狂暴肆虐，卻親近壓霸且邪惡的所謂中華與中國。他們口中聲言台灣自主，心中充滿的卻是扭曲之所謂台灣意識（事實上是假華人的虛妄意識）。就因爲如此，他們更也走不出蔣幫盜匪餘孽的手掌心了。

　　台灣史實眞相的證據都已攤開20年，清國有嚴刑峻罰的「渡台禁令」，1874年起雖然有廢止渡台禁令21年，准許工商赴台，但也是列入流寓名冊。清國官方並無任何唐山人在台入籍的記錄；清國是稱台灣熟番漢化民爲「土著」。1895年日本從滿清接收台灣戶籍文書，把「土著」改稱「本島人」。1905年後，才依所使用的熟悉語言，分別做「廣、福、熟、生」註記。「廣」、「福」的註記是由原「熟番」註記而來；「熟」、「生」的註記是由原本的「生番」註記而來；暫時居留的唐山移工或商人註記爲「清」。年輕一代的台灣聞達人士都是聰明人，以上事實，有那位台灣聞達人士（尤其文史學者）可能不清楚？

這種「台灣聞達人士沉迷於『斯德哥爾摩症候群』心理扭曲而拒絕醒悟」之所以會近乎是全面性，主要是因爲既已養成的惡習就如吸毒，很難根除，不論是「中國厚黑學的習性」或「裝成假華人自以爲高級的虛榮」都一樣。再是，年輕一代的台灣聞達人士全然是在蔣幫中國壓霸集團的洗腦教育中長大，心中充斥的盡是中國式的虛妄思維，完全不瞭解原台灣（Paccan）的智慧文明和文化，以致羞於承認自己是「一直遭到惡意貶損」的台灣原住民。另外就是，在早期假漢人、假華人士紳之配合下，蔣幫厚黑中國盜匪已順利將多數的台灣人逐漸洗腦至誤以爲自己是唐山人（支那人或所謂華人）後裔的地步，要持續欺騙多數的一般台灣人很容易。既已慣於「功利爲先，尊嚴放一邊」的支那惡習，這些台灣聞達人士又都已鑽進權貴、顯達的行列，自然就選擇較輕便的「自以爲高級」和「被視爲高級」，於是就繼續僞裝成假華人而不悔了。

事實上，所謂的權貴、顯達（既得利益之聞達人士），都視追求名位、財富和權勢爲職志，心中沒有國家責任，更缺乏靈魂尊嚴。「名位」是權貴、顯達的護身符，他們爲了維持「名位」，必然裝腔作勢、滿口仁義道德，卻因不願面對事實而自欺欺人。人一旦進入權貴、顯達行列，一方面自恃高級，立場就會改變；另一方面，爲維護既得名位，看法、想法更常會偏離事實。久而久之，多數權貴、顯達若不是僞君子，便是寄寓他人的傀儡。現在的台灣聞達人士，正

是深陷於這種權貴、顯達的虛榮迷思而不能自拔，甚至於沒辦法被叫醒！

　　歷經蔣幫中國壓霸集團的二次奴化洗腦，眾多台灣聞達人士（尤其政治人物和文史學者），一方面受所謂中國的厚黑學的影響，自己陷入「斯德哥爾摩症候群」的心理扭曲，以致沉迷於假漢人、假華人的毒癮中自以為高級；另一方面還以買辦的姿態，誤導眾多台灣人，使得不少台灣人受連累而輕易誤以為自己是所謂的華人，導致今日台灣人的國家認同模糊且混亂。檯面上的台灣政客，就為了眼前之既得利益和見不得光的自以為高級，更是自願撐起那腐臭的中華冥國流亡屍皮充當保護傘以及遮陽板，不惜將台灣往那所謂中國的虎口送。台灣聞達文史學者和政客，其實是造成今日台灣國家處境危殆的罪魁禍首！

　　在台灣史實證據都已攤開的今天，台灣聞達人士自覺騎虎難下，不但選擇對眼前的史實證據視若無睹，還更處心積慮要掩蓋台灣史實真相的證據，以企圖繼續合理化他們假漢人、假華人認盜作祖的自以為高級，並期望能在台灣繼續維持高級。在這情形下，這些呆奴化的台灣權貴、顯達（台灣聞達人士）眼裡，那會有羞恥心或人性尊嚴，當然更不肯覺醒了。「不懂得反省、不知羞恥、肆無忌憚的自欺欺人」，正是這批自以為高同胞一等的台灣聞達人士，在精鍊中國厚黑學後所養成的中國式虛妄思維。

　　所以，台灣聞達文史學者要為「他們自己認盜作祖的自

以爲高級」強辯，再怎麼心虛，也只好堅持「清據時期有唐山人移墾台灣、有唐山人子孫在台灣」的胡言亂語。已搶有既得利益和名位的台灣政治人物，有了同是僞裝假漢人、假華人之所謂台灣文史學者的謊言護持，即使史實真相的證據擺在眼前，仍然樂得不必承認「過去認盜作祖自以爲高級」的無知或是羞恥。於是，這些台灣政客勾結所謂的台灣聞達文史學者，繼續僞裝假漢人、假華人；奉承在台所謂中國人的高級，以支撐他們自己假漢人、假華人的也是高級或次高級之妄想。台灣聞達人士（尤其是得意政客）爲了鞏固既得富貴、名位和權勢，一方面說拒絕所謂中國的侵略和威脅，主張台灣自主；另一方面向所謂的中國屈膝舔腳，意欲將台灣推向所謂中國的附庸。這種扭曲、虛妄又矛盾的奇形怪狀心理，完全是支那「齊人驕其妻妾」的現象，更希望所謂的中國能讓他們在台灣繼續高級下去！這情況導致今日台灣人的國家認同模糊且混亂，造成今日台灣國家處境的危殆。在外國人看來，更是我們台灣人自己要把國家送給所謂的中國。這些台灣聞達人士看似可悲，卻更是罪大惡極。

邱新德先生說的沒錯：「在陷入『斯德哥爾摩症候群』心理扭曲並充滿中國式虛妄思維的台灣政客以及眾多台灣聞達人士（尤其所謂的文史學者）之操弄下，不少台灣人已相當程度異化爲所謂的華人，並養成『功利爲先，尊嚴放一邊』的惡習。更因爲風行草偃，台灣人的靈魂已經殘破不堪，所剩無幾。台灣民族的命運，老實說凶多吉少！」

　　台灣的希望，以後就看台灣普羅大眾能不能及時從被洗腦的中國式虛妄思維中清醒了！想要經由現今已假漢人、假華人當上癮的台灣政客挽救台灣，看來眞是「請鬼拿藥單」！

第九章
入侵的中國豺狼與台灣鼠輩

台灣假華人向支那盜匪屈膝舔足

　　2018年二二八當天，一群大學生到桃園蔣介石停棺處潑漆抗議，訴求「壓霸盜匪的棺木不該持續用台灣納稅人的錢維護」，警方傳訊、拘提涉案學生到案，桃園地檢署依毀損公物罪嫌（違法占用公地的蔣介石棺木是公物？），令以8萬元交保。後來才說「考量都是學生，無經濟力負擔」，分別諭知拿5萬元、3萬元來交保。

　　請清明的台灣人看看：

　　2017年4月14日，曾任台北市議員的所謂統促黨成員李承龍和另名涉案女子邱晉芛，入侵烏山頭水庫鋸斷八田與一銅像（嘉南水利會的公有財物），台南地檢署僅認定兩人涉及毀損器物罪，諭令兩人限制住居，無保請回。

　　由於發現台南地檢署真的崇敬、禮讓壓霸之所謂中國人，2017年5月28日，兩人就又到台北市北投區逸仙國小門口，砸毀2尊有百年歷史的石狛犬雕像，這雕像是國小的公有財產。台北檢方也僅諭令以5萬元交保就沒事了。

　　2017年11月23日，勞團不滿勞基法再度修法，到行政院和總統官邸等處潑漆抗議，中正二分局針對抗議群眾的潑漆等行為，是依「廢棄物清理法」函送台北市政府環境保護局進行裁處。

　　大家再看看：

　　立法院2017年12月5日已通過《促進轉型正義條例》，其中的重要條款，就是要「清除威權象徵」。行政院不依法執行，還繼續用台灣納稅人的錢在維護「盜匪的威權象徵」，青年學子氣不過才拿油漆加以遮蔽而已，這完全符合「清除威權象徵」的法律，那裡違法了？蔣介石棺槨是他家占用公地的私有物，那裡有「毀損公物」了？

　　請教地檢署：兩蔣墓園占用桃園公地，還花納稅人的錢去維護，是根據哪條法律？不違法嗎？八田與一銅像是嘉南水利會的公物；北投雕像是國小的公有財產，被實質破壞，地檢署卻都僅以「毀損器物罪」輕輕放過。民眾到行政院和總統官邸等處潑漆抗議，警方也僅以「廢棄物清理法」函送台北市政府環境保護局。而兩蔣墓園是私人違法占用公地，且潑漆並無實質毀損，又符合《促進轉型正義條例》的「清除威權象徵」法律，桃園地檢署卻以「毀損公物罪」諭令8萬元交保。以潑漆替政府（違法不處理）進行「清除威權象徵」的《促進轉型正義》法律，其實是人人都可執行之「制止行為持續中的現行犯」，完全合法，又違反了哪條法律？而且，若硬要強加「汙辱」罪名，也需要有人覺得受汙辱而

提告呀！即使有受汙辱者提告，責任會比實質破壞嘉南水利會和國小的公有財物之罪行重嗎？何況並無人提出告訴！李承龍和邱晉芛實質破壞公物可以無保請回，連續再犯，兩次都是「實際毀損公物」，卻是一開始即請回，累犯又准以5萬元交保，這不是瀆職私縱是什麼？

難道「屠殺台灣人的侵略盜匪該被崇敬」，而「遵行法律的潑漆遮蔽是最大惡極」？這明顯又是假漢人、假華人沉迷於「斯德哥爾摩症候群」的心理扭曲，更是以中國式虛妄思維的自以為高級在玩弄司法！台灣人何時才得以清醒啊！

擔任行政院長的賴清德於3月6日，針對兩蔣墓園遭潑漆一事表示：「不管是銅像破壞，或對陵寢潑漆，社會都不能夠接受。」不知賴清德口中的社會是壓霸中國人之社會，還是身陷「斯德哥爾摩症候群」的假漢人、假華人台灣聞達人士之社會？請問，真正的台灣人社會裡，有誰不能夠接受「清除壓霸盜匪的威權象徵」？何況是已通過正式立法了呢（在《促進轉型正義條例》內，規定必須清除威權象徵）！

柯文哲本是二二八受難者的子孫，未當上台北市長前，自稱是一個台灣意識清明的台灣人。然而，在遭受蔣幫中國壓霸集團的奴化教育後，同樣認為自己是所謂漢人或華人後裔而自以為高級，也就滿腦子中國式的虛妄思維。於是，在當上台北市長後，嘗到了名利和權勢的滋味，食髓知味，為了抓取更上一層的名位和權勢，已不惜賣祖求榮，就一躍從假漢人、假華人變成假中國人。柯文哲一路從「台灣與中國

無關」變成「兩岸一家親」、「兩岸命運共同體」，再腐化
到向全世界宣稱「Chinese Taipei（中華台北）是一個狹長的
島嶼」。現在為了討好蔣幫中國壓霸集團，更不惜強調「對
蹂躪台灣的中國盜匪之威權象徵潑漆或意圖移走，都是不應
該的過度激烈行為」。名位、權勢薰心的柯文哲，已視「祖
父的受害和父親的苦難」這檔事是他往上爬的絆腳石，柯文
哲不希望有人再提起。

賴清德在擔任立委時，原本是台灣聞達人士中比較清明
且具智慧的一位，歷經兩任掌握地方實權的台南市長職位，
也沾染上現實台灣政客「為求騰達必須轉彎、向勢力（即使
是惡勢力）妥協」的習性。2017年9月8日賴清德接任行政院
長後，「萬人之上」已確定，「一人之下」可就是名義與現
實的拉鋸了。於是，在對自己「高度」的期許下，政治算計
就更成了思維與政策的圭臬。又見柯文哲的拉攏蔣幫中國壓
霸集團似乎有些效果，於是「破壞銅像、陵寢潑漆」他賴清
德都不再能夠接受，再大言「成立專案小組、限期破案、依
法辦理、必須符合中國人社會的要求」。想起2015年時任台
南市長的賴清德，在二二八追思紀念活動中宣布，將讓蔣
介石銅像全面退出台南市的校園，並於3月21日創下移除中
學、小學校園中銅像的全國首例，不禁讓人感嘆台灣人政客
的嘴臉是如此的醜陋，以及假漢人、假華人的學習「中國厚
黑學」是如何的勤快。埔農不由得自問，原本具靈性智慧的
台灣人，怎麼會有人就為了名位，一下子就變得這麼無恥，

完全丟棄了台灣人原有的靈魂尊嚴？

其實柯文哲、賴清德就和其他沉迷於假漢人、假華人毒癮中的台灣聞達人士一樣，他們都是所謂的「聰明人」。他們看準了「台灣是施行西方流行的『以權貴、顯達占優勢』之民主制度」，不少台灣人也已被洗腦至「誤以為自己是唐山人或所謂華人後代」的地步，要騙多數一般台灣人很容易；諂媚中國人以博取中國的關愛眼神可自抬身價，又能獲取本土賣台人士以及在台、吃台、亂台之「中國壓霸集團」的青睞，有助於他們求取更上一層的名位和權勢，當然要「視名位、權勢和眼前私利如歸」了！

2018年2月28日，蔣介石停棺處潑漆事件後，中國國民黨青年軍、大陳島同鄉會等中國壓霸團體，到自由台灣黨黨部叫囂：「你們在路上走路要小心。」這是公然恐嚇。

蔣幫中國壓霸集團肆虐、踐踏台灣數十年，因為民主化的時勢所趨，其餘孽在台灣不再有往日橫行無阻的稱心如意，基於對台灣妒恨的心理，轉身變成中華人民共和國亂台、毀台、霸台的代理人。

台灣聞達人士沉迷於假漢人、假華人虛妄思維，陷入「斯德哥爾摩症候群」的心理扭曲，既已認盜作祖自以為高級，凡是遇到所謂的中國或中國人，台灣聞達人士就「讚嘆師父，感恩師父」。因為只有力倡精鍊「厚黑學」的所謂中國人高級，台灣假漢人、假華人聞達人士才能合理化自以為的高級。於是，台灣政客們可以對蔣幫中國壓霸集團餘孽的

公然恐嚇和公然叛亂予以容許。也所以，2018年3月6日，行政院長賴清德，才在立法院附和中國國民黨立委柯志恩，把「兩蔣停棺處遭潑漆」比喻成「八田與一銅像被砍頭」，還說「須同等對待」。八田與一爲台灣奉獻心力，設計、建造烏山頭水庫和嘉南大圳；蔣介石是侵略台灣、蹂躪台灣的中國盜匪、惡霸，二者如何可以比擬？

一連串中國間諜製造的所謂釣魚台事件

2018年3月1日至4日，蘇澳籍「東半球二十八號」海釣船受雇於潛伏台灣的中國間諜，特意前往釣魚台群島繞行一圈；離開釣魚台後，還回頭故意去「與那國島」沿海滯留，不僅離開海釣船的營業距離限制甚遠，還兩度深入「台日漁業協定」的日本海域。這絕不是單純的旅遊釣魚行程，這是對「現在所謂台灣政府有簽約承認之日本領海」的故意且極端之挑釁行爲。爲此，漁業署已研擬收回其漁業證照及吊扣船員證一年以下或罰鍰。外交部官員卻發新聞稿，故意隱藏眞相，誑言「台灣海釣船未越界卻遭日本水產廳公務船噴水與緊追，還派海巡艦艇去相救」。外交部官員說「日本做法過當」，並同時在台北及東京向日方表達「嚴正抗議」。這裡面顯然有很深的陰謀，明顯是在煽動台灣社會的反日情緒，並企圖製造台灣的國際糾紛和外國對台灣的疑慮。

　　外交部官員當天在新聞稿中已提及：「日方緊追直至接近我國領海附近。」使用「緊追」與「領海」等字，表示外交部對於事件始末完全瞭解。漁業署的VMS航跡圖，早掌握該受雇海釣船實際違法、違規情形，外交部官員卻故意挑起台日對抗，並製造國際笑話。這完全是幾十年來，潛伏台灣的中國人配合中華人民共和國製造一連串仇日事端、企圖奪取釣魚台群島的一連串事件之延續。而且是緊接在郝柏村的「中國革命軍」之說，以及高安國的「中華民國台灣軍政府」高喊「打倒蔡英文政權」之後，意圖明顯。於是，中華統一促進黨的黨部主委陳清峰，就於3月7日藉口不滿日方以水砲驅逐我國海釣船，到日本台灣交流協會潑漆，企圖再挑起台日爭端，製造仇恨。

　　政府官員聯合反政府人士陰謀煽動國際爭端，企圖製造動亂，這在正常民主國家是叛亂罪，必遭立即逮捕法辦。所謂的外交部官員仍不認錯，新就任的民進黨外交部長吳釗燮也視而不見，法務部長邱太三更是以看戲的心情旁觀，這是姑息養奸，置國家安全的危害於不顧。

　　台灣人到底怎麼了，在台灣已民主化二十多年，同時所有台灣史實證據也早已完全攤開的今日，為何台灣人還在豢養這批台灣鼠輩和入侵的豺狼持續啃蝕台灣？究其原因，完全在於台灣人的國家認同模糊且混亂。

　　清據時期，少數漢化深、學習厚黑學的所謂士紳，勾結滿官、認盜作祖。這等所謂士紳，繼而屈膝恭迎日本侵台；

後又鑽入蔣幫中國壓霸集團肆虐台灣的行列，協助中國壓霸集團製造出現今眾多呆奴化的假漢人、假華人台灣聞達人士。假漢人、假華人當上癮的台灣聞達人士（包括政治人物和文史學者），認盜作祖看似可悲，但他們誤導眾多台灣人輕易誤以為自己是唐山人後裔或華人，是導致今日台灣人的國家認同模糊且混亂的原凶，也是造成今日台灣國家處境危殆的禍首，真是罪大惡極。

心靈理性清明的台灣人必須明白，釣魚台列島自古即是台灣屬地，幾千年來一直有台灣人（Paccanians）在當地活動；「與那國島」（Yonaguni）則本來就是台灣（Paccan）的一部分，而且釣魚台列島更靠近當前的台灣本島。1萬2968年前因彗星撞擊地球引起大規模火山爆發和地震，現今台灣東部外海的一大片Paccan土地才沉入海底。Yonaguni是當時所留下來的一小部分，島上的居住人口到現在仍然是說著原台灣語（Paccanian）。釣魚台列島和與那國島（Yonaguni）二次大戰後被日本繼續占有，是先前被蔣幫中國壓霸集團出賣才發生的。台灣人當然必須記得，並誓言將來復國之後，一定要取回釣魚台列島和與那國島。但是，在這時候切忌落入「精鍊厚黑學」的中國人之圈套，免得被賣了還必須幫敵人數自己的賣身錢！

亂台行為是積勞病故、永垂式範？

　　2018年2月27日，潛台亂台的中國團體藍天行動聯盟秘書長，中國國民黨黨軍退役上校繆德生，違法爬牆摔成重傷，鼓動者中國亂台代理人吳斯懷畏罪，立即假裝心臟病突發以模糊其責任，隨後還立即大聲嗆說「若出人命將抬棺抗議」！繆德生3月5日在家屬提議下拔管辭世。充當中國間諜的假中國人王炳忠大叫「血債血還」。到底是誰令繆德生流血？誰是應該還繆德生的血債？你王炳忠這認盜作祖的無恥假中國人，不是始作俑者之一嗎？

　　一個小偷的違法爬牆行為，又是從事亂台惡行，過程中未遭遇任何干擾，自己不小心摔傷，鼓動者中國亂台代理人吳斯懷的嘍囉盧朝財等人，還阻擋救護車進入救援；繆德生急救後已有穩定的生命跡象，正在開刀繼續救治中，吳斯懷的嘍囉卻幸災樂禍的盼望繆德生已死，急著舉辦「招魂」儀式。這全然是奸詐狡猾的所謂中國人，一貫秉持的中國厚黑學伎倆。帶頭之發起人向來自私，都是心存「可死道友，不可死貧道」的邪惡心態。為了興風作浪，可以先害死自己的手下，再拿自己手下的屍體指控別人殺人，這只有精鍊厚黑學的中國人做得出來！

　　退役上校繆德生因攀爬牆壁的偷盜行為，不慎摔落而受重傷，背後煽動者郝柏村承認說，「他們不是為了退休年金改革在抗爭，而是為了捍衛中華民國憲法的尊嚴，這種抗爭

是中國革命軍的傳統精神」。2018年2月28日，前陸軍第6軍
團副指揮官高安國，身著軍裝在中正紀念堂成立「中華民國
台灣軍政府」，他們還高喊「打倒蔡英文政權」。這是公然
叛亂。這一刻，狐狸尾巴終於露出來了，這幫人哪裡是在爲
軍人爭取權益，根本是假借幫軍人爭年金之名，行顛覆政
府之實，目的只是要亂台、毀台，一心一意在替其所謂祖國
（支那或所謂的中國）之併吞台灣鋪路。

　　潛台亂台的中國團體藍天行動聯盟秘書長退役上校繆德
生，於2018年2月27日受到中國亂台代理人郝柏村、吳斯懷
的鼓動，做出違法爬牆的小偷行爲，不愼摔傷，吳斯懷的嘍
囉盧朝財等人阻擋救護車進入救援，故意要置繆德生於死
地。這是故意致人於死的刑事罪啊！法務部的各級檢察官卻
能裝作「視而不見」！

　　2018年3月22日繆德生的告別式上，會場中國五星旗旗
海飄揚，前總統馬英九、中國國民黨前主席洪秀柱、新黨主
席郁慕明、中國國民黨副主席郝龍斌、中國國民黨主席吳敦
義率領各支黨部幹部到場。軍人部分是現任國防部長嚴德
發，率領包括現役參謀本部參謀總長李喜明、多名陸海空軍
將級官員、國防部發言人陳中吉以及退輔會主委邱國正等人
出席；前國防部長高華柱、嚴明、前空軍上將夏瀛洲、前陸
軍中將胡筑生、前陸軍中將副司令吳斯懷等人也全到場，現
場繁「星」雲集，超過百顆。告別式會場高掛由蔡英文及賴
清德具名頒發的「旌忠狀」。

　　蔡英文及賴清德頒發的旌忠狀寫著：「退役上校繆德生在台北市積勞病故，曾獲頒勳、獎章，忠貞爲國，殊堪旌揚，特頒此狀，永垂式範。」這句話的白話意思是說：「繆德生在台北街頭利用『反年金改革』爲藉口到處作亂，過於勞累以致死亡；他忠於中國，曾經獲得流亡台灣的中國國民黨黨軍表揚，可做爲在台灣永遠流傳的典範。」

　　鼓動者郝柏村在繆德生爬牆摔傷後立即承認說：「他們（指繆德生這批人）不是爲了退休年金改革在抗爭，這種抗爭是中國革命軍的傳統精神。」隔日（2018年2月28日），前陸軍第6軍團副指揮官高安國，身著軍裝率領百位退役軍人，公然成立「中華民國台灣軍政府」，他們還高喊「打倒蔡英文政權」。這都是行顛覆政府之實的公然叛亂。在台灣人政客的尊崇下，潛伏台灣的中國亂台、毀台代理人，這時連其狐狸尾巴都不藏了。

　　看了以上事實，這「旌忠狀」所言內容，不正是表揚「中國間諜在台灣製造動亂」的行爲嗎？還不捨他們和中國裡應外合「亂台、毀台」的「積勞」。不知可否請蔡英文和賴清德清楚的解釋一下，你們兩人什麼時候變身成所謂的中國人了？你們是身披中華冥國的流亡屍皮自以爲高級，但又何時加入一心一意顛覆台灣的中國人行列了？「亂台、毀台」的中國人在台灣自命高級，所以你們也要裝扮成假中國人，並讚揚亂台、毀台的中國人惡行，以乞求被賜予所謂的「次高級」？

　　國防部發言人陳中吉表示，這是依據「國軍現役及退伍除役官兵因病或意外亡故申請葬厝及旌忠狀作業規定」，國軍官兵退伍除役後因病或意外亡故，生前曾受政府頒給勳、獎章者，得申請頒給旌忠狀。是由郝柏村領銜，共十三名將軍、四十二星共同署名申請褒揚狀。

　　那好吧，即使你蔡英文、賴清德覺得「中國人在台灣造反或當小偷時自己摔死，你們還是不敢不垂憐」，那寫個好聽一點又「爬牆摔死」或「意外摔死」，「足堪憐憫」不可以嗎？你蔡英文、賴清德為何要故意公然說謊？為何故意要誑言他是「積勞病故」，還大言繆德生違法亂紀的偷盜行為（暗中爬牆試圖闖入重要政府機構，被發現後，不理會警方「基於關懷其身體安全」的「好心」勸阻）是「忠貞為國，永垂式範」？蔡英文、賴清德啊，妳（你）們的言行真是台灣人之恥！

　　繆德生擔任藍天行動聯盟秘書長，一再和所謂統促黨的那幫黑道勾結鬧事，也曾於2017年從廣州一路到北京參加中國共產黨的七七抗日事件紀念活動，心在中國，屬於潛伏在台灣之所謂中國政權覬覦台灣的代理人團體，是所謂之中國霸凌台灣的馬前卒！今天，由台灣人一人一票選出來的台灣總統，竟然頒「旌忠狀」給一個一再向中國輸誠、破壞台灣民主社會、在台灣製造動亂、阻撓轉型正義的人，這讓心靈理性的台灣人情何以堪？而且，高掛蔡英文、賴清德表揚「旌忠狀」的會場，中國五星旗旗海飄揚，更讓這些心在台

灣的公民，再一次產生精神扭曲和價值錯亂的惶恐！

　　繆德生公祭儀式的後段，由陸軍儀隊儀兵將中國國民黨黨旗進行「展旗」。這是故意讓台灣軍隊服中國國民黨之勞，藉以展示「台灣軍隊仍然是中國國民黨勢力」的狂妄！

　　事實上，繆德生之死，煽動者郝柏村、吳斯懷都需負「間接過失致人於死罪」；阻擋救護車進入急救的盧朝財等人則需負「直接過失致人於死罪」。請問，台灣的檢、警人員全都得了「昏睡病」嗎？朋友一棒敲醒埔農說：「台灣的檢、警人員沒有得昏睡病。總統蔡英文、行政院長賴清德是現行當政者，警方人員在揣摩上意後，也樂得慵懶休息。而檢、調系統多數是中國國民黨培養出來的（1995年，時任中國國民黨祕書長的假中國人許水德，就公開大言：『台灣的法院是我們中國國民黨開的。』），現在的法務部長又是假華人邱太三，在假華人法務部長邱太三的冷眼下，檢、警人員又不是所謂的退將，有誰願意或敢去『惹事生非』？」

　　吉木：「昨日（2018年4月25日）退休高階軍官藉口反年金改革發起暴動，他們蒙面、塗迷彩膏、穿護具、戴手套，攜帶汽油、煙霧彈、辣椒水、長梯、繩索、石塊、鐵鍊、鐵鉤以及油壓破壞剪。於下午3時，以唱軍歌唱到『夜襲』時做為突襲信號，攻擊沒配備任何裝備的員警和採訪記者。這現場，就和恐怖份子發動攻擊的場景一模一樣，造成84名員警及14名記者當場

受傷。受害的媒體記者包括蘋果日報、壹電視、年代電視、EToday、寰宇、民視、民報、台視、中央社、中時與中天。相機、攝影機、眼鏡、手機被砸毀；服務證、立院證件被搶。這批恐怖份子在做案當下，同時圍堵台大兒童醫院和台大醫院急診室，阻止病危的大小民眾就醫。時代力量立委涂永明痛批，這種手段，簡直是現代版的『義和團』事件。

　　就如『2017年8月19日這批所謂的中國人到世大運開幕式門口狂暴襲擊』一樣，這次暴亂也是早就已公開揚言『要讓台灣丟臉』、『要讓台灣嚐嚐他們的力道』。兩次這些中國人和少數假中國人的狂暴惡行之所以能得逞，顯然是和『警方以及情治單位高層的蓄意縱容』脫不了關係！台灣人何以淪落至此『任人宰割』的地步？這幾年多來，台灣到底發生了什麼事？到底中了什麼毒？」

　　埔農回答：

　　這要從1996年被台北地檢署起訴，畏罪潛逃回中國的張安樂說起。在中國受訓17年後，張安樂竟能在中國的安排下，透過時任所謂總統的馬英九疏通台灣司法，讓「白狼」張安樂於2013年6月29日再風光入境台灣，從事顛覆工作。入境當天先說是交保，但諸多罪名隨著交保一筆勾銷，免除這位壓霸、囂張中國人的一切法律責任。撇開罪名一筆

勾銷不談，有誰聽說過「捕獲畏罪潛逃的罪犯可立即交保的事」？「白狼」張安樂還帶頭把中國潛台的顛覆組織登記為政黨。於是，從此台灣（尤其是首都台北市）就到處中國五星旗飄揚了。

2016年，台灣人選出蔡英文以及民進黨這批已假漢人、假華人當上癮的台灣聞達人士執政後，這批人深陷「斯德哥爾摩症候群」的心理扭曲，羨慕中國式的虛妄思維而自以為高級，寧願認盜作祖，偽裝成所謂的假漢人、假華人。而這批台灣政客在只剩腐臭屍皮的「中華冥國流亡政府」下，已搶有既得利益，所以就緊抱「中華台北」和「中華冥國流亡政府」不放。因為台灣政客覺得這屍皮雖然腐臭，但對其既得利益還暫時有如保護傘的作用。於是，台灣政客就如早期的所謂台灣士紳，從此大搖大擺以假漢人、假華人姿態傲視家鄉、鄙視祖先。不但認盜作祖「不覺可恥」，還耀武揚威，欺凌自己的同胞。同時為了支撐其「假漢人、假華人」的「自以為高級」，就執意推崇、禮讓「自稱高級」的在台所謂「中國人」，更執意幫助中國壓霸集團呆奴化台灣人，不惜陷台灣於危殆！

蔡英文於2016年和2017年，兩度指定肆虐台灣、殘害台灣人的壓霸中國人失勢舊打手宋楚瑜，代表台灣出席亞太經濟合作會議（APEC）的領袖會議，向所謂的中國人示好。加上蔡英文同時起用習於向中國壓霸集團屈膝的邱太三任法務部長，對維護台灣尊嚴的言行加緊打擊；對所謂中國人的

毀台罪行輕輕安撫，於是潛台進行顛覆的所謂中國人就更囂張了。2018年3月30日，蔡英文提名中國侵台壓霸集團的司法鷹犬江惠民為檢察總長；緊接著再於隔日（2018年3月31日）提名馬英九的舊護法黃煌雄任首屆所謂促進轉型正義委員會之主委，潛台進行顛覆的所謂中國人看在眼裡，更是笑開懷了。所以，昨日（2018年4月25日）潛台進行顛覆的所謂中國人當然是肆無忌憚了。

　　事實上，背後煽動者郝柏村早於2018年2月27日就承認說，「他們其實不是為了退休年金改革一事在抗爭，而是為了打擊台灣、顛覆台灣」。當然，郝柏村是習於奸詐、狡滑、陰狠之「厚黑學」的所謂中國人，他厚黑無恥的用語是：「八百壯士不是為了個人退休金抗爭，而是為了捍衛中華冥國，是捍衛中華冥國憲法的尊嚴，這種抗爭是『中國革命軍』的傳統精神。」

　　所以，台灣人何以淪落至此「任人宰割」的地步？這幾年來台灣到底發生了什麼事？到底中了什麼毒？埔農內心淌著血說：「是台灣聞達人士在自作孽啊！」

台灣鼠輩養大支那豺狼和其無恥走狗

　　Jacky：「軍、公、教的抗爭根本就是顛倒是非！文明國家都不斷教育它們的人民一個非常重要的觀

念，那就是，如果沒有非軍、公、教的原始納稅人
（Original Taxpayer）繳稅給政府，政府哪來的錢支付
全國軍、公、教這些公職人員（Public servant）的薪水
和退休金？而且平等是一個和諧社會的基礎，退休金的
給予，是在國家財政負擔得起的情況下，要讓每一位國
民都有衣食無虞的老年退休生活。不能讓某一些類別的
人士特別奢侈，以致排擠其他國民的退休生活。所以，
歐、美各文明國家，不論是否為公職人員，退休的所得
替代率都相近，甚至退休年金的數額也沒有太大差異。
過去葡萄牙、義大利和希臘的公職人員曾有特別優渥的
退休年金，但都已改正。

　　甚至於，文明國家的公職人如紐西蘭、德國等，國
家領導人退休後，享有的是和每一個公民同樣的退休年
金，這才叫做公平，因為退休生活是養老，不是在養奢
華貴族！在文明社會裡，沒有哪一個職業別，或是哪一
個行業別對國家有特別的貢獻，每一個職業別，每一個
行業別都有不同的辛苦面。若沒有流血流汗的農民辛苦
種田、養牲畜，其他的人能飲食無缺嗎？每天24小時輪
值的大樓保全員、從事交通服務人員、醫師、護理師，
有哪一個不是犧牲逢年過節以及和家人相聚時間在服務
大眾？

　　說句不好聽的，這批暴亂襲擊、企圖顛覆台灣所謂
退休軍官，他們有誰真的打過仗？真正抵抗過中國共產

黨（保護這些逃亡來台灣，卻趁機肆虐台灣的中國國民黨人）之老兵都已凋零，這批退休的所謂高級軍官，是踩著前人的血淚在蹂躪台灣。更何況，在『這批中國國民黨人逃亡來台灣』之前，所謂的中華人民共和國根本不與台灣為敵。中華人民共和國是為了追剿『中國國民黨人這批逃亡罪犯』，後來才演變成也覬覦台灣！

台灣人到底怎麼了，在21世紀的現在，還自甘這般讓中國壓霸集團任意踐踏、任意宰割？請看現代民主國家的各國公職人員退休所得替代率列表的比較！」

各國公職人員退休所得替代率比較		
國　　家	改革前	改革後
日　本	41%	34%
德　國	49%	40%
法　國	65%	51%
葡萄牙	90%	54%
瑞　典	79%	62%
韓　國	69%	67%
義大利	90%	69%
台　灣	100%	90%
資料來源：退輔基金會2010年研究報告		

埔農說：

當年中國國民黨黨軍裡，以軍官、將領名義作威作福之

軍中洪幫、青幫等黑道惡勢力組織，他們把在所謂中國的政權玩垮了，逃亡到台灣，現在還執意摧毀台灣。台灣各中國人掌控的新聞媒體，更是直接連線報導這些中國人和假中國人壓霸、無恥並遮羞的胡言亂語。這些中國人和假中國人盡是心狠手辣又睜眼說瞎話，還連續演出不間斷，無一不是中國厚黑學的高手！

　　這批壓霸中國人能在台灣持續囂張，主要是因為台灣聞達人士都是歷經72年中國式洗腦教育長大的所謂「優秀」學生，自小接受洗腦教化，是全心全意認真學習才能脫穎而出。是死背中國壓霸集團的偽造文書；死記少數早期奴化之假漢人士紳以小說形式虛構的人和事，隨之陷入「台灣受虐症候群（重症斯德哥爾摩症候群）」的深淵，即使在多數台灣史實證據已被攤開的今日，這些台灣聞達人士仍禁不住虛榮誘惑，寧願認盜作祖，繼續偽裝為假漢人、假華人而自以為高級。風行草偃，誤導了眾多台灣人，使得不少台灣人受連累而輕易誤以為自己是唐山人或漢人後裔。這是今日台灣人的國家認同模糊且混亂，以及台灣處境險惡的根本原由。所以，這些認盜作祖，偽裝為假漢人、假華人的台灣聞達人士（尤其台灣人政客和所謂的台灣歷史學者），仍是不應該被輕易諒解！為了被奴化的虛榮而拒絕清醒之台灣聞達人士，已成為台灣人想要覺醒、台灣想要回復完整自主國度的最大阻礙。

　　如前面埔農之說明，已假漢人、假華人當上癮的台灣聞

達人士（包括台灣人政客和所謂的台灣文史學者），漢化過深，陷入「斯德哥爾摩症候群」的心理扭曲，羨慕中國式的虛妄思維而自以為高級，寧願認盜作祖，偽裝成所謂的假漢人、假華人。而這批台灣聞達人士在只剩腐臭屍皮的「中華冥國流亡政府」下，已搶有既得利益，所以就緊抱「中華台北」和「中華民國流亡政府」不放。因為台灣聞達人士覺得這屍皮雖然腐臭，但對其既得利益還暫時有如保護傘的作用。於是，現在的眾多台灣聞達人士就如早期少數的所謂台灣士紳，從此大搖大擺以假漢人、假華人姿態傲視家鄉、鄙視祖先。不但「認盜作祖」不覺可恥，同時為了支撐其「假漢人、假華人」的「自以為高級」，就執意推崇、禮讓「自稱高級」的在台所謂「中國人」。因為，這批台灣聞達人士認為，無恥、厚黑的壓霸中國人以「所謂的高級」繼續在台灣囂張，正符合假華人台灣聞達人士「自以為的高級」的病態幻想。

大家仔細瞧瞧，現在唯恐台灣不亂的，正是這些受台灣人供養、在台灣養尊處優的退休高階軍公教人員。他們多數是蔣幫中國盜匪的子孫，加上一些早年依附霸權、擔任其走狗，助其肆虐台灣、洗腦台灣普羅大眾的所謂假華人士紳或聞達人士。他們踐踏台灣人，貪得無饜，甚至向所謂的中國出賣台灣。尤其作亂、造反、進行組織恐怖襲擊者，不論是背後策劃或執行攻擊，全是中國國民黨黨軍退休的高階軍官！在台灣人選出蔡英文以及民進黨這批已假漢人、假華人

當上癮的台灣聞達人士執政後，這批台灣聞達人士深陷「斯德哥爾摩症候群」的心理扭曲，羨慕中國式的虛妄思維而自以為高級，寧願認盜作祖，偽裝成所謂的假漢人、假華人「自以為高級」，就執意尊崇、禮讓「自稱更高級」的在台壓霸中國人，以表示「假華人」也是「高級」，或至少是次高級。潛台進行顛覆的所謂中國人當然是更肆無忌憚了。

這次蔡英文以及民進黨這批假漢人、假華人的所謂軍、公、教退休年金改革，其實只是在欺騙台灣百姓。表面上高階軍、公、教退休年金好像刪減了10%，事實上，高階軍官和高階公教人員透過職等上的與時晉級，加上2017年9月賴清德一上任行政院長，就立即為軍公教加薪3%，退休高階軍公教的退休年金根本沒有減少。蔡英文以及民進黨這批假華人的所謂軍、公、教退休年金改革，不但沒有實質作為，還替潛台進行顛覆的所謂中國人製造作亂的藉口。所以，埔農不得不懷疑，這批假華人台灣聞達人士若不是呆奴化過深，就是在和覬覦台灣的壓霸中國人裡應外合，正在試圖顛覆台灣、毀滅台灣。

所以，「在21世紀的現在，台灣還這般讓中國壓霸集團任意踐踏、任意宰割」，並不是台灣普羅大眾怎麼了，是假漢人、假華人當上癮的台灣聞達人士（包括台灣人政客和所謂的台灣文史學者）愛慕虛榮而自甘墮落，更執意幫助中國壓霸集團呆奴化台灣人，不惜陷台灣於危殆。台灣普羅大眾是悲痛、無奈！

　　埔農相信，只要理性清明的台灣人大家一起持續努力，盡力傳播台灣（Paccan）史實眞相的證據，讓多數台灣大眾徹底明瞭台灣的古今眞相，全體台灣人就能夠徹底覺醒，台灣（Paccan）的將來也就會有希望。只要多數台灣人醒覺「自己並非所謂漢人或華人的後裔，和所謂的中國人一點關係也沒有」，則深陷「重症斯德哥爾摩症候群」、「假漢人、假華人當上癮」、「心中充斥中國式虛妄思維」的台灣聞達人士也不得不覺醒。即使有一些冥頑不靈的聞達人士，其虛妄的內心仍在掙扎，也不得不面對台灣人心向背的事實。如此，台灣的未來將會一片光明。

　　所以，埔農才不得不拖著殘弱老命，勉力揭開台灣古今眞相的證據。埔農期盼所有理性清明、眞正心在台灣的台灣人，一起來努力傳播台灣古今眞相的史實證據。願天佑台灣！

第十章
虛構吳鳳神話的陰狠

殖民侵略者的洗腦、催眠伎倆

　　顏問：「你說『清國據台，視台灣為敵境，將在台唐山人全數趕出台灣，一個不留；此後下了嚴刑峻罰的渡台禁令，禁止唐山人再移居台灣，清據時期沒有一個唐山人曾留在台灣』，但是，吳鳳是大家耳熟能詳的故事，『吳鳳（字元輝），出生於康熙三十八年正月十八日（1699年），死於乾隆三十四年（1769年），原籍福建平和縣，康熙年間隨父母來台』，怎麼不是移居台灣？」

　　埔農回答：

　　唉！您這「吳鳳出生於康熙三十八年正月十八日（1699年），死於乾隆三十四年（1769年），原籍福建平和縣，康熙年間隨父母來台」，是從日人後藤新平所寫的「阿里山番通事吳元輝碑」碑文，或「蔣幫中國壓霸集團編纂的所謂標準教科書」中看來的！對不對？這是後藤新平學習清國唐山

滿官的奸狡手段，一方面為了分化台灣人，讓平地台灣人自以為高級，以利其支使平地台灣人助其前進深山砍伐珍貴林木；另一方面以「接受入侵霸權、認同統治者才是高級、開化、義氣」的洗腦迷思，同時灌輸台灣平地人口和山地人口，才利用台灣假漢人士紳接受的中國式虛妄神話所刻寫的。請問，有誰曾在其他史料上看過這段記述？

既然您提到所謂的吳鳳，埔農就詳細為大家舉證說明「虛構吳鳳故事」之前後，是如何的亂七八糟。也正好讓大家更清楚「假漢人、假華人」當上癮之台灣聞達人士，幫助侵台中國壓霸集團混淆台灣史實，是如何的明目張膽和睜眼說瞎話。

若有朋友認識任何文史學者，可以請他們來仔細看個清楚。任何人只要能舉出確實證據，證明埔農後續的舉證說明有任何錯誤，埔農照樣頒發10萬元獎金。

張兄說：「據我所知，1980年就有陳其南教授於民生報第7版發表了一篇文章，直言吳鳳故事是一則捏造的神話；1985年吳鳳公園開幕時，台灣原住民權利促進會更到場抗議，直指此典禮、此公園是為醜化山地居民。隨後吳鳳是貪婪、壓霸、無惡不做之人的說法，紛紛被討論，並說明鄒族人是為反抗欺壓，才不得不殺了吳鳳；1988年，教育局刪除所有教科書內和吳鳳相關的故事，並在同年12月31日，由林宗正牧師與黃昭凱先

生，率領用署名原住民的電鋸，拆毀嘉義車站前的吳鳳銅像；1989年1月，吳鳳廟遭到縱火，還曾引起嘉義竹崎鄉所謂的吳鳳後裔和一些中埔鄉的假漢人，覺得祖先受到污辱（？）而激烈反彈。1989年3月1日，所謂的內政部才將吳鳳鄉名改回阿里山鄉。所以，吳鳳故事是惡意虛構的謊言，不少人都知道。」

埔農說：

埔農知道。陳其南教授、林宗正牧師和黃昭凱先生都是善良的好人，能明察吳鳳故事是惡意污衊的謊言，也能不畏當時朝野的鄉愿態勢，奮力為遭受污衊的山地居民說公道話，並促成將虛構的吳鳳故事從所謂的標準教科書中刪除，著實令人敬佩。不過，他們受限於根深柢固的中國式洗腦教育，沒有順理仔細追查，仍未能揭穿侵略者虛構吳鳳故事、利用吳鳳故事以分化並奴使台灣人的陰謀詳情，也未曾進一步察覺「士紳、土官、社事（又稱社商）、通事、夥長（番割）」都是假漢人的史實真相，頗為可惜。

在公開的記錄裡，「吳鳳」二字首次出現於劉家謀的《海音詩》及其附文。劉家謀是於道光三十年（1850年）上任台灣府儒學訓導。台灣府屬今台南市區，儒學訓導等同現在的督學或校長（「儒學」是地方之最高教育機關，內設教諭一人，等同現在的教育局長。另設訓導數人，訓導是指輔助教諭的助手，而約聘教員則稱囑託）。所謂的「吳鳳」，

以前並無任何記載，就一個百年後的劉家謀知道？而且劉家謀是台南市區內的地方督學或校長，若眞有其事，即使是道聽塗說，也應該是在嘉義縣流傳，怎麼會由一個道光三十年（1850年）才被派到台灣府（今之台南市區）任儒學訓導的劉家謀口中初次說出？而且說的是81年前或132年前的故事？所以，很顯然，這是清國唐山人滿官在台灣執行洗腦改造的一貫手段之一，用以宣達「不接受漢化改造，就是『野蠻落後』；接受漢化改造，即是『高級、開化、義氣』」的洗腦催眠。

「吳鳳」二字再次見於倪贊元的《雲林縣采訪冊》（略稱《雲本》），倪贊元光緒二十年（1894）2月1日到任台灣府雲林縣儒學訓導（又是訓導！）。倪贊元這位清國滿官竟於44年後，依劉家謀的《海音詩》再加油添醋，也首次出現「鳳服朱衣紅巾以出」這戲劇化的點綴。

日本據台，1900年「臨時台灣舊慣調查會」成立，伊能嘉矩受命爲幹事。伊能嘉矩考察台灣各地民情，聽聞了來自假漢人士紳的吳鳳傳說，伊能嘉矩本來就是以「不可信的謠傳」視之，並未理會。同年日本政府發現阿里山上有大片珍貴木材的森林，引起日本朝野的轟動，並引發貪婪。

清國據台以封山令的土牛紅線圍困山地人口以自保，全無台灣山地的資料。日本人從當翻譯的所謂本島人之平地熟番漢化民（假漢人士紳，連橫爲首）口中，耳聞鄒族人本強悍難馴（其實是不肯服從漢化、不願受侵略者統治而已）。

由於砍伐這批珍貴林木須經過鄒族人居住區，爲了壓制鄒族人的自尊心和精神，就學清國唐山人滿官的手法，以「『接受統治、與入侵者同化』是『高級、開化、義氣』」的洗腦催眠，引誘本島人（漢化民）越過土牛紅線，幫助日本政府順利進行採伐高級林木之工事。於是，1904年當時的民政長官後藤新平巡視嘉義之際，特別派遣部屬參拜所謂的阿里山番通事吳鳳廟（說是吳鳳廟，實在可笑，後面會有解說），還賦一首詩弔吳元輝（吳鳳）。

　　1906年，所謂的吳鳳廟（？）因爲大地震而傾頹，津田義一就任嘉義廳長後，在總督府的指示下，準備重建（？）吳鳳廟（其實是改建成吳鳳廟）。1909年嘉義廳長津田義一編纂《吳鳳傳》。1912年廟宇起建中，當時的嘉義廳警視課長（相當於嘉義警察局長）中田直久寫了一篇〈殺身成仁通事吳鳳〉（由警察局長執筆，可見其居心）。佐久間總督特書「殺身成仁」匾額；民政長官後藤新平撰文立碑，並出版《通事吳鳳》。翌年1913年所謂的吳鳳廟建成，3月舉行吳鳳廟遷座式，當時的台灣總督佐久間左馬太更親自主祭。《台灣日日新報》當時就報導：「從台北有總督移駕臨場，高田代理長官、石井法院長、大津、龜山兩總長、萩野司令官也都參加；嘉義有各大官雲集，『爲稀有之事』。」當時連日本報社都對這大陣仗感到不可思議！

　　1914年日本政府並將虛構的吳鳳故事列入台灣《公學校用國民讀本》。1930年10月底發生了霧社事件，年底再由日

本作家出版一本《義人吳鳳》，在書中更刻意污衊番人兇殘冷血，再加入吳鳳赴死前，聲淚俱下力勸番人痛改前非、洗盡惡習的虛構情節，還在文中連連讚美吳鳳，說吳鳳是「東方的耶穌基督」。

　　但是，到了1937年，在所謂的中國爆發七七事變，日本政府一反「漢化民是高級、開化、義氣」的催眠手法，也因為採伐檜木已順利進行，於是大力嘲笑以假漢人姿態自以為高級的台灣人，喝令拆除所謂吳鳳廟裡的吳鳳騎馬塑像，並禁止民眾祭拜。

　　1945年蔣幫中國壓霸集團入侵台灣，當時中國壓霸集團在台灣已無當年日本人面臨的山地險阻之難題（日本官方之前已全然掌控台灣山區），但蔣幫中國壓霸集團明知「台灣人都是原住民，台灣人和所謂的漢人、華人一點關係也沒有」，為了分化台灣人以利奴化，又再度發現了吳鳳神話的可利用性。蔣幫中國壓霸集團特意學日本人，由派出之首任嘉義市長宓汝卓（中國人貪官，曾有嘉義濟美會不敢舉發，卻僅以余慶鐘為上訴對象）探訪所謂的吳鳳後裔，並為了偽裝所謂漢人或假漢人都是熱衷於「捨身從公（為入侵霸權服務奮不顧身）」的精神，強調吳鳳事蹟完全是事實，大言吳鳳是「力行哲學」實踐者的最佳典範。

　　1946年，為了加強渲染吳鳳傳說的影響力，蔣幫中國壓霸集團決意將阿里山鄉改名為吳鳳鄉，又命名吳鳳路、吳鳳中學，隨後也拍攝電影「吳鳳」和「阿里山風雲」，大力將

吳鳳的傳說寫得更荒腔走板，編入所謂的標準教科書中。

1949年後，蔣介石為加強「假華人、假中國人是高級、開化、義氣」的洗腦催眠，如同當年的日本台灣總督一樣，親臨巡視所謂的吳鳳廟，也令當時嘉義縣長假漢人林金生予以重修，並題贈「舍生取義」匾額，掛在吳鳳廟的正殿上，並在所謂的吳鳳廟園區中豎立「勿忘在莒」石碑（比日本總督更變態！）。並由考試院長賈景德，撰寫修廟始末的「重修吳鳳廟碑」碑文，增添了拜殿和碑亭，以及頂部五嶽廟朝天形式的三間三柱三卷門樓。在大加渲染之後，從此吳鳳穿紅衣、戴紅巾、騎白馬的慈眉善目形象，就此扎根在被呆奴化的近代台灣人心中。

1985年更開闢吳鳳公園，所謂的吳鳳廟加吳鳳公園更成了觀光的景點。

以上是侵略者別有用心的作為。清國派台唐山人滿官基於妒恨心態，更為了順利執行強制漢化的洗腦改造，虛構吳鳳故事，用以宣達「不接受漢化改造就是『野蠻落後』，接受漢化改造即是『高級、開化、義氣』」的奸狡洗腦伎倆。日本官員和蔣幫中國壓霸集團則藉以擴大吹噓吳鳳故事，表面上看似是強化了吳鳳「成仁」的偉大之處，但是實際上卻是在強調「台灣人不應與異族對抗，應該為異族犧牲」；另一方面又以暗示催眠，表示避居高山之不合作人口是可以用「假仁假義」來感化的，這也正是殖民者普遍所欲灌輸於原住人口的觀念。除此之外，標榜吳鳳的「殺身成仁」、「奉

公守法」，正也有助於侵略者美化統治異族的事實，同時也可樹立統治者在被統治者心中的正面形象。這些觀念和態度，正是視台灣爲敵境的清國、日本殖民者、侵略者蔣幫中國壓霸集團之共同期望。蔣幫中國壓霸集團入侵台灣有樣學樣，更是奸詐狡猾，把清國派台滿官強制漢化以及日本催眠被統治者的殖民手法加以融合利用，加速將台灣人分化、奴化。

吳鳳是假唐山人「番割」

清國派台的唐山人滿官虛構吳鳳故事，只謂吳鳳是爲其所用的「番割」、「通事」，並未說吳鳳是所謂的唐山人或漢人。是「假漢人、假華人所謂士紳之不要臉極致」的連橫，爲認盜作祖強造史，在那滿篇誑言妄語的所謂台灣通史裡，以寫幻想小說的方式加以擴張，才首次出現吳鳳「字元輝」以及「吾漢族也」之說。還說「吳鳳，諸羅打貓東堡番仔潭莊人，今隸雲林」。其實諸羅打貓東堡分東上堡和東下堡，打貓東上堡後來是劃入雲林縣沒錯，但打貓東下堡是被劃入嘉義縣。事實上，番仔潭莊是打貓東下堡所轄的二十個庄之一，爲嘉義縣竹崎鄉。假漢人連橫不知，就亂說「番仔潭莊，今隸雲林」。

連橫爲認盜作祖強造史，更是「不學無識」。連橫在

《台灣通史・吳鳳列傳》中，先說「吳鳳於康熙五十一年（1712年）任通事」。但是他接著又說「朱一貴既平之後，阿里山番始內附。則鳳為通事，當在乾隆時也。」事實上，其說法在這裡就有三處錯誤和矛盾。一是吳鳳任通事之年，直到康熙五十八年（1719年）吳鳳還只是番割（夥長），何來「吳鳳於康熙五十一年（1712年）任通事」？二是中埔鄉社口村被納入清國國界內之年，所謂「內附」是劃入「封山令」的土牛紅線（清國國界）之內，也就是開始執行強制漢化中，也才設置有所謂的「社事」、「番割（夥長）」、「通事」。所以，中埔鄉社口村「內附」必在吳鳳任夥長之前，何來「阿里山番始內附。則鳳為通事」？三是朱一貴事件發生之年，朱一貴事件是發生於清康熙六十年，並非乾隆時期。

其他無恥假漢人的胡說八道更是離譜。吳鳳的通事職位，是清據時期一個不重要的地方官職，他的生、死之事均不見於當時官方的任何記載。無恥假漢人先說「吳鳳出生於康熙三十八年正月十八日（1699年），福建省漳州府何平（或和平）縣烏口社人，康熙五十一年（1712年），為阿里山通事」。1712年僅13歲就任通事？而且由現存的契約文書裡證實，康熙五十八年（1719年）吳鳳還只是「番割（夥長）」。後來發覺離譜，就改說「24歲時擔任理番通事」。後來又發現福建漳州府並無何平（或和平）縣烏口社，又改說「吳鳳，福建省平和縣人，清康熙年間，隨親移居至諸

羅」。可見都是爲了認盜作祖的胡扯！至於吳鳳死亡年代，埔農所看過的就有三種說法，倪贊元的《雲林縣采訪冊》說是歲次戊戌（康熙五十七年，1718年）；社口庄的所謂吳鳳祠註明是雍正七年（1729年）；吳家神主牌則記載爲乾隆三十四年（1769年）。眞是亂七八糟！

至於所謂吳鳳祠的設立也全是胡說八道。劉家謀的《海音詩》（已是1850年以後）僅謂「鳳墳在羌林社，社人春秋祀之」，會僞稱春秋要到羌林社祀鳳墳，必是並無「祠」或「廟」；倪贊元的《雲林縣采訪冊》（1894年）才寫作「乃於石前立誓永不於嘉義界殺人；其厲乃止。居民感其惠，立祠祀之」，假漢人就跟著說「各社長老尊鳳爲阿里山神，立祠禱祀」，這是首見有「祠」之說，此時已是清國末年。後來卻又說「吳鳳廟建於嘉慶25年（1820年），是由當年吳鳳辦公的衙門改建而成，稱作阿里山忠王祠」；又說「後來繼任的通事楊秘根據漢番同胞之願，在今嘉義縣中埔鄉社口村立廟禱祀」。

以上不但時間點互相矛盾，而且楊秘既然是繼任吳鳳的通事，必在1718年，或1729年，或1769年，何來的1820年建吳鳳祠、忠王祠或吳鳳廟？另外，如果眞如倪贊元所稱的「居民感其惠，立祠祀之」，則何來的「由當年吳鳳辦公的衙門改建而成」？又何來的「楊秘根據漢番同胞之願，在今嘉義縣中埔鄉社口村立廟禱祀」？可見都是不打草稿的胡說八道！清國末年至日據初期，假漢人連橫「爲認盜作祖強造

史」之時，也只是跟著倪贊元的《雲林縣采訪冊》說「尊鳳爲阿里山神，立祠禱祀」而已，也沒有提及何地有何「祠」或何「廟」。

　　眞正的所謂吳鳳廟是1912年日本人所建，1913年完成。1904年的民政長官後藤新平巡視嘉義之際，爲了利用既有的吳鳳傳言，是有特別派遣部屬去參拜所謂的阿里山番通事吳鳳廟，但該中埔鄉社口村的唐山廟，原本供奉的是觀世音菩薩、玄天上帝、註生娘娘和土地公。這中埔鄉社口村的廟宇，本是典型的唐山式迷信。清國唐山滿官爲了加深奴化台灣人（Paccanians），就訓練台灣人迷信，由社學轉入廟學，這種唐山邪教的神廟全台灣到處都有。清國末年或者是後來爲了附和日本官方，不知是誰加進了吳鳳，說是忠王祠。

　　這種以假漢人的虛妄精神奉承入侵之王權的心態，不只發生在中埔鄉社口村的這一件。石棹也有另一間多數人比較不曉得的所謂「吳鳳廟」，石棹吳鳳廟是「長青居」民宿的許春芳老闆任村長時，於1999年與村民所籌蓋的石棹廟宇。除了吳鳳，也是供奉有土地公、註生娘娘、玄天上帝、觀世音，不過又多加入了一個中壇元帥。現在卻傳出「日據時期即已存在」的笑話！

　　事實上，清國侵台強制執行所謂的漢化，台灣人當然抗拒，台灣人局部的小規模抵抗持續不斷。唐山人滿官其實都很膽小，一直是蠶食般一步一步進逼，而且在勢力所及的外

圍構築「土牛、土牛溝」（所謂的土牛紅線），防止拒絕漢化的台灣人潛逃，以及防堵未被漢化的台灣人與漢化中的台灣人裡應外合。由於台灣人崇尚自然、和平、分享、互助，本無戰鬥訓練也不製造武器，面對的又是重砲、利槍，所以，不屈服則死的死、逃的逃。這些史實唐山人滿官不可能照實記載，只稱爲「番亂」或「番害」，史料上都僅有簡陋的記載。屈服的台灣人若記述必遭迫害；漢化過深的所謂士紳，則是學會所謂漢人的厚黑學，認盜作祖、鄙視同胞和祖先，以所謂漢人的虛妄思維亂寫一通（其中以晚期的連橫最惡質、最不要臉）。著名的台灣人大規模抗清，是朱一貴、林爽文和戴潮春事件，但並不是單純的抵抗被強迫漢化，實在是因爲唐山人滿官勾結、縱容假漢人所謂士紳的瘋狂肆虐，台灣人忍無可忍才群起反抗。但是，台灣人的抗暴卻被認盜作祖的無恥台灣假漢人寫成是唐山人（所謂的華人）參加天地會、來台灣反清復明。埔農曾於自由時報登了半個版面的巨幅廣告，言明「任何人若能舉出實證，證明朱一貴、林爽文和戴潮春是唐山人（所謂的漢人）參加天地會，以及來台灣反清復明，埔農將頒發新台幣一百萬元獎金」，一直並沒有任何文史學者敢吭一聲。

清國唐山人滿官虛構吳鳳故事的時間設定在18世紀前半期，正是清國改以土官統攝「土牛、土牛溝」（所謂的土牛紅線）事務；隘口的「官隘」轉型成「民隘」；由漢化民土官自己設隘寮、募隘丁管理的時候。這套政策，給予當時勾

結唐山滿官的台灣聞達假漢人（所謂的士紳）有可乘之機。
台灣聞達假漢人看見其中有旁門暴利可謀取，趕緊乞求成為
「土官」以掌管「民隘」。當清國官兵護送教官、訓導、教
員越過「土牛紅線」繼續強制漢化隘口外番社時，隘寮、界
碑和「土牛、土牛溝」的防禦工事隨著往外移。這些台灣假
漢人士紳仗勢侵占更多新受管「社番」所開墾的土地，產生
許多衝突。但是，由於台灣假漢人士紳早勾結唐山滿官，新
受管「社番」求助無門，逃的逃，反抗的遭殺害。這些侵占
新受管「社番」土地的所謂士紳，變身為大租戶（直接向官
府繳稅的大地主），向被強占土地的受害者收取租金，再以
其中一小部分上繳官府。這等遭唐山厚黑學汙染的土官被稱
為「社事 （又稱社商）」。「夥長」、「通事」是這些所
謂士紳之社事聘用的走狗，當時的清國滿官稱這種人為「番
割」，清國向台灣人步步進逼時就是由他們帶頭欺負自己的
同胞而得利。單看「番割」二字即能明白這種人的嘴臉，後
來假漢人的所謂士紳往臉上貼金，先要求稱是「夥長」、
「通事」，再自稱「墾首」。

　　1683年，清廷消滅據台的鄭成功東寧王國後，將在台唐
山人全數趕出台灣，一個不留。此後下了嚴刑峻罰的「渡台
禁令」，禁止唐山人再移居台灣。諸羅縣知縣季麒光就說：
「台灣自偽鄭歸誠以後，難民丁去之、閒散丁去之、官屬
兵卒又去之。」哪來的唐山人（所謂的漢人）在台灣任「社
事」、「夥長」、「通事」？

　　郁永河在《裨海紀遊》中就寫到：「此輩正利番人之愚，又甚欲番人之貧：愚則不識不知，攫奪惟意；貧則易於槌挾，力不敢抗。匪特不教之，且時時誘陷之。即有以冤訴者，而番語侏離，不能達情，聽訟者仍問之通事，通事顛倒是非以對，番人反受呵讉；通事又告之曰：『縣官以爾違通事夥長言，故怒責爾』。於是番人益畏社棍，事之不啻帝天。其情至於無告，而上之人無由知。是舉世所當哀矜者，莫番人若矣。」劉家謀的《海音詩》也寫到「紛紛番割總殃民」。在在皆道出所謂通事、夥長無法無天之惡行。《噶瑪蘭通判》記述：「啁啾鳥語無人通，言不分明畫以手，訴未終，官若聾，竊視堂上有怒容。堂上怒，呼杖具，杖畢垂頭聽官諭。」這就是台灣假漢人士紳仗勢侵占新受管的「社番」土地，受害者求助無門，訴之官府也沒用的情形。氣不過者只能自衛，卻被說成「番害」。

　　這些台灣假漢人士紳（社事）以及所謂「夥長」、「通事」的「番割」之惡行，1886年時的劉銘傳就實在看不下去，於是以《清賦的十二項建議》上書朝廷：「蓋台地雖歸入清朝版圖，而與內地聲氣隔絕。小民不知法度，無從請給執照。其赴官請領墾照者，既屬狡黠之徒，往往眼看某處埔地有人開墾行將成業，乃潛赴官府請領執照，獲得廣大地段之開墾權，多至數百甲，少亦擁有數十甲。以執照為證據，坐領他人墾成土地，爭執興訟。無照者且不能對抗之，因不得已承認其為業主，而納與大租。是以大租戶不費絲毫勞力

坐收漁利。而實際上投資開墾者，則反居小租戶的地位。」

這些少數漢化深、學習厚黑學的所謂台灣士紳假漢人，清據時期勾結滿官、認盜作祖。這等所謂士紳，繼而屈膝恭迎日本侵台；後又鑽入蔣幫中國壓霸集團肆虐台灣的行列，協助中國壓霸集團，製造出現今眾多身陷中國式虛妄思維的假漢人、假華人台灣聞達人士。

仔細看以上的舉證說明，就應該知道，所謂「吳鳳故事」全然是別有用心的胡說八道，吳鳳是依靠侵略者作威作福的假漢人「番割」，是台灣人之恥！

兩張契約文書顯露土官、番割的厚黑無恥

其實，關於吳鳳，只有其後人保存的兩張契約文書才是真實。

第一張契約文書：

立合約人阿里山土官阿貓里，因本社餉課繁重，無可出辦。將本社界內番仔潭草地一所並埔林，東至坑頭、西至大溪、南至雙圍潭、北至牛坑崙水流內，四至明白為界，將草地付與吳宅，前去招佃、築坡開墾，每年公議、納租參拾石，貼本社餉銀。收成之日，車運到社交納，務要經風扇淨。其築坡開圳工費，欲贖之日，估價清還，凡招佃之人，

須當誠實不得容匿，此係二比甘愿，各無抑勒，今欲有憑，親立合約一紙付執為照。

　　知見人夥長：吳鳳

　　立合人阿里山土官：阿貓里

　　代書人夥計：黃勒 康熙五十八年三月

　　這一張契約文書立合約人阿里山土官阿貓里，這名字怎麼看都絕對不會是唐山人（所謂的漢人），應該是當時為了讓新受管土地的所有人卸下心防，才故意以本名自稱；或是還未被冠漢姓、取漢名。但後者的可能性較低，因為土官必是勾結清國唐山人滿官的所謂士紳，不太可能沒冠漢姓、取漢名。

　　契約內容正是康熙五十八年（1719年）台灣假漢人土官阿貓里，利用新受管土地所有人不懂所謂的漢文，設計謊言藉口，仗勢侵占新受管「社番」所開墾的土地，再將原地主改為佃農而收其租的情事。而契約中所見吳鳳，是一位代土官向當時還居住在平地之鄒族人收租的「夥長」（唐山人滿官稱為「番割」，後來的假漢人偽稱「墾首」），是土官聘用的爪牙。

　　第二張契約文書：

　　仝立赦一九大租字，人業戶張祿、通事吳鳳二比因爭山堺不平，久控公廷不能結案。時有埔尾庄耆董鄭月，出為婉

勸調處，二比息訟、定堺無爭。祿等二比悅服聽從，鳳等無以爲謝，商議月有山頂並山腳埔園一處，四至堺址載在契內，明白爲堺，永免其一九抽的大租，以酬其勞。此係祿與鳳二比甘愿，日後各無抑勒反悔生端滋事，口恐無憑，今欲有憑，合立赦合約字一綢，並豎立石碑一位，永遠付執爲炤。

　　代筆人：陳老

　　仝立赦免合約字人業户：張祿

　　通事：吳鳳 乾隆二十五年三月

　　這第二張契約文書整整晚了41年，是乾隆二十五年（1760年）所立，當時吳鳳已任通事，內容則是把「吳鳳藉通事身份貪瀆，搶奪別人土地而爭訟」的惡行惡狀表露無遺。因遭遇抗拒，才又唆使地方耆董（另一種所謂士紳的惡霸）向對方施壓、恐嚇，以逐其壓霸的醜惡野心，後再免去該耆董之大租，以做爲酬勞。這是勾結霸凌的巧取豪奪和分贓，真是欺人太甚，更是台灣人之恥！

　　今日認盜作祖的台灣假漢人、假華人聞達人士，正是阿貓里、吳鳳之輩的延續。這些少數假漢人的所謂台灣士紳，從清據時期延伸到日據時期，又鑽進迎合蔣幫中國壓霸集團侵略台灣、肆虐台灣的奴才行列。更悲慘的是，這批早先的少數認盜作祖假漢人、假華人，以中國式的虛妄思維自以爲高級，協助蔣幫中國壓霸集團，製造出現今眾多身陷「斯德

哥爾摩症候群」心理扭曲、自以爲高級的假漢人、假華人台灣聞達人士。

山地台灣人本是堅持靈性智慧的族群

　　顏問：「我連續看了你仔細舉證說明的『台灣人之恥──吳鳳』，一方面驚覺『入侵豺狼之陰狠和家內鼠輩的罪大惡極』；另一方面因自己過去的粗心迷信而羞愧。弟另有一個你沒說清楚的問題請教：那表示，台灣山地人口並沒有所謂『出草殺人、取首當祭品』的惡習了？」

　　埔農說：

　　台灣人（Paccanians）本來都具靈性智慧，當然不可能有這種野蠻行爲！這是壓霸侵略者爲加速將台灣人分化、奴化，以妒恨心態虛構出的情節。所謂的台灣（Paccan）山地部落群，一部分是早期荷蘭人異質氣入侵時，爲了避開騷擾而主動遷居山區；更多的是於鄭成功集團和清國唐山官兵之邪氣入侵時，爲了「恥與爲伍」或逃避迫害而遁入深山。早期台灣（Paccan）人口長期都僅維持在一百萬左右，難道大家眞的以爲台灣山地住民原本就喜歡住在生活不便的深山？根據荷蘭人入侵台灣（Paccan）初期的文書記載，台灣低海

拔的山中台地，是有少數台灣族人居住，佀本無深入高山內的住民。所謂的台灣高山住民，早年其實是比台灣平地住民更堅守靈性智慧與尊嚴的一群台灣人。他們不希望受貪婪、壓霸的入侵者影響，寧可退避於壓霸入侵者不願或不敢進入的困頓山區。這般「堅守靈性智慧與尊嚴」的人口，怎麼可能會有所謂「山草殺人、取首當祭品」的習俗！

事實上，荷蘭人侵台灣達40年，不論平地或是唐山人（所謂的漢人或華人）心虛畏懼而不敢進入的山區，荷蘭人全台灣（Paccan）到處走透透，都只見台灣人（Formosans；Paccanians）善良好客，易為唐山人所欺負。

荷蘭人記述：台灣人（Formosans；Paccanians）族群內若有人背叛而導致傷害，只將犯行在議會公布，犯者並無刑罰；台灣人寧可自己受苦，也不願見到侵犯者悲傷（《The Formosan Encounter Vol. I》P.114）；台灣人因自己的行為而造成傷害時，行為者自覺得必須受罰，才能夠安心繼續生活；但即使致人死亡，議會最重的判決也只是鞭刑；外族惡意侵犯時，無論造成多大傷害，捉到敵人，只割下其頭髮（《The Formosan Encounter Vol. I》P.118），意思是「你無禮、不良，需如小孩般，回去讓你的族人重新調教（台灣族人未成年男性不留髮）」。割髮對台灣族人是最重極刑，如同其他國家的死刑一樣，人人懼怕，大都不敢再犯。唐山人以及荷蘭人入侵，才帶來故意殺人的行為，台灣族人也才見識到砍頭和絞吊的手段。

是有唐山人因惡行重大，台灣人割其髮辮，唐山人覺得羞辱就反咬，曾向荷蘭人污衊台灣人有砍人頭的行為。荷蘭人親眼觀察，卻發現大不同（《The Formosan Encounter Vol. I》P.118）。荷蘭人剝削台灣，只要不過分殘暴，從未見台灣人以打、殺的方式對抗。是唐山人奸詐、暴虐成性，偷、拐、搶、騙、殺，無惡不做，台灣人才割其頭髮。幫助荷蘭人圍剿唐山人，也只在唐山人郭懷一集結唐山人（四千人）成寇時才發生過一次。鄭、清侵台，殘暴如豺狼，燒殺擄掠，台灣人無法忍受只好退避或反抗。到後來，更忍無可忍，才偶而出現「你既然惡意污衊我獵人頭，我就真的砍你頭」的義憤填膺。再善良的人，其忍氣吞聲有時也是會有極限的，但這情形還是很少見。

正如顏兄所言：「入侵豺狼是如此之陰狠、家內鼠輩是這般的罪大惡極。」所以台灣人（Formosans；Paccanians）真的很難不被迷惑，請顏兄不必自責。

埔農30年前曾探訪達邦附近，現稱為鄒族的長者，他們還知道「祖先約二百年前是第二次為了逃避清國所謂漢化的蹂躪，從樹頭埔（被蔣幫中國壓霸集團改為義仁村）退避而來」，族人代代相傳的記述是：「祖先確曾（僅有的一次）殺過一名當清國滿官走狗、欺人太甚的假漢人『番割』。這人太可惡了（其他假漢人「番割」是非常可惡，但這人更是罪大惡極），忍無可忍才鎖定他加以襲擊。」至於此人是不是後來虛構故事所指的所謂吳鳳，他們不確定。

　　以上埔農所述「虛構吳鳳故事的狡猾和惡毒」，任何人
（尤其是文史學者）只要有確實證據，能證明有那一項埔農
的說明中，所舉出之證據是錯誤的，或有哪一部分是偽造
的，埔農願意跪地謝罪，並保證頒發10萬元獎金。

　　PT：「老師平安！關於『到了1937年，在所謂的
中國爆發七七事變，日本政府一反以『利用深度漢化的
假漢人虛妄思維』洗腦台灣人『接受統治、與入侵者同
化是高級、開化、義氣』的催眠手法，也因為採伐檜木
已順利進行，於是大力嘲笑以假漢人姿態自以為高級的
台灣人，能否分享日本人嘲笑自以為高級的假漢人之內
容。」

　　埔農：
　　日本人從此開始罵假漢人的所謂士紳，以及奉行唐山迷
信的台灣人，是「清國奴」。

　　PT：「原來『清國奴』是用來罵台灣的假漢人。」

　　埔農：
　　是的，以及沒頭沒腦被唐山迷信牽著鼻子走的台灣人。

　　PT兄：「唉！心痛遠離清明的Paccanians。」

第十一章
復甦的台灣人（Paccanians）靈性智慧在北歐

靈性智慧的社會文化

　　吉木：「我常回想小時候的鄉村生活，又看了《失落的智慧樂土》所描述的台灣（Paccan）原本文化樣貌，十分感慨，那才是靈性智慧之人應該有的社會生活啊！可惜台灣在遭到野蠻異族四百年的蹂躪後，這種靈性智慧的社會生活幾乎被摧毀殆盡，再加上所謂現代化的功利主義侵蝕，原本還保有不少Paccan靈性智慧生活的台灣鄉村，也在持續汙染下逐漸走向虛榮的境況。靈性智慧的社會生活已難尋回，實在令人悲嘆！」

　　埔農：

　　四百年來，台灣經歷了荷蘭人、鄭成功集團、清國、日本、蔣幫中國壓霸集團等一連串的侵略和蹂躪，台灣（Paccan）的文明、文化幾乎被破壞殆盡。尤其經過漢人滿官的漢化改造，再歷經蔣幫中國壓霸集團的二次奴化洗腦，

台灣（Paccan）原有的眾多靈氣被打散，甚至多數已飄渺。雖說較之世界各地，台灣仍是靈性之「氣」較重的地方，然而中國壓霸集團的邪氣氾濫，Paccan靈氣之重新凝聚是有相對的困難度在。

太平洋諸群島的住民（包括夏威夷）都完全是原台灣人（Paccanians）的子孫，本來還保有不少Paccanian靈性智慧的文化生活。然而，自18世紀起，也長期遭受外來入侵者以武力為手段的強勢文化壓迫，自有文化和文明亦逐漸消失。以夏威夷為例，自1924年起，外來入侵者就完全禁止夏威夷族人從事夏威夷語文、文化、家譜和族系的教育，多數夏威夷原住民已經忘了自己的原本樣貌。但不同的是，太平洋諸群島的原台灣人（Paccanians）子孫並未被洗腦成認盜作祖，他們都還知道自己是當地原住民，太平洋諸群島原是無人島，是他們祖先的自選家園。所以，太平洋諸群島的Paccan人就比台灣人（Paccanians）保有較多的Paccanian靈性智慧的文化生活。

以夏威夷的Nainoa Thompson為例：Nainoa Thompson從小由長輩口中得知，祖先自遠古即是有靈性智慧的高度文明，並於1萬多年前即自由航行世界各地，他想要復興祖先的智慧文化，決定以身體力行來證明。Nainoa Thompson也保有祖先的靈性智慧，瞭解人類想要有實在幸福的快樂生活，必須慎戒自大和貪婪，並要杜絕汙染、尊重環境、與大自然永續共存。Nainoa Thompson在密克羅尼西亞

（Micronesia）賢者的協助訓練下，駕駛小型的迷你雙船體Hōkūle'a號，以為期3年的的時間實踐祖先之環球航海智能，除了證明祖先的智慧文明和文化，更宣揚守護地球、保育海洋，並散布復興太平洋諸群島島民「謙恭自持、杜絕汙染、尊重環境、與大自然永續共存」之傳統靈性智慧和文化的種子，呼籲慎戒現代人類的自大、貪婪與妄為。這讓所有歷史學者和考古學家目瞪口呆。然而，在現代功利主義的侵蝕下，Nainoa Thompson那充滿勇氣與智慧的言行和實踐，似乎仍無法敲醒大多數的世人。

　　1萬3千年來，台灣人（Paccanians）移居世界各地、傳播智慧文明，留下後代及混血子孫，所以仍有不少現代人留有真實的靈性智慧，心存警覺，有了醒悟，並試圖盡力導正現時充斥的功利霸權主義。只是在名利當道的所謂現代社會中，這些有真實智慧的人都被排擠到晦澀角落，一時無從彰顯而已。稍微可喜的是，這種台灣人（Paccanians）的靈性智慧，已可以見到些微復甦的跡象，主要是顯現在北歐地區。

　　三千年來，歐、亞地區功利主義興盛；霸權肆虐；征戰不斷，北歐也無倖免。功利霸權主義促成王權的建立，王權的得意忘形和為鞏固既得利益的霸道，引發平民的覺醒，於是有所謂現代民主制度興起。

　　然而，所謂的現代主流民主制度，都是由既存之權貴、巨賈、顯達所設計出來的，權貴、巨賈、顯達私心自用，故

意制定對己有利，且暗中排除庶民參與的表面民主。權貴、
巨賈、顯達是既得利益者，挾其既得權位和財力的優勢，權
貴、巨賈、顯達相互勾結，也互相利用，能輕易從事對他們
有利的競選與造勢活動，權貴、巨賈、顯達當然容易借由表
面民主的選舉制度爬上更高位階。等權貴、巨賈、顯達爬上
了更高位階，再集體制定對己更有利的規則。於是現代民主
制度，就成了權貴、巨賈、顯達獨占的權貴政治。既得利益
的新興權貴、巨賈與顯達，製作的所謂現代民主政治典範，
正是權貴民主。這引導現代民主潮流，以權貴、巨賈、顯達
占優勢的民主制度，更是今日世上羨慕虛榮、貪婪較勁、不
擇手段、勝者英雄的惡化源頭。

　　權貴、顯達和巨賈為鞏固既得利益，以強詞奪理的狡猾
偽善，主導、掌控社會形態和教育，製造階級，誘發多數人
的羨慕，以及「有為者亦若是」的貪婪心態。於是，人類殘
存之「成者為王」的獸性繼續失控，強者為了便宜行事或增
強爭鬥的力量，不惜無節制地掠奪自然資源，持續破壞人類
藉以生活的大地、毒化人類賴以生存的環境。這是虛榮與貪
婪蒙蔽了人類的智慧，為了滿足眼前一時的虛榮與貪婪，不
惜拿人類將來的長遠福祉作代價。權貴、顯達和巨賈製造了
法國作家雨果（Victor Marie Hugo）筆下的《悲慘世界》，
更正在將人類和地球帶向毀滅之路。

　　現代北歐人是台灣族人（Paccanians）的混血後裔，卻
在現代人類中首先懂得反省與覺醒，開始明白靈性智慧社會

的可貴，並朝「智慧樂土」社會的方向邁進。以下就讓埔農逐一說明：

先以瑞典爲例：

瑞典國土總面積爲44萬9964平方公里，約台灣的十倍再多一點，但可耕地比率僅占6.5%，約台灣的三倍；人口則僅台灣的一半，約一千萬多一點。算是一個小國，但工業水準卻是不落其他各大國之後；靈性智慧的文化教育更是領先各國。（台灣人三百多年來被洗腦，精神被扭曲，多數靈性智慧飄盪；台灣聞達人士深陷「斯德哥爾摩症候群」之心理扭曲、假漢人、假華人已當上癮，內心充斥的是中國式虛妄思維，更連累不少台灣人輕易誤以爲自己是所謂的華人，不少人更是陷入中國式的虛妄思維，並導致今日台灣人的國家認同模糊且混亂，也造成今日台灣國家處境的危殆。這景況，眞是令人噓唏！）

現代瑞典人生活富足，卻不羨慕擁有巨額財富的巨賈。瑞典社會福利制度健全，有完備的社會福利和保險制度，上學不要錢，養老不花錢，看病基本也是不需要錢。瑞典人本質上生活不憂不慮，不爲生老病死擔心，普遍知足長樂。即使是所謂的小工人，大多不會爲了增加收入，或是爲了競爭虛榮名位，而超時工作以致犧牲持續進修、與家人相處、關心社會以及休閒的時間。

瑞典人不貪財物而珍惜自然，是社會普遍的修養，並認知太有錢就是不道德，這是瑞典人共同的道德觀。例如，瑞

典有很多知名且成功的大企業，老闆是很有錢，也有很多人在這些企業工作，但瑞典人一般並不崇拜這些很有錢的大老闆，也沒對他們特別尊敬。因為在瑞典人的觀念裡，「太有錢」含有不道德的隱喻。即使這些企業家個人並無可令人批評的明顯瑕疵，但「太有錢」令人想到，會不會支付員工薪資太低了？會不會產品的售價被拉高了？所以就有「可能不道德」的感覺。

　　瑞典人「不以財富和名位看人」的靈性道德觀，加上滿足於既有和珍惜自然的風氣，使得瑞典人即使有錢也不願表現在物質生活上。例如，瑞典人認為車輛是交通工具，開高級車是浪費又虛榮，不但不令人羨慕，還會引人側目。車輛老舊常故障時，瑞典人換新車通常還是買以前的那個廠牌和車型，甚至還留用舊車牌（瑞典法規准許繼續使用舊車牌）。除了念舊，也免於炫耀。令其他功利主義國家啞口無言的是，這個不慌不忙、幽情自然、人口僅一千萬的小國家，竟然是國際競爭力最強的國家之一，包括汽車、飛機、電子、化學、醫學等現代工業，都令世界各國刮目相看。（以台灣族人的聰慧、善良和勤勞，70年來要不是蔣幫盜匪的吸血肆虐，台灣的表現絕不輸給瑞典！）

　　瑞典人普遍不貪婪，官員也形成不受賄的風氣。政務完全公開，瑞典的政務透明度超出一般人的想像。官員財產公開理所當然，連首相請客吃飯的時、地和花費，都可以在政府網站即時看得到。曾經有法國總統席哈克致電瑞典首相，

指責瑞典反對加入歐元區，此信當然被刊登在瑞典的政府網站。席哈克不明白瑞典政府的規矩，非常生氣，就再去函瑞典首相，責問瑞典首相為何把他的私人信件公開。結果，此信又被公布。因為按照瑞典法律，這些都是政務公開的範疇，身為瑞典首相，沒有可以不公開的理由。

瑞典社會透明，不僅公務人員要公開財產，企業主管也必須公開財產。而且，根據瑞典「不動產登記制度」，任何人在瑞典買賣房地，都必須於當地不動產刊物上照實登載，包括房屋所在地點、交易時間、買賣雙方的姓名、交易價格、房屋面積及修建情況等，一應俱全。這無關任何商業目的，只是社會透明度的一環。

瑞典民風崇尚自然樸素，有任何優秀表現，自然受到讚賞，但不特別崇拜某方面成績突出的個人。企業不鼓勵加班，一個經常加班的人，會被憐憫而問他是否需要幫助。在一個人民熱愛自然而不是熱愛財富、名位的這樣國家，官員當然不至於腐敗或貪污。

一位瑞典檢察長被外國記者採訪時說，她當檢察官32年，從未受理過一起官員貪污案件。一位員警說，他從警二十多年，只遇過一件試圖向他行賄的案子。那是一個從東歐國家來的人，因為違規駕駛被他攔住，駕駛員試圖給他500元瑞典克朗以求快速脫身。該警員說：「我一把將他抓進警車送辦。他違規駕駛，依法不過罰款而已，但他試圖賄賂執法人員，被判刑入獄監禁2年。」這位警員說，瑞典公

務人員根本不可能受賄，國家給的工資已足以讓公務人員在社會中過著無憂的生活，懂得自重，也受到尊重，不會有人想讓自己丟臉，失去尊嚴的人在瑞典會生不如死。

在瑞典人不以財富和名位看人的靈性道德觀下，又崇尚自然，瑞典人犯罪率極低。因爲侵犯行爲的動機，不外乎饑寒、羨慕、嫉妒、壓霸、貪婪、爭奪和階級鬥爭所造成的不尊重別人。在一個不以財富和名位看人的靈性智慧社會，人人有平等、互助、分享和維護人性尊嚴的精神；又珍惜自然、崇尚樸素、不崇拜突出的個人、視奢侈爲不道德甚至是恥辱，必然極少有引來違法亂紀或欺壓他人的動機和誘因了。

經濟合作發展組織（OECD）發布的「最佳生活指數（Better Life Index）排名」，在世界最幸福的國家評比中，北歐五國──丹麥、芬蘭、冰島、挪威和瑞典，都年年出現在榜上的前幾名。

修復式正義與警惕效果的罰則

瑞典人崇尚和平，是中立國（芬蘭也是），但世界各霸權國家環視，爲了維護自主，不得不發展有效的獨立防禦工具和系統。雖然僅是一千萬人口的小國，自製先進的精良武器以自衛，令各大國不可小覷。在霸權國核戰威脅下，瑞典

也曾想過儲備核子武器的嚇阻能力。所以瑞典曾有過十二座核電廠反應爐，因為核電廠用過之核燃料棒可提煉製造原子彈、核子彈的原料。但幾經深思，加上1979發生美國三浬島輻射外洩事件，瑞典就在1980年立法禁止再建造任何核子反應爐，並且要求所有反應爐不得延役。2014年，瑞典社會民主黨與綠黨發表「100%綠能政策」的宣言，並提高核電廠安全標準來促使既有核電廠提前除役。瑞典已經決定要擺脫核電廠反應爐，並且在過度期間，積極強化對核電廠的安全要求。

　　瑞典當然也有監獄，但和丹麥、挪威、芬蘭等其他北歐國家一樣，社會的包容性很高，獄政系統高度人性化，並不歧視犯罪者（同理，種族歧視的情形也相對非常少見）。對重視人性的北歐國家來說，將受刑人限制在一個活動範圍裡，已是剝奪人權的極端作為，對受刑人來說已經是非常殘酷的懲罰了。以挪威為例，挪威沒有死刑，也沒有無期徒刑，最高的監禁期只有21年。對北歐人來說，監獄是一個讓受刑人獲得重生的地方。監獄的一切用心和功能，就是朝向能夠有效修正受刑人的偏差行為。北歐國家監獄裡頭的管理人員，扮演治療人的角色重於守衛。每個受刑人都被指派一位可以隨時求助的「聯絡官」，聯絡官也負責評估受刑人心理和精神改善的程度，主動提供可促進身心健康的幫助。北歐國家的獄政以修復式正義（restorative justice）為本，認為把犯罪者送入監獄，不只是要保護一般的所謂好人，更重要

的是，必須讓囚犯在服刑期間，學到正確的生活態度，學會如何與他人相處的規矩。北歐視監獄爲受刑人獲得重生的地方，是要讓他們重新回到社會時，能夠再成爲一個對社會有正面意義的所謂正常人或好人。

北歐國家的現今人口，本就具靈性智慧的道德觀，當然犯罪率極低。北歐國家獄政又以治療爲精神主軸，矯正的效果通常都很顯著，受刑人在出獄後再犯率很低。以瑞典爲例，在過去十年中，瑞典監獄的受刑人總數，從5722名降至4500名。典獄長Öberg說：「有些人是需要被放在監獄與社會暫時區隔沒錯，但是最終目標，是要讓他們能以更好的人格狀態回到社會。」

在北歐，受刑人居住的監獄尤勝其他國家的大學宿舍，備有電視和音響系統。每名受刑人都有自己的獨立套房，陽光充足，擁有獨立的衛浴設備、液晶電視、木製家具，陳設新穎美觀。公共設施有圖書館、室內球場、桌球室、撞球室、飛鏢場、水族缸和健身房。監獄擁有完備設施的標準廚房，刀叉廚具樣樣不少，就如一般家庭的廚房一樣。不僅如此，受刑人還能飼養寵物呢！因爲管理者相信，與動物相處有助於撫平受刑人的暴躁脾氣，還可以養成照顧他人的性情。受刑人還可以在一面牆上作畫，上面見到的是充滿柔和的綠、棕、藍等顏色。除此之外，受刑人和監獄工作人員，會一起在有如社區的空間內吃飯，而且沒有人需要穿制服。甚至，受刑人於需要時，還可以申請在有電子儀器追蹤的情

況下，出去參加親友的重要聚會，沒有戒護人員隨行。

　　瑞典和其他北歐國家一樣，都有歷史留下的所謂國王，現代是民主化憲政體制。瑞典人尊重既存王室，就如尊重每一個人的既有樣貌一樣。由於人民（包括王室）習於靈性智慧的道德觀，加上懼戒貪婪和珍惜自然的風氣，北歐國家的王室被稱爲「平民王室」，王室的身份只有在特殊慶典上才會被注意到。王室不但財富是世界現有王室的倒數，王室成員沒有架子，平日沒有排場。王室一直維持和所謂的平民通婚，王室成員都有自己的職業工作，和任何人一樣照規定繳稅，所得稅率高達40%。王室只是歷史的象徵，所謂的平民並不在意王室的存在，既不會對王室特別卑躬屈膝，也少有人反對王室的存在。

　　以瑞典爲例，瑞典國王卡爾十六世·古斯塔夫的個人資產大約1400萬歐元，在富比士全球億萬富豪排行榜（The Forbes World's Billionaires）是遠遠排不上的。除了屬於自己的部分房產（舊時的不少花園城堡、宮殿都是國家財產，部分廳室闢爲博物館。瑞典皇室住所在皇后島宮的南側。其他的宮殿和花園是國民共有，遊客可全年自由出入），瑞典王室只有很少量的古董級藝術品和珠寶。國家慶典時，國王的姐姐，王后和國王女兒，都是這幾樣古董珠寶替換著戴。王室服飾穿戴，都是平價品牌，和所謂的平民一樣，大家都認爲奢侈是不道德，甚至是恥辱。現任的卡爾十六世國王，27歲接替祖父繼承王位，立即修改了只傳男不傳女的王位繼承

傳統，改成按照出生順序繼承，瑞典現在的王儲是他女兒維多利亞。

　　再以荷蘭國王威廉─亞歷山大（Mille Willem-Alexander）為例，他每月都以副機師的身份，為一家「城市短途航空」的公司執行兩次飛行任務。他從未在身穿機師制服時被認出身份。

　　北歐國家（尤其芬蘭）基於真實平等的靈性智慧，違規罰款都是以違法行為人財產比例的%數為依據。因為固定的罰款數目是階級霸凌，一定數目的罰款對低所得者會造成過大的痛苦；對於富有的人來說，則可能根本是九牛之一毛，可說毫不在意。違規罰款是要讓違法人有所警惕並改正，固定的罰款數目，因為富有的人感覺不痛不癢，等於表示他們有錢可以為所欲為，也是在製造「階級壓迫」的霸權社會，並是在社會上鼓勵爭奪功利的貪婪惡行。所以，罰款數目以「行為人財產比例的%數為依據」才是真實的公平和公正，也才有真正的嚇阻作用。67歲的瑞典億萬富豪安德斯‧威克洛夫（Anders Wiklof），2013年在芬蘭奧蘭島（Aland），於每小時限速50公里的路段上，以77公里的速度超速駕駛，威克洛夫收到的罰單金額是8萬英鎊（約374萬台幣）！愈來愈多的歐洲國家，包括瑞士、德國、法國、奧地利等，已開始效法北歐國家，採行根據違規人收入判定罰款金額的措施，重罰那些不把交通罰款這種「小錢」看在眼裡、肆無忌憚違規的富有者。2007年瑞士公投，允許法官可依個人財

富決定罰款多寡。2017年11月，一名開著法拉利的富豪，在速限50公里的一座村莊內，以97公里的時速飆車，瑞士聖加倫法院對這名瑞士富豪開出29萬9000瑞士法郎（約934萬台幣）的超速罰單，因爲這名瑞士富豪身家財產超過2300萬瑞士法郎。不同的是，北歐國家對於違規罰款有定下「違法行爲人財產比例之%數」的標準；而瑞士、德國、法國、奧地利等是給予法官裁量權。德國最高可罰到1600萬美元，瑞士是100萬美元。以這位瑞士富豪的超速爲例，他違規後若是態度不佳，瑞士法官的裁決就很可能高達3000萬台幣。

新功利主義科技即將摧毀地球

　　吉木：「看來北歐國家是有在朝向Paccan智慧樂土的靈性智慧社會起步，這是人類未來的一點希望，是可喜，也有些安慰。但是，現代功利主義盛行、現今世界多數聞達人士貪婪不止又霸權當道，尤其近年來，列強國家在擁有大規模毀滅性武器之外，所謂機器人和人工智慧的發展，更方便了權貴的野心。霸權國家如虎添翼，霸權者必定更是狂妄無止，一般人性則更將加走入物化。而北歐國家的靈性智慧生活才剛重新起步，是否抵擋得了霸權國家階級壓榨惡習的影響和侵襲，這還是很大的疑問。如果北歐國家的靈性智慧社會才剛重

新起步就如曇花一現，那人類的未來，還是沒有希望可
言！」

埔農：

現代功利文明的運作對地球撒下之污染與毒害，人類已
無法視若無睹；而且也逐漸有較多的人，能感受到權貴、巨
賈、顯達在生命大限來臨之時才醒悟「浪費一生於無止境的
爭奪虛榮、名利和權勢，是何其不值」之悔恨與痛苦。雖然
多數人還是因身受功利主義根深柢固的影響，受名利、權勢
迷惑而難以自拔，但尋求安樂生活乃是人類既有的深層願
景。多數人雖然自己無法完全戒除對名利的貪求，內心深處
仍會對無名利罣礙之安和生活有著羨慕式的憧憬。真見有智
慧樂土的靈性社會國度，實實在在過著謙虛、溫和、互助、
平等、分享，以及與自然環境和諧的自在、安詳、和樂生
活，仍然會對智慧樂土的靈性族群欽敬和佩服。所以，現在
已有鄰近的瑞士、德國、法國、奧地利等國，開始效法北歐
國家之朝向「真實的公平、公正」精神落實。當然，這離真
正的靈性智慧社會生活還很遠，但總算是照亮希望的一線曙
光。

另外，在列強爭霸的現實世界，朝向靈性智慧社會前進
的國度，雖然在肆無忌憚擴張襲擊武力的貪婪霸權國家面
前，總會顯得弱勢，但遇有列強中某一方過分貪婪而侵略靈
性社會國家時，其他各國除了因為擔心將來難以抗衡，怕也

隨後遭殃，會聯合起來與之對抗外，基於多數人類已懂得重視人權、人道的價值，以及對靈性國度的欽敬，各國的領政權貴既然標榜認同正義、人權、人道的人性價值，協同抵禦貪婪霸權也能獲得多數人的支持。雖是不免虛偽，但這是人類歷史上，霸權肆虐的時間總是不會維持太久的原因。

　　吉木：「就以上分析，壓霸國家泯滅人性的肆無忌憚是很難持久，但這很難持久的時間到底是多少時日呢？一定是短到能讓靈性社會的國度倖存嗎？而且，現今各列強國家擁有更強悍的大規模毀滅性武器，若其他列強國家以正義、人權、人道之名，發起制止性武力對抗壓霸集團國家，其結果可不一定是靈性社會國度的續存，也可能是第三次世界大戰。由於所謂現代文明的科技發展，世界主要強權都擁有大規模毀滅性武力，這第三次世界大戰帶來的結果，很可能是地球的全面毀滅。那，以上這一切還是空談！」

　　埔農：

　　你的疑慮也是沒錯！如果真是這樣的結果，那是人類的自作孽不可活。及早擁有靈性智慧的個人或族群，還是全體人類的一份子，不能自外，當然須和全體人類一起承擔這人類造孽的惡果。至少，及早擁有靈性智慧的個人或族群，已有盡力試圖挽救，可以對得起機緣和因緣所賦予的靈能，雖

惋惜、無奈，就也只能安詳地一同赴難了！

　　吉木：「那就實在太可惜了！」

　　埔農：

　　人類若真的自己走到這一地步，那表示人類的反省能力實在不足，福份不夠，人類的自我毀滅也就不一定可惜了！宇宙浩瀚，機緣不定，事物無常，好壞難解。大自然的運行，自有其作為，非渺小人類所能輕易想像。講人定勝天，不是狂妄，就是無知。而且，若人類因自作孽而從宇宙中消失、滅絕，就整體宇宙而言，是好事或壞事，又有誰能明白？有誰能肯定？

第十二章
核能發電的迷思

虛構優點、隱瞞為害的核能發電

　　Vincent：「去年聽你演講，了解到：『說太陽能光電板發電、鋰電池電動汽車和核能發電是乾淨、無污染，得以拯救地球，完全是『似是而非』的毒藥。事實上，就長遠而言，太陽能光電板對地球的毒害更為劇烈；鋰電池電動汽車也完全沒有環保價值；核能發電更是惡毒。這些嚴重錯誤的印象，主要來自於媒體、所謂聞達人士和唯利是圖之商人巨賈的催眠。水力發電配合水庫運作，需有適當地點；而集熱式太陽能的汽渦輪發電和風力、溫差、地熱、洋流和海浪發電，則因設備龐大、投資回報慢，短視近利、相互勾結的財團和政客沆瀣一氣，當然比較缺乏發展或投產的意願。』這些我已知道。但是，一年來我一直想不通，既然核能發電的實際經濟成本比其他種類的發電成本高出好幾十倍，其實質風險和長期為害又非人類負擔得起的，事實證據這麼明顯，為何世界各國還是一直往核能發電這死穴裡鑽

呢？」

埔農：

缺乏良心的政客和唯利是圖的財團之所以把核能發電廠蓋下去，原因有以下這幾種：

1.核能科技是所謂先進國家發展核子武器的副產品，政府發展核子武器都是與延攬核子學者的科技企業合作。政客和財團勾結久了，政客就很容易被唯利是圖的財團收買或說服，就如太陽能光電板發電和鋰電池電動汽車一樣，政客就配合核能科技企業掩飾核能發電廠的實際社會與經濟成本，並刻意漠視其長遠毒害。

2.想要或已擁有核子武器的國家都須要持續培養核子科技學者，核子科技學者在社會上要有出路才能吸引後繼的人才加入。核能發電是核能工業在民間獲利的主力，霸權政府為了後續武力的研發，也因為獲利企業財團可給予各式各樣的賄賂，貪婪的企業財團和政客，是都不會把環境代價和後代子孫安危放在眼裡的。

3.想要發展核子武器的國家，先擁有核能發電廠是一條捷徑，所以競相擁有核能發電廠。意欲從高階核廢料（用過的核燃料棒）萃取出可用的同位素，用來製造原子彈、核子彈。

4.有些開發中國家，把擁有核能發電廠視為是進步的象徵。所以也要建造核能發電廠，另一方面也是討好擁核國家

的霸權政客和核能企業財團。當然，從中瓜分龐大利益也是其主要考量。

5.建造核能發電廠經費龐大，建造廠商有巨額利益，可輕易收買政客。政客再配合建造廠商，就故意隱藏實際需付出的眞正經濟成本，拿營運期間的會計成本計算核能發電效益，掩飾眞正的長遠總合經濟負擔，並致力隱瞞核能發電的實質風險和長期爲害，以敷衍百姓、欺騙人民。

　　Joey：「我是看過你關於『太陽能光電板發電和鋰電池電動汽車的迷思』之解說，瞬間豁然開朗。但關於『核能發電的迷思』，我僅從一些反核人士得到部分瞭解，覺得似乎仍處在『公說公有理，婆說婆有理』的狀況！」

　　埔農：
　　「核能發電」的事實眞相，並沒有「公說公有理，婆說婆有理」的狀況。只有存在「欺瞞」程度上的差別。在貪婪的企業財團和政客相互勾結下，展示在一般民眾眼前有關「核能發電」的優、缺點，都是狡猾地故意誇大所謂的優點，再隱匿或淡化缺點。就讓埔農以事實眞相的證據，在此爲大家詳細分析：
　　檯面上所謂核能發電的優、缺點迷思如下：（都是欺騙社會的天大謊言）

優點：

1. 核能發電不會排放大量的污染物質到大氣中，因此核能發電不會造成空氣污染。
2. 核能發電不會加重地球溫室效應。
3. 核能發電的成本較低。

缺點：

1. 核電廠的反應器內有大量的放射性物質，如果在事故中釋放到外界環境，會對生態及民眾造成傷害。（貪婪政客和企業財團的掩飾是：機率不高，不必過度恐懼。）
2. 核電廠會產生高低階放射性廢料。（貪婪政客和企業財團的掩飾是：使用過之核燃料，體積小，雖然具有放射性，只要慎重處理，對人類的傷害以及環境的負擔不大。）
3. 核電廠可能成為戰爭攻擊的目標。（貪婪政客和企業財團的掩飾是：萬一戰事發生，其他造成的傷害和損失不會亞於核電廠，要重視和平，但不必單獨過度恐懼核電廠。核電廠也可能遭受地震和海嘯的侵襲，但只要防護得當，沒有不能克服的。）

唬人的優點：

1.核能發電不會造成空氣污染？

即使核電廠百分之百安全運作（事實已證明不可能），

還是有一些微量的輻射和放射性物質飄散（輻射是一種能量的傳遞，也就是把能量往四面八方發射。輻射可以粗分為「非游離輻射」與「游離輻射」兩種，其中非游離輻射能量較低，其種類包含可見光、紅外線、微波、無線電波等。雖然照射大量的紫外線或電磁波可能對人體產生傷害，但目前並不將之歸類於輻射傷害，因此以下所說的「輻射」是指傷害性大的高能「游離輻射」）。核電廠不僅發生核災才會殺人，各國研究顯示，只要有核電廠存在，附近人口罹患癌症的比率都明顯增加。美國、法國之外，德國也從1980年至2003年。長期調查十六個原子爐附近兒童罹患癌症情形，都顯示罹患白血病等癌症比率，高出其他沒核電廠地區許多，尤其這些調查都是距離核電廠40公里至160公里範圍。國際原子能總署（IAEA）卻說「這種增加之幅度不具統計學上的意義，不能做為證據」！國際原子能總署不讓人知道的事實是，輻射和放射性物質對人體造成的傷害是廣泛性、累積性且是持久性，並不是只有幾年內顯示出的幾種癌症而已。每個人體質不同，受輻射和放射性物質傷害的部位與顯現時間各有不同。美、法、德等國的調查結果，其實只是如冰山露出的一角。

　　（國際原子能總署〔IAEA，International Atomic Energy Agency〕，是1957年以美國為中心的核能大國設立的國際機構。國際原子能總署並不屬於聯合國，卻因為是由獨占核子武器、執意支配世界、不容其他國家挑戰的大國所掌控之

組織，在國際原子能相關議題上，國際原子能總署卻隨時可以對聯合國做出指導和操縱！ 國際原子能總署說它的目標是：「促進核能和平利用，防止核能轉做軍事用途。」但實際上，根據其憲章，它的任務是「推廣核電、促進放射線利用、阻止核武擴散」。說白了就是要「利用核子科技營利；不管人類死活；並獨佔核武」。)

2. 核能發電不會加重地球溫室效應？

核能發電是不會產生二氧化碳，但核能電廠發電的熱能利用效率很低，多數熱能其實是為了冷卻機組而排入海洋或大湖中。因此，核能電廠比一般化石燃料電廠排放更多廢熱到環境裡。故事實上，核電廠的熱污染是嚴重多了。

3. 核能發電的成本較低？

所謂核能發電的成本較低，是貪婪的企業財團和政客故意隱瞞實際需付出的真正總合經濟成本。他們拿營運期間的會計成本計算核能發電效益，掩飾真正的長遠總合經濟負擔，以敷衍百姓、欺騙人民。核能發電的真正成本，比任何其他方式的發電都高出太多了。核能電廠每度電的實際發電成本甚至比一般石化燃料發電高出10倍、甚至100倍以上。先看各國所謂學者和政客對核能電廠每度電發電成本的不同計算結果：

國家	機型	發電成本 （元/度）
德國	PWR	2.64
瑞士	PWR	4.34
荷蘭	PWR	3.36
日本	ABWR	2.45
韓國	OPR-1000	1.55
中國	AP-1000	1.75
台灣	PWR、BWR	0.66

　　為什麼會有這麼大的差異呢？那是因為各國所隱匿的必須付出成本之項目和程度各有不同。一座核能電廠須付出的最大成本不在於建廠和營運，最大的負擔在於核能電廠的除役、高階核廢料處理、低階核廢料儲存、三者的持續風險以及符合公平正義的保險費。

　　以英國蘇格蘭的Dourneay核電廠為例，運轉期間為1974至1994年，建廠經費約為四千萬英鎊，預定於2036年完成相關除役、淨化及監控狀況的工作，推估用於除役費用約3億英鎊，為建廠經費的7.5倍；而該地區最早需等到2336年才可能恢復為可再利用的場域，估計損失費用為建廠成本的70倍以上。這還不包括廢料儲存的持續監控與維護費用。

　　核廢料（用過的核燃料棒）需經數十萬年的儲存、管理

和嚴密監控，其費用是無底洞，完全無法估計；其存續的風險更是無法想像。

所謂符合公平正義的保險，是任何與核電廠有關所造成的任何傷害，保險公司都必須負完全的徹底賠償責任。在這情形下，則保費必是天文數字，但也還是沒有一家保險公司願意承保。因為沒發生事故就已會糾紛不斷，一發生事故則保險公司必立即倒閉。

以位於北萊茵—威斯特法倫州（Nordrhein-Westfalen）的德國Schneller Brüter核電廠為例，該核電廠於1991年完全建好了，因受1989年俄羅斯車諾比核電廠事故影響，人民強烈抗議。人民最低限度的要求，也是所有政客無人敢拒絕的，那就是「符合公平正義的保險」。結果，僅初步估算的保險費就非該核電廠和德國政府所能負擔。而且，事實上也沒有任何一家既存的合格保險公司敢承保。所以，Schneller Brüter核電廠就成了世上最貴的已完工電廠，也是世上最大的新建廢墟。該反應爐造價超過40億美元，之後，為了拆除不可任意丟棄的部分設施，又耗費了約1億美元。對於德國政府來說，棄之不顧任其長滿荒煙蔓草，實在是可惜，也是浪費。所以，德國政府就將這個電廠賣給了一位荷蘭投資商 Hennie van der Most，把這個所謂核電廠變成了當地知名的觀光主題公園——卡爾卡遊樂園（Wunderland Kalkar）。Wunderland Kalkar遊樂場，是在廢棄的新核電廠上建立起來的，遊樂園的地標建築就是該核電廠的冷卻塔，內部被改造

成了空中鞦韆、旋轉木馬等，外牆則變成了攀岩牆。

　　以台灣核電廠的投保為例，台灣核電廠之保險所保障的項目是財損險與責任險。財損險主要承保廠內火災、爆炸以及閃電與航空器墜毀等造成的核電廠損失；責任險則是明訂「核能保險的屬性為無過失責任保險」。因此，除了契約中明定的「無過失責任」外，各項核災中所造成的損失，保險公司皆不負責。且單一核子事故最高賠償上限總額為新台幣四十二億元。僅保「無過失責任」，有過失即不賠償？請問，有那一種核電廠造成的災害不算過失？而且只有「廠內火災、爆炸以及閃電與航空器墜毀等造成的核電廠財物損失」才賠償核電廠本身遭受的損失，完全不管周遭土地的損害與汙染以及台灣人的死活！這明明是貼狗皮藥膏式的在敷衍人民、欺騙台灣人。完全沒有保障「在核電廠災害下，人民所遭受的傷害和損失」。這是官商勾結的圖利保險公司，保險公司事實上是穩賺的了，而且是暴利大賺！

核能電廠的遠近災害，人類都承擔不起

　　貪婪的企業財團和政客對核電廠風險所做的掩飾：
　　1.核電廠內的放射性物質，在事故中釋放到外界環境，會對生態及民眾造成傷害的機率不高？真是睜著眼睛說瞎話！即使核電廠不發生核災意外，美、法、德等國僅做了10

至20年的調查和研究，已顯示只要有核電廠存在，附近人口罹患癌症的比率就都明顯增加。

　　核電廠一發生事故更是無法收拾。1979年發生美國三浬島核電廠輻射外洩事件、1986年蘇聯車諾比爐熔毀事件以及2011年日本福島核電廠災變，都顯示核電廠災害的悲慘和廣大。而且，這些災變釋放出的放射物質，對地球生物的長遠為害根本難以估算。國際原子能總署（IAEA）總幹事漢斯・布利克斯（Hans Blix）卻能大言不慚的說：「考慮到核能源的重要性，即便一年發生一次像車諾比規模的意外也是可以接受的（the atomic industry can take catastrophes like Chernobyl every year）。」國際原子能總署相關人士，基本上是持著「即便核電廠事故反覆發生、造成長遠浩劫，也要推動核電」的立場。

　　以福島核災事件為例，估計的經濟損失約1050億美元，這其中僅包括第一階段的居民補償、清理環境、以及暫時儲存被汙染的土壤。每座200萬瓩的核電廠造價約30億美元，這1050億美元的經濟損失是建造費用的35倍。更何況，給居民的補償遠低於他們被迫遷離家園的實質損失，上述估算也沒計入其他農漁產的損失、土地不能利用的損失以及居民後續的安置和失業的補償，因此若把各種損失全部算進去，總損失會超過5000億美元。而且，這還是沒有把20公里半徑外所有民眾與環境的短期和長期傷害考慮在內。

　　另外，福島事件的損失其實因運氣好而偏低了。因為事

件發生後，恰巧立即颳起強勁的西風，把80%的輻射塵都吹到海上去；雨水和退去的海水也把很多放射物資沖進海洋，強勁的洋流把流洩不止的核污染帶離日本海岸，才會讓福島核電廠周遭土地的核汙染大幅降低。但海洋生態的浩劫呢，不必理會了嗎？如果當時吹的是東北風，而且遇到下雨把輻射塵全部帶到地面，則連東京都的龐大地區都必須要淨空，其損失絕對是百兆甚至千兆美元以上。

世界衛生組織（World Health Organization，WHO）在核能產業剛開始的時候，便於1956年提出正式報告表示：「未來幾個世代的健康，將因為核能產業與放射線源的增加而受到威脅。」這對於擁核勢力而言，是不得了的打擊。於是。擁核勢力接著在1957年成立國際原子能總署，這是一個貪婪的利益團體。國際原子能總署憑藉其勢力，於1959年壓迫世界衛生組織和其締結協定：「在沒有國際原子能總署的同意下，世界衛生組織不得研究、調查核子災害的種種相關議題。」有了這個協定，關於核能的健康危害等相關問題之調查和發表，都完全掌控在國際原子能總署的手中，任憑其操弄。而世界衛生組織一面高舉憲章說「保護、增進全人類的健康」，從此卻一面和國際原子能總署狼狽為奸，一起隱匿並否定關於核子災害對人類的危害。這就是自命清高的世界衛生組織（World Health Organization，WHO）之真面目！

隨著居住環境的惡化，世界多數地區，包括台灣，癌症已位居各種死因的首位。有其他人士對國際原子能總署和世

界衛生組織提出質疑，表示「50年來各種癌症的不斷呈倍數成長和年輕化，絕對和核武、核試爆以及核電廠災害有很大的關係」。國際原子能總署和世界衛生組織卻說：「依目前對癌症的瞭解，造成癌症的原因很多，包括化學工業污染、有毒廢氣和廢棄物、殺蟲劑、清潔劑、黃麴毒素、煙燻、防腐劑、食品添加物等，人類癌症的不斷增加和年輕化，與核武、核試爆以及核電廠災害並無關聯性。」這種邏輯實在荒謬，就如某家化學工廠毒氣外洩害死了鄰近的一位濫用毒品者，卻辯說「這人早已身受毒害，所以化學工廠的毒氣外洩和他的死亡無關」一樣可笑。

　　由於肆無忌憚的現代工業進展，地球環境是充斥了無數的各種有毒致癌物質，而癌症是經由各式各樣致癌因素累積至臨界點而引發的。每個人體質不同，所以會有高低差異的所謂致癌臨界點，任何一項致癌物質都可能是壓倒生命的最後一根稻草，而放射性核子污染是其中最具侵蝕性和長遠性的。所以，人類癌症的不斷呈倍數成長和年輕化，是種種所謂現代化污染的總成，核武、核試爆以及核電廠災害當然也是絕對脫不了關係的。

　　2.核電廠產生的使用過核廢料，體積小，雖然具有放射線，只要慎重處理，對人體的傷害以及環境的負擔不大？前已說過，核廢料（用過核燃料棒）需經數十萬年的儲存、管理和嚴密監控，其費用是無底洞，完全無法估計。儲存桶的鏽蝕，以及地震、洪水等天然災害的破壞儲存場圍阻體，都

是隨時可能發生的，其存續的風險真是無法想像。對人類的傷害，以及環境的負擔會不大？

3.核電廠成為戰爭攻擊目標造成的傷害和損失不會高於戰爭的其他傷害和損失？核電廠在遭受戰爭或恐怖攻擊時，發生的立即傷害不亞於核子武器的襲擊。而且，因為有儲備燃料棒的關係，災害會比核武攻擊持續更久遠。傳統戰爭造成的傷害固然悲慘，都還是一時的，核電廠受到攻擊後留下的災難可能維持數萬年，甚至數十萬年。核電廠也可能遭受地震和海嘯的侵襲，竟然敢說只要防護得當可以克服！地震和海嘯的強度和威力，難道是這些貪婪的企業財團和政客可以限定的？2011年日本福島核災不就是殘酷的殷鑑嗎？

事實上，即使是以核能大國為中心設立的國際原子能總署，意欲「獨佔核武；利用核子科技營利；不管人類死活」，國際原子能總署還是建議，核電廠的設立必須規劃好80公里半徑的疏散圈。當核電廠事故發生時，歐美國家也在第一時間呼籲，80公里範圍內的僑民都必須盡速撤離（2011年日本福島核電廠災變發生時，歐美國家就是在第一時間盡速撤離80公里範圍內的所有僑民）。其實，在距離福島核災現場100公里之遙，都還測到高濃度的輻射值。

就以歐美國家和國際原子能總署規定的80公里撤離條件來說好了：除了最簡單的準備碘片，還要有隨時可調動的足夠車輛來運輸、為人員沖洗輻射污染的足夠緊急淋洗設備、沖洗後的輻射污染水的收集處理。這些基本的必要配備，有

那一個國家的核電廠準備齊全了？

以台灣為例，台灣的核電廠緊急疏散圈僅規劃5公里半徑範圍，這是世界級的笑話！1986年蘇聯車諾比核災，蘇聯政府的疏散圈有超過35公里半徑，但連60公里外的地區也受到嚴重污染。2011年日本福島核災，日本政府立刻撤離20公里半徑的所有民眾，但在福島地方法院會津若松分院的排水溝汙泥，經過了好幾個月，還測到每公斤汙泥有18萬貝克的驚人數字，雖說排水溝原本就是輻射物質最容易聚集之處，但會津該地離福島核電廠有100公里之遠，輻射汙染都這麼嚴重。台灣的核一與核二廠周圍，人口密度分居全球核電廠周圍的第二與第三高，30公里半徑都已涵蓋到整個台北市，到底要如何準備撤離呢？若是依照國際原子能總署建議的80公里半徑疏散圈，則整個桃園以北地區都不能住人了！

所以，除了沒良心的貪婪財團和政客，人只要有理性，有誰會准許核電廠的設立呢？

以上全部是證據明確的核電廠真相，任何學者、政治人物及「高級人」有不同的認知或證據，歡迎來反駁！

解碼福爾摩沙古文明：續認台灣古今眞相

·····NC111／埔農著／平裝／450元

埔農以獨特見解來探究台灣古文明眞相，是繼《台灣古今眞相》之後的再次力作，以誠實、尊嚴的態度破除漢族迷思，並透過古代台灣遠洋船隻（Bangka）、石碑古文字、古代遺跡、被僞造的祖譜、血液遺傳基因和文字語言演變等種種直接、間接的史料證據，一同來解碼福爾摩沙的古文明與傳統文化，續認台灣古今眞相。

台灣古今眞相

·····NC107／埔農著／平裝／400元

二十世紀下半葉起，台灣再度引起西方學界的高度興趣，陸續有不下二十位以上的國際知名學者，分別從考古學、人類學、文化發展學、語言學研究，及體質血緣遺傳基因的檢測分析上，發表重要研究成果，證實原台灣已有數千年以上的古文明，台灣也是現今南島語族的原始發源地，並喻這是台灣獻給世界的最珍貴禮物。

靈性

·····NC101／埔農著／平裝／300元

恭喜你有機會讀到本書，或多或少，必有所獲。本書也
顛覆諸多眾人習以爲常的單面向假象，諸如所謂大師顯
達之爲害、爲惡；佛霸、教霸之矯情、僞善；清高聖
人、英雄偉人之虛妄、造孽，甚至新科技文明之開發肆
虐，將導致災禍不絕，地球毀滅……所舉例甚多，請讀
者自己仔細思考求証。

台灣人被洗腦後的迷惑與解惑

·····NC100／埔農著／平裝／250元

台灣人依舊在，只是忘了我是誰。台灣人本來就是「台
灣人」，卻被洗腦灌輸成爲漢人、唐山人、中國人、華
人……；台灣人的祖先本來就是「漢化番」，卻被移
花接木說是「唐山來台祖」；平地台灣人本來明明就是
「台灣平地原住民後裔」，卻被強勢教化成所謂炎黃子
孫、漢人後代；可悲台灣人，不明就裡，半路認老爸，
認賊做父！

原台灣人身份認知辨悟：與台灣聞達人士問答錄

·····NC96／埔農著／平裝／200元

本書的核心，集中在台灣聞達人士與埔農之間的問答。關於台灣古文明的種種，台灣聞達人士提出一個比一個尖銳的質問，埔農則逐一接招，進行更詳細的講解與舉證。雙方旁徵博引，針鋒相對，不斷逼近台灣史實的根柢。讀者在吸收新知之餘，也能澄清心中的疑惑。

失落的智慧樂土：台灣古文明思想起

·····NC84／埔農著／平裝／200元

透過本書，讀者將能瞭解五千年前台灣原古文明的實際運作狀態、對外和平傳播的過程，以及外來政權如何殘酷地將台灣住民洗腦、改造，並摧毀這一智慧樂土的慘況。書中詳載了台灣原本文明在食衣住行育樂等面向的生活智慧。例如：令唐山人忌妒的製鹽技巧、令荷蘭司令官讚嘆的建築技術，以及超先進的鑿井工法、電土燈、造船術、計時器、天文曆法、文字、算盤等。

國家圖書館出版品預行編目資料

台灣必須復國：埔農續解台灣人迷惑 / 埔農作. --
初版. -- 臺北市：前衛, 2018.11
　　面；15×21公分（新國民文庫；112）

　　ISBN 978-957-801-860-0（平裝）

　　1. 台灣史　2.台灣政治

733.23　　　　　　　　　　　　107017394

台灣必須復國：埔農續解台灣人迷惑

作　　　者　埔農
責任編輯　張笠
美術編輯　宸遠彩藝
封面設計　黃聖文工作室

出 版 者　前衛出版社
　　　　　10468 台北市中山區農安街153號4樓之3
　　　　　電話：02-25865708｜傳眞：02-25863758
　　　　　郵撥帳號：05625551
　　　　　購書‧業務信箱：a4791@ms15.hinet.net
　　　　　投稿‧代理信箱：avanguardbook@gmail.com
出版總監　林文欽
法律顧問　南國春秋法律事務所
總 經 銷　紅螞蟻圖書有限公司
　　　　　11494 台北市內湖區舊宗路二段121巷19號
　　　　　電話：02-27953656｜傳眞：02-27954100
出版日期　2018年11月初版一刷

定　　　價　新台幣500元
©Avanguard Publishing House 2018
Printed in Taiwan　ISBN 978-957-801-860-0

*請上『前衛出版社』臉書專頁按讚，獲得更多書籍、活動資訊
　https://www.facebook.com/AVANGUARDTaiwan